北京大学经济学院（系）100周年纪念文库

北京大学经济学院
优秀课题研究成果选编
(2000—2011)

北京大学经济学院　编

图书在版编目(CIP)数据

北京大学经济学院优秀课题研究成果选编:2000—2011/北京大学经济学院编.—北京:北京大学出版社,2012.5

(北京大学经济学院(系)100周年纪念文库)

ISBN 978-7-301-09026-8

Ⅰ.①北… Ⅱ.①北… Ⅲ.①经济学-文集 Ⅳ.①F0-53

中国版本图书馆CIP数据核字(2012)第083641号

书　　　名:北京大学经济学院优秀课题研究成果选编(2000—2011)
著作责任者:北京大学经济学院　编
责 任 编 辑:贾米娜
标 准 书 号:ISBN 978-7-301-09026-8/F·3172
出 版 发 行:北京大学出版社
地　　　　址:北京市海淀区成府路205号　100871
网　　　　址:http://www.pup.cn
电　　　　话:邮购部 62752015　发行部 62750672　编辑部 62752926　出版部 62754962
电 子 邮 箱:em@pup.cn
印 刷 者:北京鑫海金澳胶印有限公司
经 销 者:新华书店
　　　　　　730毫米×1020毫米　16开本　18.25印张　357千字
　　　　　　2012年5月第1版　2012年5月第1次印刷
定　　　　价:54.00元

未经许可,不得以任何方式复制或抄袭本书之部分或全部内容。
版权所有,侵权必究
举报电话:010-62752024　电子邮箱:fd@pup.pku.edu.cn

北京大学经济学院(系)100周年纪念文库
编 委 会

名誉主编：刘 伟
主　 编：孙祁祥　章 政
编　 委：(按照姓氏拼音顺序排列)
　　　　　崔建华　董志勇　何小锋　林双林
　　　　　平新乔　宋 敏　王曙光　王跃生
　　　　　肖治合　叶静怡　张 辉　张洪峰
　　　　　郑 伟

总　　序

作为中国最重要的经济学教育和科研基地,北京大学经济学院是我国综合大学中最早建立的经济系科,也是西方现代经济学和马克思主义经济学在中国最早的传播基地。北京大学经济学科的历史最早可追溯到1902年建立的京师大学堂商学科,1912年严复担任北京大学校长之后始建经济学门(系),1985年又在北京大学经济学系的基础上组建了北京大学经济学院,成为北京大学在改革开放之后建立的第一个学院。

1901年严复翻译亚当·斯密《国富论》(一名《原富》),标志着西方现代经济学在中国的正式引入,此后北京大学一直是中国传播西方现代经济学的重镇。中国最早的马克思主义传播者李大钊也是北京大学经济学系的教授;至1931年,北京大学经济学系陈启修教授首次翻译出版《资本论》第一卷第一册,在传播马克思主义经济学方面功不可没。因此,不论是西方现代经济学的引入还是马克思主义经济学的传播,北大经济系都是领时代潮流之先,在中国现代史中占据独特的地位。

拥有深远历史渊源和悠久学术传统的北京大学经济学院,在一个多世纪中涌现出马寅初、陈岱孙、赵廼抟、樊弘、陈振汉、胡代光、赵靖、厉以宁等在学界享有崇高声誉、学养深厚、影响深远的大师级人物,为我国经济科学发展作出了卓越贡献。

2012年是一个对中国经济学科发展有着特殊重要意义的年份,北京大学经济学科已走过了110周年历程,北京大学经济学门(系)也迎来100周年的隆重庆典。为了庆祝北京大学经济学院(系)创建100周年暨北京大学经济学科建立110周年,我院编写了这套"北京大学经济学院(系)100周年纪念文库",旨在深入梳理北京大学乃至中国经济学科发展的历史脉络,展现北京大学经济学科的历史底蕴和历史成就,同时也希望从一个世纪的经济学科发展历程中反思我们的学术走向,为中国经济学科未来的发展提供一种更为广远和辽阔的历史视角。北京大学经济学院作为中国综合性大学中最早的经济学科,它所取得的历史成就以及所走过的道路,必然对整个中国的经济学科发展有着深远的借鉴意义。

1917年,著名教育家蔡元培出任北京大学校长,他"循思想自由原则,取兼容并包主义",对北京大学进行了卓有成效的改革,促进了思想解放和学术繁荣,奠定了百年北大的精神基调。今天,我们庆祝北京大学经济学院(系)创建100周年,也要秉承兼容并包的创新精神,在继承北京大学经济学科优良传统的基础上,以积极的姿态吸纳世界前沿的经济学成果,为中国的经济腾飞和中华民族的伟大复兴作出我们经济学人应有的贡献。

2012 年 1 月 15 日

前　言

"经济学"者,经世济民之急务也。自北京大学经济学科创设以来,名家辈出,薪火相传,所秉承不遗者,一在对科学真理的执著追求,一在学以致用的济世情怀。改革开放中,经院人启蒙发聩,甘为先锋,嘉言鸿谟,富民强国。步入新世纪以后,国家发展日新月异,经院人因应国家与社会需要,承担科研课题与日俱增,12年间,仅省部级以上项目即有二百多项,为国家经济建设提供了强大智力支持。为献礼北京大学经济学院百周年院庆,我们特从中节选五十余项优秀课题研究成果摘要,勒成兹编,就正贤者。

此次所选课题,从项目来源看,既有来自国家社会科学基金、国家自然科学基金和教育部哲学社会科学课题的资助,也有来自中央部委或省市政府的委托。国际合作研究项目的增加,更表明北京大学经济学院国际影响的大力提升。从所涉内容看,或为国家重大攻关课题,侧重于进行有关改革开放与经济发展的关键理论创新;或为中央部委规划项目,以辅助国家制定相应的大政方针;或为省市政府和企事业单位等委托研究,以提出具体的解决方案。这些研究成果或攸关国计,或切近民生,其中多项研究得到国家或省部级奖励,产生了巨大的社会影响力。

本书按课题来源分类编排,集中体现经济学院瞄准世界学术前沿、服务国家经济发展战略的发展思路,也充分反映了经济学院在过去12年间科研成果方面取得的重大成就。

北京大学经济学科奠基人之一陈岱老曾明确指出,"古往今来的所有经济学家或学派的经济思想的产生、发展都离不开一'用'字"。我国改革开放的伟大实践,既向中国的经济学家提出了严峻的挑战,也为中国经济学的创新与发展提供了千载难逢的历史契机。道不虚谈,学贵实效。将北京大学经济学院和中华民族的伟大复兴紧密结合,拓展学术空间,凸显学术特色,经济学院的学科建设和科研水平必将取得令世界为之瞩目的巨大进步。

编者

2012年3月31日

目　录

国家重大课题攻关项目

中国市场经济发展研究——市场化进程与经济增长和结构演进 …………… 3
中国工薪所得税有效税率研究 ………………………………………………… 6
我国货币政策体系与传导机制研究 …………………………………………… 9
系统性金融风险与中国经济安全 ……………………………………………… 12
北京 2008 年奥运会特许商品定价机制研究课题 …………………………… 17
"国际贸易"教学改革 ………………………………………………………… 22

国家自然科学基金项目

人民币外汇衍生品市场发展对汇率和宏观经济的影响 ……………………… 27
累进设计：个人所得税改革模拟研究 ………………………………………… 34
我国企业基本养老保险的代际平衡研究 ……………………………………… 41
相关市场理论与实践——反垄断中相关市场界定的经济学分析 …………… 46
城市资源—经济—环境统一核算、模拟和调控 ……………………………… 51
我国通货膨胀驱动因素和动态行为理论与实证研究 ………………………… 57
人民币国际化的路径与影响因素：基于国际货币理论和国际货币演变
　历史的研究 …………………………………………………………………… 60

国家社会科学基金项目

投资与经济可持续发展问题研究 ……………………………………………… 65
制度变迁中的中国保险业：风险与风险管理对策 …………………………… 71
城镇贫困人口现状、问题和对策研究 ………………………………………… 76
我国社会教育消费需求与能力调查研究 ……………………………………… 82
民营经济融资约束与民间金融内生成长研究 ………………………………… 87
中国近代金融危机的理论与政策研究 ………………………………………… 97

美元国际供应量的数额估算、决定机制及其经济影响 …………………… 101

教育部人文社会科学项目

我国企业如何应对欧盟的反倾销调查,进一步开拓欧洲市场 …………… 109
中国水灾风险管理的制度研究 ……………………………………………… 115
中国农村金融改革与机制创新 ……………………………………………… 119
欧盟共同农业政策的实施与改革对我国农业发展的启示 ………………… 124
经济改革、经济增长与我国农村反贫困 …………………………………… 130
我国增值税转型对财政体系代际平衡状况的影响研究 …………………… 133
全球化背景下人民币汇率政策与货币政策协调的微观基础理论与
　　实证研究 ………………………………………………………………… 137
新型医疗保障制度对农民工劳动地域选择的影响研究 …………………… 143
全球化对我国收入分配的影响:基于近代历史(1840—1936)的研究 …… 148

北京市哲学社会科学基金项目

上市公司增资扩股机制及风险控制研究 …………………………………… 153
加入WTO对首都保险业的影响及风险管理研究 ………………………… 159
北京市公共产品的供给短缺问题和定价机制的实验研究 ………………… 163
关于建立执行威慑机制的调研 ……………………………………………… 169
北京市高科技企业的资本结构和投资绩效的实证研究 …………………… 172
中国都市经济研究报告2008——改革开放以来北京市产业结构高度演化的
　　现状、问题和对策 ……………………………………………………… 179

其他省部级项目

"十一五"时期中国保险业对外开放:环境分析与战略构想 ……………… 187
加快发展我国服务业的总体构想与政策研究 ……………………………… 191
"信用风险转移"咨询项目研究 …………………………………………… 195
新形势下企业博士后工作站在企业成为创新主体中的作用研究 ………… 199
中国保险业区域发展比较研究 ……………………………………………… 204
中国政府公共资产管理机制创新研究——中外比较的视角 ……………… 210
政府投资与农村发展 ………………………………………………………… 215
社会保障改革与我国工业发展 ……………………………………………… 221
我国烟叶收购价格形成机制 ………………………………………………… 226

国 际 项 目

奥运会总体影响 …………………………………………………… 233
中国社会保障制度研究——社会保险改革与商业保险发展 ………… 240
对印度增长和发展的总体看法 …………………………………… 250
公平、效率与可持续发展——中国能源补贴改革理论与政策实践 …… 253
保险制度与市场经济——历史、理论与实证考察 ………………… 257
第26届世界大学生运动会特许商品市场经营调查研究 ……………… 262
中国珠三角地区专业化大宗商品市场交易所化可行性研究与风险
　　评估报告 ……………………………………………………… 267

其 他 项 目

北京要素市场重大项目储备规划研究报告 ………………………… 273
广西北部湾银行战略发展规划(2011—2020) ……………………… 277

国家重大课题攻关项目

中国市场经济发展研究
——市场化进程与经济增长和结构演进

| 项 目 名 称 : | 中国市场经济发展研究——市场化进程与经济增长和结构演进 |

项 目 名 称：中国市场经济发展研究——市场化进程与经济增长和结构演进
项 目 来 源：教育部哲学社会科学研究重大课题攻关项目（项目号：03JZD0011）
项 目 负 责 人：刘伟（首席专家）
项目组主要成员：黄桂田、蔡志洲、李绍荣、苏剑、张辉等
项目负责人所在系：经济学系
项 目 获 奖 情 况：该项目在2008年教育部专家组的项目结项答辩和评审中，获得优秀，其成果已由经济科学出版社于2009年出版。已出版的专著和发表的论文引起广泛社会反响，被多次引用且被《新华文摘》等多种期刊转载。

一、项目研究的目的和意义

经过三十多年的改革，中国的经济增长水平、经济结构高度、市场经济进程都发生了极为深刻的变化，那么，这些变化如何解释？经济增长和发展上的改变与经济制度变迁之间具有怎样的内在联系？应当以怎样的历史价值取向和方法去评价以社会主义市场经济为目标导向的改革进程？中国改革开放以来的制度变迁具有怎样的特点？这种改革是否切实推动了经济增长和经济发展？这种增长是否建立在效率不断提升的基础上，因而是否具有可持续性？进而，中国改革开放的历史正义性和进步性，能否从解放和发展中国社会经济方面得到解释和证明？今后的发展中，哪些因素是推动中国社会经济的长期可持续增长的主要力量？市场化进程的深入和完善与发展方式的转变具有怎样的联系？上述问题是本项目研究的基本问题。

二、研究成果的主要内容

围绕上述基本命题,作为本项研究成果的最终体现,形成了专著《中国市场经济发展研究》(经济科学出版社2009年版),同时,作为阶段性和基础性研究成果,首席专家和课题组主要成员在《中国社会科学》、《经济研究》、《北京大学学报》(哲学社会科学版)、《中国工业经济研究》、《管理世界》、《经济科学》、《经济学动态》、《金融研究》等重要学术刊物上发表了34篇论文(其中以首席专家刘伟为第一作者的论文为11篇)。所形成的学术专著即是在2002—2008年立项研究,刘伟独立完成的论文及与黄桂田、蔡志洲、李绍荣、苏剑、张辉等课题组成员合作完成的研究成果基础之上的提炼。

专著主要内容分为三篇:

第一篇 中国社会主义市场经济改革进程特征及价值判断标准

在这一篇中讨论了四个方面的问题,一是对改革成效的价值判断标准问题;二是从理论上系统阐释对市场经济价值取向的争辩;三是探讨了中国市场化进程及相应的发展方式转变的特点及水平;四是分析了要素市场化进展与经济增长的相互关系。

第二篇 中国社会主义市场化进程中经济增长的周期和总量调控

在这一篇中讨论了三个方面的问题,一是探讨了中国经济增长的长期战略目标及可能面临的问题;二是分析了转轨中中国经济周期性波动的特点;三是考察并评价了转轨中宏观经济政策的效应。

第三篇 中国社会主义市场化进程中的结构变化和增长的效率

在这一篇中主要分析了三个方面的问题,一是中国改革开放以来经济结构的演进路径;二是分析了产业结构、所有制结构和地区结构与中国经济增长之间的关系;三是从要素效率和投入产出效率两个方面分析了改革开放以来中国经济增长的效率问题,并在此基础上进一步讨论效率对经济增长的作用。

本专著的基本逻辑是:首先对中国改革带来的制度变化做出本质性的分析,从体制变化和改革本身的历史变化的分析中,认识制度变迁的历史价值取向;然后根据这种基本价值标准,分析转轨中的中国经济增长,考察体制转轨对经济增长和总量失衡的影响;再进一步则是考察这种增长中的经济质态提升和有效性的提高,特别是分析了转轨中的经济总量扩张过程中的结构高度演进。在上述考察的基础上,对中国经济增长和发展的体制动因做出剖析,并由此对中国经济发展方式的变化和实现可持续发展提出进一步的体制改革的要求。

三、本项研究的主要观点和新意

一是从价值理论的基础范畴上揭示了争辩制度变迁正义性的基本动因,回答了为什么制度变迁过程中总会伴随着价值理论的争辩;二是围绕经济增长的制度变迁的动因应当如何解释?考察了体制转型中的总量失衡具有怎样的特殊性,这种特殊性对宏观经济调控有怎样的要求;三是回答了中国经济增长是否同时建立在效率提升的基础之上的问题,特别考察了效率提升背后的体制改革动因及进一步的历史要求。

中国工薪所得税有效税率研究

项　目　名　称：中国工薪所得税有效税率研究
项　目　来　源：教育部哲学社会科学研究重大课题攻关项目（项目号：03JZD0011）（中国市场经济发展的研究子课题）
项目起止时间：2003—2005 年
项目负责人(子课题)：刘怡
项目组主要成员：聂海峰
项目负责人所在系：财政学系
项目成果形式：论文
项目获奖情况：2009 年　教育部高等学校科学研究优秀成果(人文社科)二等奖
　　　　　　　2008 年　北京市第十届哲学社会科学优秀成果一等奖
　　　　　　　2006 年　北京大学第十届人文社科优秀成果一等奖

一、项目研究的目的和意义

本研究利用统计局家庭入户调查数据，使用经验研究的方法研究了工薪税的税基和税率分布，得到中国工薪收入分布的基本事实特征。项目成果在国内首次提供了工薪所得税的实际负担信息。我们的研究表明，由于税基蔓延的缘故，中国工薪所得税的主要功能是提供财政收入而不是调节收入分配，低收入和中等收入的劳动者是工薪所得税的主要承担者。本研究有助于政策制定者了解政策变动影响的人群和程度，增强决策的科学性。

二、研究成果的主要内容和重要观点或对策建议

研究成果分为四个部分:第一部分是对工薪税制累进设计的评估;第二部分考察工薪收入分布情况;第三部分计算工薪所得税的有效税率;第四部分是对全文的总结。

基本观点如下:

一是估计了中国劳动者工薪收入分布。利用广东省2002年城市住户调查数据中2115个人的工资收入数据,分析了当前个人所得税主要部分——工薪所得税的纳税基础,发现城市劳动者的月工资收入符合参数为(1.61,0.001026)的伽玛分布,而不是一般文献中的对数正态分布。工资的分布呈现出右偏的特征,月工资平均收入为1571.95元,中位数收入为1262.08元。

二是考察了工薪所得税的税级蔓延现象。由于工薪所得的标准扣除没有根据通货膨胀调整,当名义工资收入增加时,纳税人适用的税率会上升,即出现税级蔓延。从工薪分布数据来看,中国工薪所得税的税级蔓延比较严重。1984年开始执行的800元标准扣除经通货膨胀调整后2002年为3471.1元,远大于中位数收入。即使根据1994年的800元标准扣除进行通货膨胀调整后为1291.9元,也仍有一半的人群不用纳税。

三是分析了目前的收入分布下工薪所得税的收入调节作用。现行9级超额累进的工薪所得税的最高边际税率45%只有象征意义。因为98%的劳动者月工薪收入低于5800元,这个收入对应的边际税率是20%。全体工资收入者中35%的劳动者月工薪收入适用第二级边际税率10%,他们承担了37.4%的工资薪金税收。我们也计算了工薪所得税的平均税率和边际税率,结果显示:收入加权的工薪所得税的平均税率为5.14%,边际税率为10.38%。这个结果用实际数据印证了普遍认为的普通收入人群是工薪所得税的主要承担者之一的看法。

本研究利用家庭住户调查数据得到当前中国工资分布的基本信息,为研究中国收入分布的原因提供了基本的特征事实。

当前收入分配的差距增大,基尼系数已经达到了0.4的水平。工薪收入是低收入人群的主要收入来源,为了发挥个人所得税的收入分配作用,必须使得所得税负担随着收入的增加而增加,并且减少低收入和中等收入者的税收负担。本研究首次提供了工薪所得税实际负担情况的信息。我们的研究表明由于税级蔓延的缘故,目前工薪所得税的主要作用是提供财政收入而不是调节收入分配,低收入和中等收入劳动者承担了工薪所得税的大部分。为了发挥所得税的收入分配作用,必须改革工薪所得税制度。

本研究使用经验研究的方法研究了工薪税的税基分布和有效税率。在数理分析和逻辑分析基础上,探讨了现行工薪税制与收入分布的关系,对政策制定者了解

工薪税的实际负担分布和收入分配调节作用的实际效果有重要的参考价值。

三、成果的学术价值、应用价值，以及社会影响和效益

本研究对税收政策分析、个人所得税收入预测和工薪税率结构设计具有重要的价值。随着个人收入的增长，个人所得税在整个税收收入中的比重越来越大。作为纳税人权利的一部分，税收部门有义务公开不同收入段对应的个人所得税负担比例。本项成果有助于纳税人了解个人所得税税收负担和收入分配调节的实际情况。

本项成果为税务部门进行工薪所得税调整提供了基础信息，税收部门可以根据工薪收入的分布，测算不同税收政策的效果。本研究提供的收入分布数据，为政府变更税率设计和扣除、宽让等措施提供了依据。

2005年1月，我们的成果提交给了财政部税政司和国家税务总局所得税司，得到了充分肯定。2005年10月27日全国人大批准从2006年1月1起工薪所得税的费用标准扣除由800元调整为1 600元。从本研究的工薪收入分布来看，这一政策变动，使得超过50%的工资收入者免除了工薪所得税负担。当然，政策的变动未必是一项学术研究推动的结果，但是本研究有助于政策制定者了解政策变动影响的人群和程度，提高决策的科学性。

我国货币政策体系与传导机制研究

项 目 名 称：我国货币政策体系与传导机制研究
项 目 来 源：教育部哲学社会科学研究重大课题攻关项目（项目号：08JZD0015）
项 目 负 责 人：刘伟（首席专家）
项目组主要成员：黄桂田、蔡志洲、董志勇、张辉、苏剑、冯科、李连发、赵留彦等
项目负责人所在系：经济学系
项 目 获 奖 情 况：该项目已于2011年7月顺利通过教育部专家组结项答辩和审查（待出版），该项目已发表的论文产生了广泛影响，其中一些重要论文被多次引用，相关重要政策研究报告获得国家有关部门的高度重视。

一、项目研究的目的和意义

货币政策作为宏观调控中最为基本和重要的政策手段，自我国改革开放以来，特别是进入新世纪以来，对于经济发展和均衡目标的实现而言，起到了极其重要的作用，特别是在应对2007年以来世界金融危机对我国的冲击过程中，发挥了显著的政策效应。

金融危机的爆发是否可以视为西方货币政策积弊的爆发，货币政策应当如何面对危机和挑战？这是需要宏观经济理论及政策实践重新反思和深入检讨的。在中国经济转轨过程中，市场机制尚不完善，不但金融市场不完备，缺乏市场化利率信号，而且货币政策工具运用也受到限制，货币政策目标也有其特殊性，在经济失衡出现错综复杂的状态下，货币政策选择及其与财政政策的配合，遇到了一系列新的约束条件和困难，特别是在中国工业化、城镇化加速发展期，在存在深刻的二元

经济背景下,在要素市场与商品市场发展不均衡、正规金融与非正规金融不协调等特殊体制背景下,我国货币政策应当如何选择,尤其是应当怎样认识货币政策的传导机制等问题,就更具有重要和迫切的意义。

二、项目研究的主要内容

本项研究的最终成果是在首席专家刘伟及课题组主要成员黄桂田、蔡志洲、董志勇、苏剑、李连发、张辉、冯科、赵留彦等合作研究基础之上的提炼,作为阶段性成果,在《中国社会科学》、《经济研究》、《北京大学学报》(哲学社会科学版)、《金融研究》、《经济科学》、《经济学动态》等重要学术刊物上发表论文40余篇。作为最终成果的学术专著共分四篇:

第一篇　中国经济增长和货币政策

一是分析了中国经济增长与市场化改革及相应地与货币政策间的联系和作用;二是重点考察了进入新世纪以来的经济增长与货币政策之间的相互影响;三是在此基础上考察了金融危机后宏观政策调整中货币政策变化的特点;四是分析了"择机退出"的中国货币政策。

第二篇　金融危机背景下我国宏观经济的新形势与货币政策

一是分析了金融危机的成因及对我国的影响;二是考察了后金融危机时期我国宏观经济失衡的新特点及对宏观政策的新要求,特别是分别分析了通货膨胀、热钱流入、汇率调整等问题,在此基础上系统考察了中国宏观调控体系及货币政策重构问题。

第三篇　中国货币政策体系研究

一是对中国货币政策效应受损做出实证分析;二是对中国货币政策体系的构建及特点展开理论分析;三是在对货币政策体系进行理论研究的基础上进一步展开实证研究;四是根据上述分析提出相应的政策性建议。

第四篇　中国货币政策传导机制研究

一是对当代西方经济学关于货币政策和传导机制研究的进展进行系统深入的剖析;二是对中国货币政策传导机制展开实证分析;三是在这种实证分析基础上考察传导机制与货币政策效应之间的内在联系及特点;四是对中国货币政策传导机制进行案例分析。

三、本项研究的主要观点和新意

一是对中国经济增长与货币政策之间的内在联系做出深刻而又清晰的剖析,特别提出了中国现阶段经济增长失衡的特殊性和发展条件的特殊性对货币政策,包括对货币政策目标、工具、传导机制等多方面的要求,阐释了满足这些要求需要创造的体制性条件;二是比较研究了世界金融危机的成因及与中国货币市场失衡间的差异,论证了金融危机发生的根源主要在于创新力下降,而中国现阶段货币市场供求失衡的特点又显著不同于欧美国家,这就要求中国宏观调控体系及货币政策选择必须从中国国情出发;三是集中论述了中国货币政策体系及其特殊性,分析了货币供应量调节在短期和长期对经济的作用特点,并对货币体系做出了系统的理论分析,深入考察了现金投放量问题;四是对上述货币体系展开的理论分析加以实证,从动态货币政策乘数角度论证了中国货币政策区域效应的显著存在性;五是从货币政策有效(无效)性的争论中分析了货币传导机制的重要性,讨论了不同的传导渠道和传导方式,并提出了系统的政策调整要求以及体制创新要求。

系统性金融风险与中国经济安全

项　目　名　称：系统性金融风险与中国经济安全
项　目　来　源：国家发展和改革委员会"十一五"规划课题
项 目 起 止 时 间：2003—2004 年
项　目　负　责　人：孙祁祥
项目组主要成员：孙祁祥、于小东、郑伟、孙立明、朱南军、锁凌燕、刘涛、雒庆举、
　　　　　　　　　王飞、李伟
项目负责人所在系：风险管理与保险学系
项　目　成　果　形　式：研究报告

一、项目研究的目的和意义

在现代经济中，整个经济运行都有赖于资金的流动和融通来完成，金融已经成为国民经济的核心，金融安全也因此已经成为国家经济安全的核心内容。系统性金融风险直接影响到国家经济安全，而且是国家经济安全最为主要的威胁之一。从国家经济安全的角度出发，在深入研究系统性金融风险生成机理的基础上，对中国的系统性金融风险进行全面整体的评价和机理研究，并针对中国系统性金融风险的管理对策提出具体建议，具有重大的现实意义。

二、研究成果的主要内容和重要观点或对策建议

系统性金融风险的直接引致事件是金融危机，其表现形式为货币危机、银行危机和债务危机。本报告第一部分在借鉴国际经验的基础上，对系统性金融风险的本质及其与国家经济安全的关系进行讨论。报告的第二、第三及第四部分依次对

中国潜在的货币危机、银行危机和债务危机进行分析,建立相应的危机先导指标体系,并在此基础上对未来3—5年内各种危机发生的可能性及严重性进行估测。报告的第五部分对中国的系统性金融风险进行总体评价,并详细探讨其产生机理。第六部分提出若干针对中国系统性金融风险的管理对策。

本报告的核心内容包括:

(1) 系统性金融风险本质的一般性研究。从风险的三个基本要素——风险因素、风险事故和损失入手分析系统性金融风险的本质,结合国际经验,指出构成系统性金融风险的风险因素主要有:① 体制或制度性因素,包括:政府干预的范围和力度与经济发展所处阶段不相适应;金融监管体系与金融发展所处阶段不相适应;开放程度与经济、金融发展所处阶段不相适应;利率自由化的深度与金融发展所处阶段不相适应;汇率制度及政策的选择与宏观经济条件、宏观经济环境的变化不相适应。② 结构性因素,包括:产业结构不均衡;金融体制结构不均衡。③ 金融市场内生风险因素,包括:金融系统内部约束机制缺位或不完善;国际游资游弋。④ 其他因素,包括预期心理因素、政治因素、组织保障因素及外来突发事件等。

(2) 中国系统性金融风险的整体评价与机理研究。在对中国潜在货币危机、中国潜在银行危机、中国潜在债务危机进行了分析与评估的基础上,预计在未来3—5年内,我国发生货币危机、银行危机和内债偿付危机的可能性都会有增大的可能,而外债偿付风险基本不存在。但是,随着金融改革的逐步深入,银行、财政等金融领域会相对独立和分离,这将导致单个领域内集聚的金融风险因素难以分散,进而增加触发金融危机的可能性。本报告进一步深入探讨了我国系统性金融风险的特殊形成机理,指出,如果内部政策调整和金融自由化冲击等问题得不到妥善解决,金融危机可能一触即发,金融系统的正常运行乃至国家经济安全就自然会遭到严重破坏。

(3) 中国系统性金融风险的管理对策研究。基于以上分析,本报告提出九项针对中国系统性金融风险的管理对策:第一,提高金融立法水平,加快立法步伐,增强执法力度;第二,适当推进政治经济权利的重新分配;第三,成立国家金融协调发展与风险管理委员会;第四,调整金融监管思路,突出行业监管重点;第五,市场准入对内与对外开放并重,破除垄断,开放民营金融机构;第六,审慎推行金融自由化;第七,建立和完善系统性金融风险的预警体系和危机处理机制;第八,促进金融市场结构的均衡发展;第九,积极参与和影响国际金融新秩序的重建。

篇章结构如下:

一、系统性金融风险与国家经济安全

(一) 系统性金融风险的含义

(二) 系统性金融风险的本质

1. 风险因素

2. 风险事故

3. 损失
（三）系统性金融风险对国家经济安全的影响
1. 国家经济安全的性质与内涵
2. 金融安全是国家经济安全的核心内容
3. 系统性金融风险直接威胁到国家经济安全
（四）总体分析框架
1. 研究对象与目标
2. 基本出发点：三大危机
3. 报告纲要
二、中国潜在货币危机分析
（一）货币危机的定义
（二）中国货币危机分析框架
1. KLR模型
2. 中国货币问题研究的指标体系
3. 中国货币问题计算方法说明
（三）中国货币危机风险估测
1. 当前货币危机风险状况
2. 未来三年货币危机风险预测
三、中国潜在银行危机分析
（一）银行危机的定义
（二）中国潜在银行危机分析框架
1. 分析思路
2. 指标体系
3. 方法说明
（三）中国银行危机风险估测
1. 当前银行危机风险状况
2. 未来三年银行危机风险预测
四、中国潜在债务危机分析
（一）债务危机的定义
（二）债务危机的分析框架
1. 债务危机的分类
2. 债务危机指标体系的建立
（三）中国债务危机的风险估测
1. 当前债务危机风险状况
2. 未来三年债务危机风险预测
五、中国系统性金融风险：整体评价与机理研究

（一）对我国系统性金融风险的整体评价
1. 静态评价
2. 未来3—5年内的预测
3. 附加说明
（二）系统性金融风险产生的机理研究
1. 中国系统性金融风险的体制/制度性因素
2. 中国系统性金融风险的关键决定变量
3. 小结
六、中国系统性金融风险的管理对策
（一）提高金融立法水平,加快立法步伐,增强执法力度
（二）适当推进政治经济权利的重新分配
1. 适当弱化计划、金融、财政等经济宏观调控和行政管理部门的决策权力
2. 赋予某些社会研究、咨议机构一定的监督、质询和建议等权力
3. 保证社会大多数利益关系人对金融数据的知情权
（三）成立专门领导机构,加强对各个金融领域风险监管的协调工作
（四）调整金融监管思路,突出行业监管重点
1. 在银行业,要积极化解银行的不良资产,坚决控制住新的不良资产的发生
2. 在证券业,要大力加强和完善信息披露制度,努力防止泡沫经济
3. 在保险业,切实加强偿付能力监管
（五）市场准入对内与对外开放并重,破除垄断,开放民营金融机构
1. 加快国有商业银行的产权改革
2. 开放民营金融机构
3. 有效规范和监控地下金融活动
（六）审慎推行金融自由化
1. 继续维持钉住美元的人民币汇率制度
2. 审慎推行利率自由化
3. 在中短期内不宜放开资本账户
（七）建立和完善系统性金融风险的预警体系和危机处理机制
1. 尽快建立和完善管理系统性金融风险的预警指标体系
2. 尽快制订并不断完善系统性金融风险的应急处理方案
3. 规范金融机构,特别是银行机构的救助和退出机制
（八）促进金融市场结构的均衡发展
1. 促进货币市场和资本市场的均衡发展
2. 促进股票市场和债券市场的均衡发展
3. 在货币市场内部要解决结构性问题
（九）积极参与和影响国际金融新秩序的重建

1. 积极参加国家间组织,尤其需要挤进一些大国集团和组织
2. 以灵活务实的态度促进国际金融机构决策机制的改革

三、成果的学术价值、应用价值,以及社会影响和效益

本课题从国家经济安全的角度出发,在深入研究系统性金融风险生成机理的基础上,对中国的系统性金融风险进行了全面整体的评价和机理研究。本课题从"风险因素→风险事故→损失"这样一个全新的角度来诠释金融风险的发生机理,在此基础上进行了中国潜在货币危机、中国潜在银行危机、中国潜在债务危机的分析和论证,并提出了风险化解与防范的九项对策。本报告创新性地将风险管理的理论框架运用到国家经济安全问题研究,将制度分析特别是整个经济的运作机理和国内外客观环境的深入分析融入系统性金融风险问题研究,不仅在研究方法上有重大突破,而且取得了突出的研究成果。本报告得到国家发展和改革委员会的高度评价,并被收录到马凯主编的《"十一五"规划战略研究》(北京科学技术出版社2005年版)一书中。

北京2008年奥运会特许商品定价机制研究课题

项　目　名　称：北京2008年奥运会特许商品定价机制研究课题
项　目　来　源：北京奥组委，部级重大课题
项目起止时间：2008—2012年
项　目　负　责　人：董志勇
项目负责人所在系：经济学系
项目成果形式：研究报告

一、项目研究的目的和意义

奥运特许商品指的是经过奥组委授权特许经营商开发、生产的，又授权特许经营零售店销售的，带有奥运会标志、吉祥物、奥委会商用徽记等无形资产的商品。奥运会特许商品承载着弘扬奥林匹克精神、传递友谊和和谐、推广民族文化、塑造国家形象的社会使命，也是举办国的企业和民众广泛参与奥运会的主要途径。另外，近几届奥运会中，特许经营收入所占奥运收入的比重越来越大，作用也越加突出，不仅实现了上述重要的社会效益，而且还带动了相关产业的发展，促进了国民经济的增长。

奥运特许商品虽然也是具有价值和使用价值的商品，但它具有许多与一般商品不同的经济属性和技术特点，还承担着许多一般商品无法承担的经济社会职能。可以说，奥运特许商品的销售情况事关奥运会市场开发的整体推进，也影响着奥运特许商品经济社会职能的有效发挥。

奥运特许商品作为市场化的商品，其市场推广的深度和广度与其价格制定的科学性和合理性具有极强的相关性。然而，通过对奥运特许商品目前价格体系进而销售情况的调查，项目组发现奥运特许商品依据现有定价机制所制定的价格，无

论是基于商品经济属性的针对性、基于市场需求的有效性,还是基于生产成本的合理性、基于可比商品的竞争性,都存在较为突出的缺陷,在一定程度上向市场输送了奥运特许商品盲目定价、奥运特许商品质价不符、奥运特许商品缺乏整体定价规划、奥运特许商品"曲高和寡"的信号。可以说,奥运特许商品现有的定价机制科学性不强的特征已经凸现。

随着2008年奥运会吉祥物的发布,北京奥组委正式全面启动了北京2008年奥运会特许商品计划。按照2008年北京奥组委的战略构想,北京奥运特许商品开发计划并不以筹集奥运资金、赚取特许权费作为主要目的。其实施宗旨主要有四个:一是弘扬奥林匹克精神,传递友谊和和谐;二是宣传北京奥运,宣传中国特色;三是为中小民族企业搭建一个商务平台,提升民族企业整体水平;四是让普通百姓了解、支持、参与奥运,并调动老百姓参与奥运的积极性。在上述宗旨指导下,截至2005年年底,北京奥组委共征集到特许生产企业28家,特许零售企业17家,已开发特许商品共9个大类,单品种类已超过1 000种。面对目前纷繁复杂的商品类别以及即将推出的更多品类的奥运特许商品,为了有效提升奥运特许商品定价的针对性、科学性和合理性,进而推动奥运特许商品销售的扩大和升级,正式启动本课题。

二、研究成果的主要内容和重要观点或对策建议

(一)定价机制实施建议

(1)价格制定的灵活性应不断加强,对不同类别奥运特许商品的物理属性和经济属性要充分重视,逐步淡出一刀切式的定价机制,强化多种定价方法,灵活定价原则的运用。

(2)定价机制,特别是定价模型的形成和运用,只是奥组委制定和审核奥运特许商品价格的辅助决策工具,不可过分依赖。首先,现有的模型是在有限的产品、有限的厂商和有限的数据(不一定全面和准确)基础上形成的,其局限性非常显著;其次,现有的模型是在现有的产品、现有的厂商和现有的数据(缺乏动态性)基础上形成的,这使得回归的参数和形成的模型必然动态性不足,只能解释过去,很难预测未来。可见,过分依赖定价模型,其实是与科学的定价方法和定价原则相背离的。真正合理的定价一定是基于供求关系的,奥组委制定政策不能以干预企业定价行为为主,最主要的还是制定合理的市场规则,并且加强信息披露,避免信息不对称造成的价格扭曲。

(3)奥组委应加强奥运特许商品生产成本与同类商品价格的预测,了解大类商品的基本价格走势,因时制宜调整商品价格结构;同时随着限量供应商品销售的推进、商品收藏性的凸现,对相对稀缺的商品制定更为市场导向的价格。

（4）奥组委应深化对各奥运特许商品销售点地域和地段特征的了解，基于不同的市场环境，因地制宜设定必要的供货价和零售价浮动范围。比如对购买力相对薄弱的地区（如西部地区），采取特供价格，但同时应强化商品销售地域的监管；再如对零售店面所在地段租金相对较高的地段（如机场），允许零售商适当上调零售价。

（5）奥组委还应进一步加深对奥运特许商品不同开发阶段的研究，针对不同商品开发阶段不同的主流目标顾客，设计更具竞争力和吸引力的特许商品，并与产品开发配合，形成更具针对性的特许商品价格体系。

（二）定价机制辅助建议

（1）奥运特许商品的促销应适度放开。任何市场化的商品都不应当排斥促销的存在。调查中，从消费者的需要到特许生产商的愿望，从可比零售商的惯例到特许零售商的要求，都为奥运特许商品促销的适度放开提供了市场依据。必要促销形式的存在，不仅能提高奥运特许商品的市场开拓力，也能对价格制定中不可避免的个别失误进行有效的修正。

（2）出厂价和供货价折扣应适当放开。商品买卖的效率体现在大规模和快循环两个方面，所有有助于扩大交易规模和加快资金循环的市场主体和市场行为都应得到褒奖。可见，对于大量进货和现款结算的经销商或零售商，特许生产商应给予必要的折扣激励。调查中，特许生产商和特许零售商都对此提出了迫切的要求；现实中，非公开的现金折扣和数量折扣也已经出现。奥组委应尽快建立试点，并在奥运特许商品销售火热期来临之前形成有效的供货价折扣率制度。

（3）特许权费的征收基数应做适当调整。在目前的特许商制度下，特许权费以生产商供货价为基数，按10%的比率征收。这样的特许权费征收制度，使特许权费与奥运特许商品最重要的两个经济指标零售价格和生产成本的关系都变得非常模糊——既不能直接看出特许权费在价格中的构成，也不能直接考察特许权费对生产成本的影响。建议奥组委应将特许权费的征收基数定为零售价，这样不仅明确了特许权费与零售价格的关系，也排除了特许权费对生产厂商制定供货价的干扰。

（三）定价机制后续建议

（1）随着奥运特许商品开发的阶段性推进，以及消费者认知的深化，奥组委应不断修正定价模型的系数和参数。如前所述，项目组构建的定价模型是在现有的有限的产品、厂商和数据基础上形成的，其时效性和数据准确性方面都存在着明显的缺陷（从模型目前形成的参数看，其局限性已经非常显著）。因此，在奥运特许商品开发计划的推进过程中，应运用定价模型的思维方式，不断地进行调查研究和定价决策研讨，深化对各种价格决定因素的认识，不断修正定价模型的系数和参数。

（2）在奥运特许商品开发计划的推进过程中，奥组委应定期组织专家价格评估会乃至价格听证会。价格的制定过程固然重要，价格制定后的跟踪、专家评估和消费者意见反馈同样重要。奥组委应组织专门的人力、物力、财力，跟踪奥运特许商品价格制定后的市场表现，及时发现问题，进行调整；同时要充分发挥各层次专家（包括理论专家、生产商代表、零售商代表、奥组委专家等）的作用，不仅在定价前提供决策参考，而且在定价后为价格的适应性调整和价格促销手段的灵活性运用提供建议和意见；另外，必要的情况下，对消费者接受度较低或社会效益非常显著的奥运特许商品，可以组织消费者代表广泛参与的价格听证会或消费者代表研讨会，从而提升奥运特许商品定价的市场导向。

（四）特许商品其他建议

（1）加速推进产品开发和消费教育。从目前情况看，对奥运特许商品的市场开发情况起决定作用的还是奥组委。由于奥运特许商品时效性强、生命周期短、宣传和促销约束又非常多，所以，特许经营企业都希望奥组委能加快奥运特许商品的推陈出新，强化奥运特许商品价格制定的竞争力，并加强奥运特许商品宣传攻势，加速奥运特许商品消费教育的进程。

（2）强化产品开发市场导向。在产品开发过程中，奥组委应有所取舍，对适合作为奥运特许商品的商品类别，应进一步突出其有效经济属性，如差异性、收藏性等，以迎合消费者的购买诉求，提高商品的市场导向。从调查结果可以看出，目前多数奥运特许商品在消费者看来都倾向于中庸，特征不明显、优势不突出，这一现状亟待解决。对不适合作为奥运特许商品的商品类别，应果断舍弃，比如食品类，在重点消费者看来，其差异性和收藏性几乎都不存在，作为奥运特许商品完全缺乏经济依据。

（3）填补奥运特许商品市场漏洞。目前奥运特许商品的市场漏洞主要体现在三个层面：一是没有零售资质的零售企业借助生产商特许合同中现存的漏洞进入奥运特许商品销售领域，影响了有资质特许零售商的销售积极性。对此奥组委应尽快进行市场整饬，尽量杜绝类似不规范市场行为的发生。二是现已上市的部分奥运特许商品（除胸章、纪念币等之外），从所定销售价格看，属于中高档的商品，但是从特许商品本身看，与在价格上同档次的同类商品比较，质量普遍偏低，甚至可以定性为一种质次价高产品。这样的产品不仅有损消费者利益，而且有损特许零售商市场形象，应在后续产品开发中引起足够重视。三是随着奥运特许商品开发进入成熟期、临近火热期，假冒伪劣产品即将大面积地涌现，而奥运特许商品现在的防伪技术过于落后，此外还缺乏其他的管理和控制措施。因此，下一步奥组委一方面要加速防伪技术的引进和研发；另一方面还要制定严格的惩治措施，形成完善的法律法规——这是国外奥运特许商品很少出现假冒产品的重要经验所在。

（4）探讨奥运特许商品的国际化路线。尽管奥组委为我国奥运特许商品开发计划明确了"推广性"的原则,将主要目标市场对准国内,但这并不表示我国将放弃国际市场。因此,随着奥运会的临近,以及国际市场对奥运特许商品关注度的提升,奥组委应尽快制定奥运特许商品销售的国际化路线和具体方案,明确国家价格制定的主要依据。由于项目组并未做这方面的专项调研,所以在这方面,尚未形成成熟的建议。

三、成果的学术价值、应用价值,以及社会影响和效益

本课题回答了以下问题:

(1) 奥运特许经营计划的试运行阶段,奥运特许商品市场的认知程度以及消费者的认同程度如何?

(2) 目前奥运特许商品定价模式和价格水平的合理程度如何?如果目前奥运会特许商品定价机制不合理,其根源何在?

(3) 生产商和销售商之间的折扣比率应该在什么范围之内?

(4) 如何基于奥运特许商品本身的经济特征设计更具科学性和针对性的奥运特许商品定价机制?

(5) 如何在奥运特许商品定价机制科学化、合理化的基础上制定《奥运特许商品价格指南》,按照不同商品的属性制定不同的定价区间,由此指导特许经营企业对特许商品进行合理定价?

(6) 奥组委应该如何对特许商品的价格实施有效管理?应当给予怎样的价格指导和价格控制?

(7) 奥组委是否应当贯彻更为灵活的奥运特许商品定价模式?如何在奥运特许商品定价过程中综合实现统一性和灵活性?

(8) 奥组委应在奥运特许商品的生产和销售环节制定怎样的与价格相关的运作规则,以适应不同地域市场在购买力、消费文化、购买动机等方面的差异?

(9) 针对国内市场的科学合理的奥运特许商品定价机制是否与国际市场环境接轨?是否能有效指导奥运特许商品的国际市场开发计划?

正是带着这样的九个问题,课题组尝试通过系统的奥运特许商品定价现状调研,发现问题所在、把握问题关键,制定科学合理的奥运特许商品定价方案,并对奥组委未来的奥运特许商品价格制定和市场开发提出必要的战略建议。

"国际贸易"教学改革

项 目 名 称:"国际贸易"教学改革
项 目 来 源:985 项目
项目起止时间:2001—2003 年
项 目 负 责 人:李权
项目负责人所在系:国际经济与贸易系
项目成果形式:研究报告、教学案例库及教材

一、研究目标

  将"国际贸易"课程建设成为理论与实践相结合、符合创建世界一流大学和中国特色社会主义建设需要的精品课程。课程为学生全方位地展示国际贸易理论、政策、实践的基本知识和综合框架;联系中国"入世"及开展区域合作的实践帮助学生了解国际贸易的基本规则和贸易环境的特性,以及在该环境下公平与效率的微妙平衡;结合案例教学培养学生的分析能力和对知识的灵活运用;启发学生分析开放经济中的现实贸易现象,思考贸易制度的发展趋势。通过本课程的学习,希望帮助学生掌握国际贸易理论发展脉络、宏观领域主要的政策工具和微观领域贸易行为的基本特征;使学生了解 WTO 的基本规则,启发学生思考和关注中国"入世"后如何更好地参与国际经济的新秩序;通过案例分析培养学生的分析能力、组织能力和合作能力。

二、课题研究内容

（1）课程定位："国际贸易"是经济学领域关于开放经济理论、政策与实践的重要基础学科。一方面，国际贸易运用微观经济学的分析工具，分析开放经济中的贸易政策和贸易现象；另一方面，国际贸易密切联系实际，关注贸易实践的前沿，构筑经济学理论与实践结合的桥梁，具有理论性与应用性相结合的特点。

（2）课程特点：首先是系统性，帮助学生从总体上把握国际贸易的基本框架和发展脉络；其次是理论与实践密切结合，体现学以致用的宗旨；再次是经济学原理与法律规则相结合，使学生获得理性思考的基础和必要的规范指导；最后是运用经典案例分析的方法，增强学生对知识的理解和运用能力。

（3）课程内容：第一方面的内容是国际贸易的微观贸易运作特征，涉及国际贸易的法律和惯例，包括国际贸易买卖合同的成立、贸易术语及商品作价、国际货款的收付等；第二方面的内容是宏观贸易环境分析，涉及WTO与区域合作的互补竞争关系，以及其中关税、数量限制、公平贸易等政策运用；第三方面的内容是自由贸易的经典理论及贸易获利，包括古典绝对优势理论和比较优势理论、新古典要素禀赋理论、当代国际贸易理论；第四方面的内容是中国的外贸发展战略。

（4）教学方法：多媒体教学、课堂讲授与相关问题讨论相结合，同时引导学生积极参加社会实践。

（5）培养学生良好的学习习惯：① 预习阶段，可以广泛涉猎经济学、法学领域与贸易有关的各渠道信息和现实案例，丰富自己的直观印象；② 课堂学习，跟随教学进度认真领悟相关知识点，积极参与相关活动和讨论，联系自己前一阶段的初步印象，思考从课程中得到的收益和启发；③ 课外学习，不断运用所学知识分析现实中的相关问题，理论与实践相结合。

三、课题研究成果

（1）提交研究报告："国际贸易"案例教学改革方案，4万字，上交主管部门。

（2）建立"国际贸易"教学案例库，并适时更新，至今仍运用于课程的教学中。

（3）"国际贸易"课程多年来是北京大学的主干基础课之一，深受学生的欢迎和好评。

（4）基于课题研究，由北京大学出版社出版的《国际贸易实务》教材和《国际贸易》教材分别获得2006年、2007年北京市精品教材奖。

（5）教师本人先后获得北京大学教学优秀奖、北京大学花旗奖教金（美国）、北京大学桐山奖教金（日本）、香港经贸同学会奖教金（中国香港地区）等教学表彰。

国家自然科学基金项目

人民币外汇衍生品市场发展对汇率和宏观经济的影响

项　目　名　称：人民币外汇衍生品市场发展对汇率和宏观经济的影响
项　目　来　源：国家自然科学基金项目(项目号:70741011)
项 目 起 止 时 间：2007年9月—2008年9月
项　目　负　责　人：施建淮
项目组主要成员：施建淮、李苗献、何茵、赵留彦、傅雄广
项目负责人所在系：金融学系
项　目　成　果　形　式：专著章节和研究报告

一、项目研究的目的和意义

建立适应市场供求变化、更有弹性的人民币汇率形成机制是我国人民币汇率改革的主要目标,2005年7月21日实施的人民币汇率形成机制改革向着这一目标迈出了重要的一步。然而由于我国人民币外汇衍生品市场的发展滞后,进出口商、对外投资企业以及从事金融资产交易的金融机构缺乏规避外汇风险的有效工具,因此,中央银行不得不代为承担汇率风险,在外汇市场上进行被动的干预以维持人民币汇率的稳定。在我国经常项目和资本项目双顺差的背景下,中央银行外汇干预造成我国外汇储备被动地急剧增加,同时国内流动性过剩的压力也不断增大,对此中央银行不得不进行大规模的冲销操作。大规模的冲销操作不仅带来一系列问题,而且也难以长期为继。所以,只有积极稳妥地推进我国人民币外汇衍生品市场建设,为民间经济主体提供有效的规避风险的手段,人民币汇率才能实现更大的弹性,才能使中央银行从被动的外汇干预中解放出来,恢复调控外汇市场和货币市场方面的灵活性和独立性。

然而,人民币外汇衍生品市场的发展在为民间经济主体提供规避汇率风险的

有效手段的同时,也会对人民币(即期)汇率和我国宏观经济产生重要的影响。首先,远期汇率的运动将影响投资者的套利计算和投机者的投机决策,从而能够对国际资本流动的方向和规模产生影响。其次,远期外汇交易和远期汇率变化将成为我国与外国之间利率和货币联系的重要决定因素。再次,人民币远期外汇市场的发展为中央银行稳定汇率和影响国际资本流动提供了新的政策手段(例如在远期市场进行外汇干预)。进一步地,人民币外汇衍生品市场的发展由于改变了我国宏观经济管理的环境,将增加决策当局管理宏观经济的复杂性。例如,财政政策和货币政策的效力现在将很大程度上取决于远期汇率的运动是如何影响市场关于未来即期汇率的预期的。最后,人民币外汇衍生品市场的发展不仅满足了抵补者(进出口商、对外投资企业等)规避风险的需要,而且也为套利者和投机者提供了套利和投机的机会,而这种套利和投机活动必然对金融体系的稳定性产生影响。

因此,人民币外汇衍生品市场发展将给我国宏观经济和政府宏观经济管理带来新的问题和挑战,从理论上和实证上弄清楚人民币外汇衍生品市场发展对人民币汇率和我国宏观经济影响的机制及渠道,在此基础上为政府决策部门提供相应的政策建议是我们在设计、规划人民币外汇衍生品市场发展的时候所需要进行的一项重要的基础性工作,这项工作对我国政府宏观管理部门具有十分重要的意义,也是本项目的研究意义之所在。

二、研究成果的主要内容和重要观点或对策建议

本研究分以下三个方面的课题进行:(1)外汇衍生品市场发展与中央银行最优外汇干预策略;(2)外汇衍生品市场发展对人民币汇率的影响;(3)外汇衍生品市场发展背景下的宏观经济政策。主要内容和对策建议分述如下:

1. 外汇衍生品市场发展与中央银行最优外汇干预策略

外汇衍生品市场的发展一方面给中央银行外汇干预和抵御针对本币的投机攻击带来了新的复杂因素,另一方面也为中央银行提供了新的外汇干预手段。本课题首先讨论远期外汇市场投机攻击与中央银行利率捍卫,特别是多头挤仓策略;其次探讨货币期权市场上的动态对冲操作对中央银行利率捍卫策略有效性的影响;然后研究动态对冲操作下中央银行最优干预策略;最后介绍了一些中央银行在货币期权市场上外汇干预的案例。

当固定汇率制度陷入危机时,投机者主要是通过外汇远期合约向银行系统抛售本币。我们的模型表明,中央银行为了捍卫固定汇率,将首先通过购买远期合约来干预汇率。如果中央银行具有足够多的自有外汇储备,外汇干预可以完全吸收市场上做空本币的头寸,此时中央银行利率捍卫政策的最优利率水平为目标利率水平,因此实际上无需采用利率捍卫政策。但是现实中中央银行的自有外汇储备通常都是有限的,因此在远期外汇市场上的干预不可能一直持续下去。当中央银

行停止在远期市场购买本币时,商业银行就必须通过在即期市场上卖出本币以及进行掉期操作来对冲与投机者签订的远期合约。此时,中央银行为了维持汇率,将不得不在即期市场大量买入商业银行抛出的本币。当自有外汇储备被大量消耗时,中央银行的最优干预策略将是执行利率捍卫政策,提高贴现率,以此来增加那些靠借入本币来进行投机的投机者的成本。模型给出了利率捍卫中的最优利率水平。中央银行也可能通过这种方法来限制信贷渠道,从而对卖空本币的投机者实施挤仓。

多头挤仓策略要取得成功必须具备的一个基本条件是多头方有能力在资产市场上控制大量多头头寸。对中央银行而言,这要求其有能力出售大量的远期合约,承诺未来购入本币、交付美元,并允许商业银行向空头投机者出售大量合约。而中央银行要具备交割大量美元的能力,则必须持有充足的非借入外汇储备。如模型所示,如果存在因国内信用扩张所导致本币贬值的压力,中央银行对本币做多的能力便受制于其非借入的外汇储备的规模。有效进行多头挤仓的另一个重要条件是,中央银行能够控制向商业银行体系和空头投机者的信用供给。如果完全控制信用供给,那么就有能力限制投机者的空头头寸。中央银行可采取两步政策:第一,在最优利率水平下供给信用;第二,在投机者持有大量本币空头头寸后,中央银行限制商业银行体系的信用扩张,使得合约到期日投机者难以获得本币进行交割。由于中国金融体系市场化程度相对较低,在控制商业银行信用扩张方面,道义劝说和行政性指令措施往往比提高贴现率、准备金率等市场化手段的效果更为直接。如果信用紧缩,则投机者不得不以极高的利率成本获得信用。于是,作为多头挤仓的结果,投机者能够获得信用的市场上的隔夜拆借利率会大幅上升。国内利率提高将致使远期贴水率上升,当投机者在高利率下回补(即买入)本币空头头寸时,本币将升值。

除了利用远期合约进行攻击外,在存在外汇期权市场的情况下,投机者也会利用货币期权工具对本币进行攻击。此时情况将变得复杂。商业银行等做市商在与投机者的交易中积累了大量的期权空头头寸,它们的内部风险管理和控制制度要求其采取动态对冲交易,消除由此引发的头寸风险,在这种情况下,中央银行利率捍卫政策的有效性将受到影响。模型表明,中央银行提高利率将引发动态对冲交易者针对本币的程序化抛售。这种抛售的数量可能非常大,以至于在那些因利率上升而被挤仓的投机者开始买进本币之前,中央银行就已经耗尽外汇储备,从而导致本币贬值。这样,中央银行通过提高利率来捍卫本币汇率的努力将不得不以失败而告终。

模型引申出的政策含义是:(1) 政策当局需要在用高利率打击投机者和防止动态对冲型抛售之间进行利弊权衡。要选择一个最优的加息节奏和力度,一般情况下就是要适当放慢加息速度和减少加息强度,不在很短的时间内大幅提高利率。逐步提高利率虽然也会促使动态对冲者抛售本币,但是这时候抛售的数量将不会超过中央银行能够承受的限度。因此,逐步提高利率是比在短时间内大幅提高利率更好的策略。(2) 中央银行可以在货币期权市场上进行公开市场操作来改变商业银行的行为,具体策略是在面临贬值压力时,卖出人民币看跌期权。如果做市商持有的期权头寸为多头(不论是看涨期权还是看跌期权),那么它们的动态对冲交易就将帮助中央银行实现自己的政策目标。(3) 中央银行还可以通过提高动态对冲操作的交易成本来影响做市商的动态对冲操作。当中央银行提高利率时,如果与此同时等量地提高交易成本比率,那么就可以阻止货币期权的动态对冲。实际上,提高期权市场的交易成本就是在某种程度上关闭了货币期权市场,这可能会给经济带来一定的负面影响,但是在面临货币危机的特殊时刻,付出这种代价来捍卫汇率可能是值得和必须的,这和某些国家在面临投机性攻击时重新施加资本管制的做法有些类似。

本课题还讨论了另一种"货币危机"——本币面临升值压力的情况。如果中央银行试图通过降低利率来缓解本币的升值压力,那么动态对冲交易者对此所做的反应是买入本币,这会进一步增大本币的升值压力。也就是说,动态对冲又一次和中央银行的意愿相违背。当面临投机本币升值的货币危机时,中央银行可以采用如下的外汇干预策略:不是迅速地降低利率,而是逐步地降低利率;在货币期权市场进行公开市场操作,具体策略为卖出人民币看涨期权;在降低利率的同时,降低货币期权市场的交易成本。本研究还得出了一个有意义的结果:在某些情形下动态对冲操作会帮助政策当局实现其目标。例如,假定国内经济出现过热的倾向,需要中央银行提高利率,但同时本币面临着较大升值压力,因此制约了中央银行的加息行动。此时如果存在货币期权市场,那么提高利率就会引发动态对冲交易者针对本币的抛售行为,从而(部分)减轻本币的升值压力,这就为解决中央银行的政策难题提供了一个渠道。

2. 外汇衍生品市场发展对人民币汇率的影响

理论上,外汇衍生品市场发展会对即期汇率产生一定的影响,离岸人民币外汇衍生品市场已经先行发展,实证上研究境外人民币非交割远期汇率、芝加哥商品交易所(CME)人民币期货汇率与境内即期汇率互动关系对发展在岸人民币外汇衍生品市场有积极意义。本课题以 2005 年 7 月 21 日至 2008 年 2 月 28 日境外人民币无本金交割远期市场(NDF)汇率、CME 人民币期货汇率和境内即期汇率为研究对象,运用 VAR 模型实证研究了三者的动态关系。得出的基本结论是:(1) 协整检验的结果显示多个品种的人民币境外 NDF、CME 期货汇率与人民币即期汇率存在长期均衡、稳定的关系,其中期限较短的衍生品汇率与即期汇率的协整关系更为明显。这说明人民币汇率离岸衍生品的价格基本上反映了影响人民币汇率诸因素的变化情况。(2) Granger 检验说明中短期 NDF 市场与即期市场有比较显著的互动,而在 CME 推出人民币期货以后,即期市场对长期 NDF 的单向引导作用有一定程度的增强。CME 人民币期货从推出到现在,即期汇率都是单向引导期货汇率。

(3) 脉冲响应函数分析表明人民币 NDF 市场对即期市场产生冲击并持续作用的能力较强并且还在增强,NDF 和即期汇率对来自对方市场新信息的反应在较晚区间表现得更明显。CME 人民币期货虽然推出时间不长,但对即期市场已经具备了一定的影响力,尤其是短期品种。期货市场上的投资者对汇率的长期预期并不为即期市场左右。(4) 方差分解的结果显示 CME 人民币期货推出之后,人民币 NDF 市场与即期市场的互动更为紧密。期限较短的期货品种受到即期市场较大的牵制,但期货市场对即期市场的影响并不显著。

这些结论的政策含义是:(1) 中短期人民币 NDF 汇率与即期汇率具有相互引导关系,说明参与中短期人民币 NDF 交易的投资者多以套期保值为目的,因此监管当局应该特别关注这类 NDF 指标的提示作用。中短期人民币 NDF 对即期市场的冲击力日益加强,表明人民币境内市场并不具有绝对的定价权,离岸市场对境内即期市场日益强大的牵制作用需要引起监管当局的高度重视。(2) 人民币即期汇率对几乎所有期限的境外人民币 NDF、CME 期货汇率具有明显的引导作用这一事实表明,我国监管层在即期市场的难以预期的参与行为释放的信息对于离岸市场有着很重要的影响,信息主要从境内即期市场流向离岸市场,境内即期市场在三个市场中居于信息中心的地位。(3) 由于 CME 是全球最大的货币期货市场,覆盖面广,影响力大,因此虽然目前推出的人民币期货对人民币境内即期市场影响还不显著,但从境外人民币 NDF 与境内即期市场日趋紧密的双向引导关系不难推断,假以时日,一旦具有相当规模的交易量,CME 人民币期货价格很可能会对境内人民币汇率走势造成重大冲击和牵制。建议有关部门尽快在国内推出人民币外汇衍生品市场,特别是远期和掉期交易,以及人民币期权交易,牢牢掌控人民币定价权。

进一步地,我们就人民币外汇期货交易对即期汇率稳定性的影响进行了实证研究。关于外汇期货交易对即期汇率稳定性影响的探讨在国内基本没有文献论及,这也是本研究的价值之一。国外文献中研究衍生品交易对即期市场稳定性影响的实证方法主要有两种:第一种是比较引入衍生产品前后,即期市场波动性的变化;第二种是直接研究期权期货交易行为对现货市场的影响,交易行为主要用交易量来测度。本课题利用的是第二种方法,即通过直接研究以交易量为测度的期权期货交易行为对现货市场的影响来分析人民币离岸期货交易对即期汇率稳定性的影响。其间关系的估计主要采用 VAR—GARCH 模型,由两个步骤组成。第一步,通过 $GARCH(p, q)$ 来估计人民币汇率的条件方差,它被用来作为即期汇率稳定性的衡量指标。第二步,通过 VAR 模型来描述即期汇率稳定性和人民币期货交易之间的关系,其中期货交易由每天的成交量被未平仓合约数标准化得到。

实证研究的主要发现是:(1) 离岸人民币期货交易对人民币即期汇率波动有单向 Granger 因果关系。(2) 在脉冲响应函数分析中,人民币即期市场的波动和离岸期货交易均对自身的一个标准差新信息立刻有较强反应,而对对方反应不大。这说明人民币即期市场波动和离岸期货交易之间的相互影响有限。(3) 通过方差分析我们也发现,人民币即期汇率的波动由始至终都来自于即期市场本身,人民币离岸期货交易对即期汇率波动的影响微乎其微。人民币的情况与针对其他国家货币期货的实证结果有所不同。已有的实证研究表明,无论是成熟的发达国家市场还是新兴市场,期货交易都会增大即期汇率的波动性。不同的是,成熟市场中的即期市场受期货市场冲击时,受影响相对较小并且消除冲击影响的时间也较短。而新兴市场受到的影响则较大,且消除冲击影响的时间也较长。我们认为产生这种情况的原因可能是:第一,在中国,资本项目还没有放开,中国金融机构和企业不允许参与境外交易所的产品交易,短期的传导机制还不太奏效,所以芝加哥商品交易所推出的产品不会对境内即期市场产生过大的影响。第二,离岸期货市场的规模相对于境内即期外汇市场还比较小,这一点从每日的成交量中就能明显地看出。第三,我国的即期汇率在很大程度上还是受央行控制,即期汇率并不能完全真实地反映市场情况。

3. 外汇衍生品市场发展背景下的宏观经济政策

外汇衍生品市场发展将改变宏观经济环境,从而对宏观稳定政策的效应产生影响。例如,当远期汇率的决定被结合进传统开放经济宏观经济模型——蒙代尔—弗莱明模型的时候,财政政策和货币政策的效力将会与不考虑这种决定的情形有所不同,因为此时财政政策和货币政策的效力将很大程度上取决于远期汇率的运动是如何影响市场关于未来即期汇率的预期、本国债券与抵补的外国债券的可替代程度等。然而要发展一个包括远期外汇市场(泛指包含远期交易因素的外汇交易产品的市场)、即期外汇市场、货币市场、国内债券市场以及产出市场的一般均衡模型来讨论远期外汇交易存在对汇率和宏观经济政策的影响、外部冲击对国内经济的影响等问题是一项复杂的工作。因此从宏观政策层面上研究外汇衍生品市场发展作用和影响的文献,无论在国内还是国外都是十分稀缺的。

在本课题中,我们从宏观政策层面对远期外汇市场存在下宏观经济稳定政策的效应进行了研究,我们发展了一个引入黏性价格和远期外汇市场的两国一般均衡模型,分别使用数值模拟和比较静态分析方法对远期外汇市场存在背景下宏观经济政策的长短期影响进行了分析。数值模拟的结果表明:(1)如果本国居民出于规避风险或投机的目的持有正的远期外汇头寸,本国短期货币扩张将导致本国居民从本币贬值过程获益,从而相对于不存在远期外汇市场的情形,本国相对于外国的消费进一步上升;本国短期财政扩张则导致本国居民受损(因为本币升值),从而抵消掉部分产出上升的效应,两国消费的差距缩小;(2)如果本国居民持有负的远期外汇头寸(即看多本币),与不持有任何外汇头寸相比,短期货币扩张将导致本国居民相对外国居民的消费有所下降;财政扩张则导致本国居民相对外国居民的消费将进一步增加。对永久性的宏观经济政策冲击而言,运用图形所进行的比较静态分析结果表明:(1)在存在远期外汇市场的情况下,当本国居民持有正的远期外汇头寸时,本国永久性货币扩张或财政扩张会增加两国短期消费的变化率之差,同时短期汇率波动减弱;(2)与不持有任何外汇头寸相比,当本国居民持有负的远期外汇头寸时,本国永久性货币和财政扩张都会减少两国短期消费的变化率之差,同时增加短期汇率波动。此外,参数的敏感性检验表明,远期外汇市场的存在对宏观经济政策的影响大小依赖于居民持有资产组合变动的调整成本。

　　基于我们的模型及结果,一个国家是否存在远期外汇市场对宏观经济波动有重要的影响,而这种影响的程度与该国居民总体的风险规避程度以及政策冲击的幅度有关,也与该国居民拥有外国资产的便利程度有关。所以一个国家发展远期外汇市场时应该考虑到宏观经济政策将对经济波动造成不同的影响。特别是像中国这样的转型国家,随着经济开放度的提高,发展远期外汇市场是必然的。那么经历了从没有远期外汇市场到存在远期外汇市场的转变后,政策制定者在制定宏观经济政策时必须要考虑所制定的政策对经济造成的影响与没有远期外汇市场时有所不同。只有了解这种差别,才能使得经济政策更加有的放矢。

累进设计:个人所得税改革模拟研究

项 目 名 称:累进设计:个人所得税改革模拟研究
项 目 来 源:国家自然科学基金项目(项目号:7087304)
项 目 起 止 时 间:2008—2011年
项 目 负 责 人:刘怡
项目组主要成员:胡祖铨
项目负责人所在系:财政学系
项 目 成 果 形 式:论文、研究报告

一、项目研究的目的和意义

1980年以来,无论个人所得税的规模还是占GDP的比重都有显著增加。个人所得税在调节收入分配方面发挥着越来越重要的作用。然而,工薪所得个人所得税税率表自1994年以来一直没有进行过调整。工薪所得税率的累进设计在诸多方面已经不适应中国经济社会的新状况和国民收入分配的新问题,妨碍了所得税收入分配功能的实现。

本文利用平均税率累进性来衡量评估现行工薪所得个人所得税累进税率设计存在的问题:(1)工薪所得个人所得税税率表存在级距过密的问题,不符合税收公平原则;(2)工薪所得个人所得税平均税率的斜率存在先快速增加、后缓慢上升的现象,表明中低收入者所处的税收环境十分严峻,收入的小幅增加便会导致平均税率的快速提升;(3)现行税率表的累进性是一条带有波动的减速累进路线,表明相对于高收入区间内累进性的变动,[0,20 000]收入区间内的累进性变动程度更高,导致中低收入纳税人的效用损失更大。在深入探讨现行工薪所得税率对不同收入阶层税负累进性影响的基础上,我们分别从工薪所得边际税率、税率级次、级距跨

度三个方面提出改进建议,并以调整收入分配差距、降低中低收入阶层税负为目标,构建了新的五级超额累进的工薪所得税率表,以期得到更加合理的个人所得税税制。

二、研究成果的主要内容和重要观点或对策建议

本课题组根据纳税申报数据估计了我国高收入分布的特征,模拟了累进税率调整的影响和比较,研究了目前中国个人所得税的横向公平和纵向公平情况。

个人所得税的调节收入分配功能大小可以用"累进程度"来衡量。本课题组通过对衡量税收累进程度的不同指数性质的理论探讨,利用我国有关城市个人所得税全员全额申报数据库随机抽取的 4 415 个有效样本,测算了不同方案下个人所得税的累进程度;模拟了个人所得税改革不同方案对累进程度的影响。同时,该项目取得的丰硕成果为评估税收对收入分配的实际影响提供了依据。

(一) 个人所得税累进性的理论分析

我国个人所得税的税率是与其分类所得税模式相适应的,所得的项目不同,适用的税率亦有差别。现行个人所得税制度中针对工资薪金所得的九级超额累进税率是调节收入分配最具显示度的制度安排。我们将研究的重点放在税制累进性的评估上。

理论上,度量税率表累进性的方法主要有平均税率累进性、边际税率累进性、应纳税额累进性、剩余收入累进性等方法,其中以平均税率累进性得到广泛采纳和认可,采用平均税率累进性来分析税率表的局部累进程度,即用平均税率和收入的关系来判断税制的累进性:当平均税率随收入增加而增加时,税率是累进的;当平均税率随收入的增加而降低时,税率是累退的;当平均税率随收入的增加而不变时,税率是比例税率。

平均税率累进性,即税收的累进程度等于不同收入下对应的平均税率的变化率。令纳税人的税前工薪收入为 Y,其所缴纳的工薪税税额为 T,则有:

$$平均税率\ AR = \frac{应纳税额}{全部收入} = \frac{T}{Y}$$

$$边际税率\ MR = \frac{应纳税额边际增加额}{全部收入边际增加额} = \frac{dT}{dY}$$

则局部累进性的衡量指标可以表示为 $\frac{dAR}{dY}$,也就是平均税率曲线的斜率。

$$\frac{dAR}{dY} = \frac{d}{dY}\left(\frac{T}{Y}\right) = \frac{\frac{dT}{dY}*Y - T}{Y^2} = \frac{MR - AR}{Y}$$

上式表明,衡量累进性的指标——平均税率的斜率,可以用边际税率与平均税率的差值,除以税前收入予以衡量。上式作为用于衡量局部累进性的方法,通过平均税率、边际税率的组合隐含了税前豁免额、累进税率等丰富的税制信息。根据平均税率累进性的上述公式,我们通过模拟收入数据,对现行税制的税率结构进行了分析。模拟结果如图1所示。

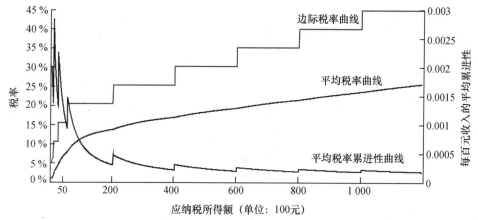

图1 工薪所得个人所得税九级超额累进税率表模拟分析图

注:横坐标代表的应纳税所得额是用收入先后扣除三险一金和2000元豁免额得来的。三险一金的数值采用理论文献中常用的20%标准,即约等于收入的20%。

图1反映改革前九级超额累进税率表存在以下问题:

首先,从边际税率曲线可以看出,现行工薪所得累进税率表较低收入区间级距过密,导致税率提升过快,而在较高收入区间,税率的提升速度相应较慢,不符合税收公平原则。由图1可以看出,中低收入对应税率变化频繁,应纳税所得额1—5000元的法定税率跳跃了3个级次,15个百分点,平均个人所得每增长333元,税率增加1个百分点;20000—100000元的法定税率跳跃了4个级次,20个百分点,应纳税所得额增长了80000元,平均个人所得每增长4000元,税率增加1个百分点,后者是前者的12倍。工薪所得中低收入者的税负增幅大大高于高收入者的税负增幅。较低收入区间级距过密,导致中低收入者因面对累进变化程度过大的税率使相对税负加重,造成高工薪收入者与普通工薪收入者之间税负的不公平。

其次,尽管工薪税的平均税率随着收入的上升而上升,符合个人所得税"量能负担"的原则,但是平均税率的斜率却存在着先快后慢上升现象。平均税率曲线的这种形状同样表明,在5%—20%的税率范围内,即应纳税所得额在[0,20000]区间,纳税人所面临的平均税率的增长速度快于高收入者。这也反映了现行工薪税率制度下,中低收入者面临着十分严峻的税收环境,收入的小幅增加便会导致平均税率的快速提升。

最后,由平均税率累进性曲线性质可知,现行税率表的累进性是一条带有波动的减速累进路线。

第一,累进程度在应纳税所得额[0,20 000]区间变动十分密集且频繁。伴随着边际税率的变动,累进性在该区间内剧烈变动四次。与高收入区间内累进性的突变相比,[0,20 000]区间内的累进性突变的程度更高,带来的纳税人效用损失也更大。第二,累进性在各个既定的税率区间内是递减的,表现为平均税率累进性曲线的下行趋势。

现行工薪税率表级次过多,级距跨度不均衡,加重了中低收入者的相对税负,妨碍了个人所得税调节收入分配、缩小贫富差距功能的实现。

(二) 改进工薪所得税率累进设计应考虑的几个关键问题

我国设立个人所得税以来,个人所得税收入连年增长。国民经济持续较快的增长带动城乡居民收入的大幅增加,扩大了税基。1994 年以来,我国个人所得税的征收环境也发生了巨大的变化,高收入行业伴随经济全球化和国内经济结构调整异军突起,如垄断行业、高新技术产业、金融业、服务业等高收入群体不断出现。居民收入分配差距拉大,且有不断扩大的趋势,这些都给个人所得税制度带来新的挑战。由于现行九级税率表是根据 20 世纪 90 年代初居民收入水平设计的,其对中低收入者的定义已经不适应居民收入分配的现况,因此税率、级次和级距的调整变得十分必要,这就需要我们重新审视个人所得税税制设计的基本原理,在保持税制连续性的同时,采取相应的改进措施。

累进税率分为全额累进税率和超额累进税率,全额累进税率由于在累进级距的交界处,存在增加的税额超过税基的不合理现象,现实中多采用超额累进税率。设计税率累进制度需确定以下关键要素:边际税率、级距跨度和累进级次。

1. 边际税率

就公平方面来说,单一税率下,纳税人无论应税所得多寡,均按照同一比例纳税。而累进税率下,税基越大,税率越高,税负呈累进趋势。累进税制使负担能力大者多负税,负担能力小者少负税,符合量能负担的原则。从效率角度看,单一税率操作简单,税收行政效率高,累进税率相对较为复杂。单一税率下,个人所得税收入的增长和所得的增长是同比例的,而累进税率条件下,税收收入的增长快于经济的增长,具有更大的弹性。累进税率有利于自动调节社会总需求的规模,保持经济的相对稳定,被称为"自动稳定器"。

尽管没有任何科学的依据以供确定最佳的个人所得税税率数目,但如果仅为了实现累进性,并不一定需要很多税率。假设免税额为 e,只要 $e>0$,在只有一个边际税率且为正值 τ 的情况下,税制也是累进的。应纳税额(T)为:

$$T = \tau(Y - e)$$

如果把上式除以 Y,将得出平均税率 AR:

$$AR = \frac{T}{Y} = \tau - \frac{e}{Y}$$

只要 $e > 0$，则 $MR = \tau > AR$，符合累进的定义。

随着 Y 的增加，MR 和 AR 之间的差距将逐步缩小。在纵向公平备受关注的情况下，提高适用于较高收入者的超额边际税率，可以确保累进程度不会随着收入的增加而迅速消失。因此通常情况下，只需要少数几个正值边际税率，便可以保持适当的累进程度。此外，保持较少的税率数目还会使征管工作易于进行。

为了培育中国公民的纳税人意识，我们认为应该保留 5% 的低税率，从而保证"宽税基，低税率"的理念能够实现，而鉴于中国收入分配差距扩大的现实，不应降低最高边际税率。

2. 级距跨度

级距宽可以使收入分布相邻人口的税负变化平缓，而级距窄则相反。中国现在的居民收入分布结构，类似于一个宽底座的金字塔，与"橄榄形"收入分布相差甚远。考虑现行税率表在中低收入段级距跨度过密的问题，我们建议拓宽人群集中的中低收入者的级距。

3. 税率级次

各国个人所得税累进税率表的级次都会根据社会经济情况的变化进行调整。美国曾采用过 15 级个人所得税税率，韩国也曾采用 17 级个人所得税税率。对世界主要国家（地区）2006 年个人所得税税率级次的统计发现，大部分国家，包括与中国经济发展水平相当国家的税率级次多分布在 3—5 级。在比较有代表性的 48 个国家（地区），个人所得累进级次集中在 3 级、4 级和 5 级，占调查总数的 68.75%。大部分国家在 20 世纪 90 年代普遍简化税制，减少级次。税率级次的设计需要在分层基础上加以考虑，比如，适用低税率的人群的占比及获得收入的比重，适用最高税率的人群的占比及获得收入的比重，了解税率调整对要素供给方的影响。

4. 模拟不同方案对税制累进性的影响

工薪所得累进税率的调整应充分考虑中国经济社会和居民收入变化状况，提高税率对外部环境变化的适应性。中国现行的对工资薪金课征个人所得适用的超额累进税率结构，与目前中国居民的工薪收入分布不相匹配，没有充分发挥超额累进对缩小收入差距、增进社会公平的功能，应进行适当的调整。

随着居民整体收入的提高，中低收入段的级距跨度应有所增大。相对于高收入群体累进性变动情况，现行工薪所得个人所得税九级超额累进税率表的前四个级次正是纳税群体中的中低收入阶层，税率频繁变动增加了他们的累进性。比较合理的方式是扩大低税率对应的税基，重点调整应纳税所得额 20 000 元以下的人群。

我们建议将现行九级超额累进税率表调整成为五级超额累进税率表（见表 1）。

表1　工资、薪金所得个人所得税税率表(五级超额累进)

级数	全月应纳税所得额	税率(%)
1	不超过2 000元的部分	5
2	超过2 000—20 000元的部分	10
3	超过20 000—60 000元的部分	20
4	超过60 000—100 000元的部分	35
5	超过100 000元的部分	45

将新的五级超额累进税率表和现行九级超额累进税率表比较,我们模拟了税率级次的调整对累进程度的影响(见图2)。

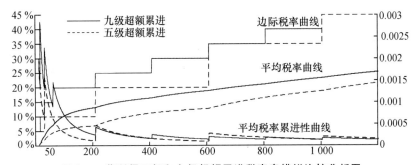

图2　工薪所得五级和九级超额累进税率表模拟比较分析图

新税率表具有以下优点:

一是解决了在应纳税所得额[0,20 000]区间内的级距过密、累进速度过快问题。

二是在[0,20 000]区间内的累进性均较原税率表下有所降低,符合培育中等收入阶层的政策目标。

三是加大了部分高收入阶层的局部累进性,如新税率表下[60 000,80 000]、超过100 000元部分的区间内的局部累进性有所上升。

通过图2我们可以看到,新税率表下平均税率的累进性在中低收入区间内(应纳税所得额在[0,20 000])得到了显著下降的同时,基本保持了对高收入阶层的累进性程度。

改进工薪税率表,调整目前税制的累进设计对中低收入者税负的不合理影响,有助于实现公平税负,促进居民收入增长,拉动有效需求,从而刺激经济增长。

本研究成果引起了各方面的关注,对2011年工薪所得税率表的调整提供了依据。

利用2007年个人所得税全员全额申报数据库随机抽取的4 415个有效样本,我们测算了我国现行个人所得税的累进程度。研究的主要结论是:(1)工资薪金所得税标准扣除从800元增加到2 000元以后,除了扣除额增加使得纳税人最高边际税率降低的收入段局部累进程度下降外,其他收入水平的税收局部累进程度增加了;(2)以 K 指数衡量的 2007 年个人所得税的总体累进程度为 0.154,工资薪金所得税累进程度为 0.223,这表明个人所得税具有较强的调节收入分配功能;(3)如果将现行个人所得税的工薪所得、劳务报酬所得、稿酬所得三项合并为劳动所得并设定统一的税率,测算劳动所得税的累进程度为 0.232,高于按现行所得税计算的劳动所得累进程度 0.198。综上,为了增加社会公平感,应建立、健全具有显著累进性的所得税制和财产税制;同时,初次分配中应通过提高最低工资标准、增加对低收入者的补贴等方式降低收入分配的不平等程度(这部分内容因涉及个人基础信息没有公开发表,以研究报告形式提交给了政府相关决策部门)。

三、成果的学术价值、应用价值,以及社会影响和效益

  本项目取得的研究成果有助于政策制定者了解政策变动影响的人群和程度,为决策者进行个人所得税调整预测提供了基础信息,为 2011 年 6 月全国人大调整税率表和费用扣除等制度提供了依据,引起学术界及财政部、国家税务总局等税收政策制定部门的重视。国家税务总局所得税司对本项目代表性研究成果的评价是:"刘怡、胡祖铨等同志撰写的《工薪所得个人所得税税率的累进设计:问题与改进》深入研究了现行工薪所得税累进税率对社会不同群体收入分配的影响。全文内容翔实,论据充分,观点新颖有见地,对研究个人所得税税收政策和完善税制提供了较好的依据。"

我国企业基本养老保险的代际平衡研究

项　目　名　称：我国企业基本养老保险的代际平衡研究
项　目　来　源：国家自然科学基金项目（项目号：70803002）
项目起止时间：2009年1月—2011年12月
项　目　负　责　人：蒋云赟
项目组主要成员：林双林、朱璐璐、李时宇、于金玉
项目负责人所在系：财政学系
项　目　成　果　形　式：论文

一、项目研究的目的和意义

　　作为我国养老保险体系最重要的组成部分和先行者，企业基本养老保险的改革对整个养老保险体系有举足轻重的作用，如果现行的企业基本养老保险不能达到代际平衡，那么它的公平性和可持续性将受到怀疑。代际核算方法是现在国际上分析代际平衡问题的主要方法，本项目旨在利用代际核算方法分析我国企业基本养老保险的代际平衡状况，并对事业单位养老保险改革提供参考。

　　本项目解决传统代际核算方法不考虑人口封闭性的问题，将传统的性别、年龄的两维代际核算体系扩展为年龄、性别和城乡的三维代际核算体系，并分别建立我国第一套企业和事业单位基本养老保险的代际核算体系，分析企业和事业单位养老保险的代际平衡状况，并模拟各种企业和事业单位养老保险改革方案的效果。

二、研究成果的主要内容和重要观点或对策建议

本研究的核心内容包括：

1. 将传统的性别、年龄的两维代际核算体系扩展为年龄、性别和城乡的三维代际核算体系

自从 Auerbach et al. (1991) 提出代际核算方法以来，已经有近百个国家采用代际核算方法，但都采用代际核算方法的传统做法，将人口按照年龄和性别两个维度分开。我国是典型的二元经济，各种资源在城乡之间分配不均衡，因此本研究中我们根据我国的实际情况，把人口按照年龄、性别和城乡三个维度分开，将传统的两维代际核算体系扩展成为三维代际核算体系。将三维代际核算方法用于基本养老保险体系，带来一个关键的问题是如何处理新加入的人口问题。如何保持人口的封闭性是代际核算方法的传统问题，代际核算方法 1991 年提出时，这个问题就存在，Alan J. Auerbach、Jagadeesh Gokhale 和 Laurence J. Kotlikoff(1991)建立代际核算体系时忽略了移民的影响。当我们建立我国基本养老保险的代际平衡体系时，这个问题将更加突出，因为我国城镇化的速度要远远高于发达国家迁移人口增长的速度。本项目设计方案解决了这个问题，解决人口封闭性问题的关键是在计算现存代的代际账户值时必须先忽略城镇化的影响。

2. 在人口预测和基本养老保险缴费和养老金预测的基础上，本项目利用 Matlab 软件分别建立我国第一套企业和事业单位基本养老保险的代际核算体系

我们把 2008 年存活的人口作为现存代，2009 年及以后出生的人口作为未来代。表 1 给出了基准假设下，企业职工和城镇事业单位参加基本养老保险的职工的人均代际账户值。

从表 1 中可以看出，2008 年出生的城镇企业男性职工的代际账户值是 46 758 元，也即 2008 年出生的城镇男性如果以后在企业就业并参保，他所缴纳的基本养老保险费和获得的退休金的差额的净现值是 46 758 元，而同年龄段的女性基本养老保险的代际账户值明显偏低，这和我国女性工资和劳动力参与率较低，而退休年龄又过早有关。平均来说，男性企业职工从 40 岁开始基本养老保险缴费和领取退休金的差额的净现值变为负值，也就是 40 岁的男性企业职工在剩余的生命周期内，缴纳的基本养老保险费的现值小于获得的养老金的现值。而城镇女性平均来说从 30 岁开始代际账户值就转为负值。城镇男性基本养老保险的代际账户值的最低点出现在 55 岁，而城镇女性出现在 45 岁，这和我国女性职工的退休年龄偏低有关。

表1 基准假设下城镇事业单位、企业职工的基本养老保险人均代际账户值

(单位:元)

企业职工			事业单位职工		
年龄	男性	女性	年龄	男性	女性
0	46 758	12 070	0	65 762	22 868
5	64 486	17 916	5	82 461	28 075
10	67 950	19 269	10	106 050	37 434
15	67 875	18 234	15	114 050	40 099
20	55 643	13 304	20	91 926	24 984
25	50 227	4 885	25	48 078	-62 593
30	32 619	-15 662	30	17 174	-86 308
35	19 408	-26 865	35	-16 419	-114 320
40	-40 947	-94 760	40	-53 078	-148 080
45	-92 009	-151 720	45	-92 523	-186 770
50	-121 670	-135 400	50	-210 400	-348 380
55	-182 220	-97 798	55	-370 600	-167 690
60	-74 686	-108 620	60	-491 730	-239 810
65	-146 420	-88 837	65	-567 730	-238 200
70	-156 600	-70 541	70	-441 020	-128 760
75	-99 478	-31 016	75	-246 730	-66 197
80	-79 223	-25 276	80	-152 510	-36 821
85	-67 509	-19 970	85	-90 847	-15 937
90	-59 069	-18 213	90	-65 701	-10 747
95	-52 096	-12 351	95	-54 473	-6 926
未来代	36 546	9 434	未来代	217 317	75 570
比率	0.7816	0.7816	比率	3.3046	3.3046

倒数第二行表明如果现行的基本养老保险政策持续下去,未来代的人口参加企业基本养老保险会面临的代际账户值,最后一行表明的是未来代的代际账户值是2008年新出生一代的代际账户值的比率,我们可以看到,未来代城镇企业男性基本养老保险的缴费和领取退休金差额的现值和为36 546元,仅为2008年出生人口的78.16%。这表明,我国现在的基本养老保险制度对现存代(现在被这个制度覆盖的人)是不利的,按照1997年26号文件的规定,现在企业基本养老保险的参保者既要给自己积累,又要支付已经退休人的退休金,面临了过重的养老负担。当然也说明我国1997年26号文件提出的通过扩大覆盖面和部分积累来解决养老保险问题的政策如果能够执行,对缓解政府的养老保险压力是有效的,但是这是以让现存代的人口承受过大的负担为代价的。

而事业单位的男性职工从35岁开始,代际账户变为负值。也就是说,年龄大于35岁的男性职工在剩余的生命周期内缴纳基本养老保险费的现值小于获得的养老金的现值,这是由于随着年龄的增大,退休前还需要缴纳养老保险费的年份缩短,因此代际账户被缩小。相比之下,企业男职工的代际账户在40岁才转为负值,这一年龄差距体现出我国事业单位中存在大量未参加统筹、不需要缴费的老体系退休职工,并且他们在退休后获得的平均养老金又高于企业职工,导致事业单位职工的代际账户比企业更早转为负值。我们可以看到,未来代城镇事业单位男性的代际账户值高达217 317元,是2008年新出生一代的3.3046倍。这表明,老体系和人口老龄化趋势造成了事业单位养老保险体系的巨大隐形债务,如果政府不对该体系进行补贴,《事业单位工作人员养老保险制度改革试点方案》将对未来代极为不公平,他们的负担将超过现存代的3倍,这还将极大地损害事业单位的养老保险制度的可持续性。

通过将事业单位与企业职工的代际账户进行比较,我们可以看出,养老保险体系改革的时机对于代际平衡有很大的意义,一般来说,改革的推迟将加重未来代的负担。1997年《国务院关于建立统一的企业职工基本养老保险制度的决定》颁布后,企业的基本养老保险改革在全国范围内展开,而在12年后的2009年,事业单位养老保险改革刚刚迈出试点的第一步。我们在表1中看到企业、事业单位代际平衡状况的不同困境,是因为事业单位改革滞后,造成本该纳入统筹的职工从老体系退休,这些不缴费却享受高替代率的退休人员使得事业单位未来代的负担加重;而企业的养老保险体系改革早,且成功吸纳个体就业人员参保,现存代对基本养老基金的积极贡献大大减轻了未来代的负担。

3. 企业改革方案模拟

本项目对企业基本养老保险的缴费率和养老基金保值率进行模拟,探讨是否可以通过调整企业基本养老保险的缴费率和养老基金保值率来实现代际平衡。结果显示如果下调企业基本养老保险的缴费率,企业基本养老保险基本可以实现代际平衡,也就是这样一套制度对不同代是公平的,不会通过盘剥现存代来给未来人口创造财富。当企业单位基本养老保险的缴费率由20%下降到18%时,企业基本养老保险基本实现代际平衡;当企业职工个人基本养老保险的缴费率降为6.25%时,企业基本养老保险基本也可以实现代际平衡。而养老基金保值率的模拟表明,如果保值率低于3%的话,现在的企业基本养老保险将对现存代更加不公平。但是如果养老保险保值率能够达到6%,现在的企业基本养老保险体系基本就能够实现代际平衡了。因此我们应该考虑在缩小个人账户规模后,尽快使个人账户成为实账,通过提高养老基金保值率来激励单位和个人参加养老保险改革,缓和基本养老保险的代际不平衡状况。

4. 事业单位改革方案模拟

第一种模拟方案中我们假设2015年全国的事业单位都纳入统筹,政府只支付所有未纳入统筹的退休人员的退休金,也就是 2015 年之前从老体系退休的人员的退休金,而纳入统筹的退休人员的隐形债务将全部由事业单位的养老保险体系自行解决。模拟结果显示,虽然事业单位也采用了和企业相同的 28% 的高缴费率,但是仍然无法消化隐形债务。未来代城镇事业单位男性和 2008 年新出生一代的代际账户值之比从基准假设(政府完全不补贴)的 3.3046 倍下降到 1.7 倍。在第二种模拟方案中,我们假设因为改革试点中遇到的种种阻力,所以推迟到 2020 年再将全国所有的事业单位纳入统筹,并且政府支付老体系的退休人员的退休金,而纳入统筹的退休人员的隐形债务将全部由事业单位的养老保险体系自行解决。与第一种模拟方案相比,在这种假设下政府需要为事业单位的养老保险体系提供更多的补贴,因为 2020 年前未纳入统筹的退休人员人数增多。此外,从代际平衡的角度看,未来代城镇事业单位男性和 2008 年新出生一代的代际账户的比值从基准假设下的 3.3046 倍下降到 1.7047 倍,但高于第一种模拟方案假设下的比值。在第三种模拟方案中,我们模拟了能够实现代际平衡的政府补贴额,我们假设政府 2009—2050 年每年向事业单位养老保险体系补贴 2 750 亿元,这样我们可以看到,未来代城镇事业单位男性和 2008 年新出生一代的代际账户的比值从基准假设的 3.3046 倍下降到 1.0371 倍,这是一个可持续的比例,基本可以实现代际平衡。因此如果政府只是补贴老体系里退休的人员,代际不平衡将得到缓解,但仍然存在;如果推迟事业单位养老保险改革,代际不平衡将恶化;如果我们增大政府的补贴力度,当政府在 2009—2050 年每年向事业单位养老保险体系补贴 2 750 亿元时,可实现代际平衡。因此,我们应该尽快进行事业单位的配套改革以加快把事业单位纳入养老保险社会统筹的步伐,同时政府也要通过提高补贴额来消化事业单位养老保险体系的隐形债务。

三、成果的学术价值、应用价值,以及社会影响和效益

本研究对目前研究财政政策可持续性和财政风险的最前沿方法——代际核算方法进行了理论扩展,解决了人口封闭性问题后,将传统的二维代际核算体系扩展为三维代际核算体系,三维代际核算体系可以更好地考虑移民问题和城镇化问题。本研究还建立了企事业单位基本养老保险的代际核算体系,进行了一些具有现实意义的方案模拟,对我国养老保险改革有一定的参考价值。

相关市场理论与实践
——反垄断中相关市场界定的经济学分析

项 目 名 称:相关市场理论与实践——反垄断中相关市场界定的经济学分析
项 目 来 源:国家社会科学基金项目(项目号:09BJL027)
项目起止时间:2009—2011 年
项 目 负 责 人:李虹
项目负责人所在系:发展经济学系
项 目 成 果 形 式:论文、专著

一、项目研究的目的和意义

(1)理论意义:本项研究以经济学理论发展为脉络,系统梳理了美国、欧盟等国家和地区相关法律条款及其兼并指南中对相关市场含义和界定标准的阐述,并总结了其发展演变的过程,深入分析了经济学理论的发展对相关市场界定的影响以及界定相关市场所必须遵循的一般规律。首次利用经济学理论梳理和分析反垄断中相关市场界定理论及方法,有效地推动了国内有关反垄断市场界定的理论研究。

(2)实践意义:长期以来,中国反垄断立法和司法实践都比较欠缺,使得中国反垄断执法中相关市场的界定问题一直没有得到应有的重视,由于中国是大陆法系成文法国家,因此,明确相关市场的含义与界定标准,对于其完善反垄断立法并促进其实施具有重大的意义。本研究利用经济学理论对相关市场界定进行深入的分析和研究,不仅对于中国反垄断立法的不断完善及具体实施措施的优化具有重要的指导意义,也会促使反垄断法真正发挥打破市场垄断和维护市场竞争秩序的作用。

二、研究成果的主要内容和重要观点或对策建议

本研究成果的核心内容包括：

（1）以经济学理论发展为脉络，系统梳理了美国、欧盟等国家和地区相关法律条款及其兼并指南中对相关市场含义和界定标准的阐述并总结了其发展演变的过程，深入分析了经济学理论的发展对相关市场界定的影响。

（2）基于对美国、欧盟等相关市场界定的研究，按照相关市场界定的早期经济学方法、SSINP检验方法以及基于价格的检验方法等分析框架，对相关市场界定方法进行了分类，阐述了每种方法的产生背景、含义、运用及各方法之间的内在联系与区别等，从理论和司法实践两个角度对这些方法进行了评价，进而总结出界定相关市场所必须遵循的一般规律。

（3）对国际上各种相关市场界定方法的司法实践进行了梳理和分析，包括方法应用的首次案例、经典案例及具有代表性的案例，分析了各种方法的具体操作过程。这对于中国这样一个缺乏相关市场界定案例和实践的国家来说，指导意义和借鉴作用尤为突出。

篇章结构如下：

上编　理论篇
第一章　相关市场的理论基础
第一节　相关市场的概念
第二节　相关市场界定中所涉及的经济学理论
第二章　美国反垄断法中相关市场的界定
第一节　平民主义经济学时期
第二节　追求公平的哈佛时代
第三节　效率至上的芝加哥时代
第四节　后芝加哥时代
第三章　欧盟反垄断法中的相关市场界定
第一节　弗莱堡学派
第二节　布鲁塞尔学派
第三节　美国经济学的新时期
第四节　经济分析的成熟时期
第四章　其他国家反垄断法中相关市场界定
第一节　日本反垄断法
第二节　中国反垄断法
中编　方法篇
第五章　相关市场界定的早期经济学方法

第一节　合理可替代性方法
第二节　供给替代性方法
第三节　交叉价格弹性方法
第六章　SSNIP检验方法
第一节　SSNIP检验方法概述
第二节　剩余需求弹性方法
第三节　临界弹性方法
第四节　临界损失方法
第七章　基于价格的检验方法
第一节　价格相关度检验方法
第二节　价格趋同及调整速度检验方法
第三节　格兰杰因果关系检验方法
第四节　协整检验方法
第五节　平稳性检验方法
第八章　相关区域市场的界定
第一节　界定相关区域市场方法的发展
第二节　产品流检验方法
第九章　以多元产品或服务为基础的相关市场界定
第一节　集群市场方法
第二节　子市场方法
第三节　次级市场方法
第十章　知识产权兴起背景下的相关市场界定
第一节　技术市场
第二节　创新市场
第十一章　非横向兼并中的相关市场界定
第一节　非横向兼并中的相关市场界定
第二节　纵向兼并中相关市场的界定
第三节　混合兼并中相关市场的界定
下编　应用篇
第十二章　合理可替代性方法
第一节　首次案例【玉米产品深加工案】
第二节　经典案例【布朗姿联合公司案】
第十三章　供给替代性方法
第一节　首次案例【哥伦比亚钢铁公司案】
第二节　经典案例【Telex公司诉IBM案】
第十四章　需求的交叉价格弹性方法

第一节　首次案例【时代公司案】
第二节　经典案例【杜邦玻璃纸案】
第十五章　剩余需求弹性方法
第一节　【速食早餐麦片市场的案例分析】
第二节　【西北航空公司与共和航空公司的合并案】
第十六章　临界损失方法
第一节　首次案例【哥伦比亚地区法院联邦贸易委员会诉西方石油公司案】
第二节　经典案例【美国诉梅西健康服务机构和分立三州健康集团案】
第三节　经典案例【内东部海湾医院合并案】
第十七章　临界弹性方法
第一节　首次案例【联邦委员会诉瑞典火柴公司案】
第二节　经典案例【无线电台合并案】
第十八章　产品流检验方法
第一节　早期案例【帕斯特啤酒案】
第二节　经典案例【美国诉洛克福特荣誉公司案】
第三节　经典案例【特拉华公司案】
第十九章　集群市场方法
第一节　首次案例【费城国家银行合并案】
第二节　经典案例【杰马克公司案】
第二十章　子市场方法
第一节　首次案例【布朗鞋业案】
第二节　经典案例【美国政府诉美国铝公司等案】
第二十一章　次级市场方法
第一节　首次案例【美国诉伯利恒钢铁公司和杨斯顿铁和管道公司案】
第二节　经典案例【柯达公司案】
第二十二章　技术市场
第一节　早期案例【联合碳化物公司与意大利埃尼合并案】
第二节　经典案例【Globespanvirata 诉德州仪器公司案】
第三节　经典案例【微软公司案】
第二十三章　创新市场
第一节　首次案例【通用汽车出售阿里森运输车案】
第二节　经典案例【美国诉阿里伯顿公司和德莱塞工业公司案】
第二十四章　非横向兼并中相关市场界定的案例
第一节　首次案例【美国诉英国杜邦公司案】
第二节　经典案例【坦帕电力公司诉纳什维尔煤炭有限公司案】
第二十五章　方法的综合运用

首次案例【欧盟委员会诉沃尔沃公司与斯堪尼亚公司合并案】
主要参考文献
案例表
法规一览
后记

三、成果的学术价值、应用价值,以及社会影响和效益

本项研究致力于引起国内经济学界同行对反垄断经济学作为一门重要经济学分支学科的重视,并力图为有志于深入研究当代国际反垄断经济学发展的读者们提供较为全面系统的国际研究成果,使国内研究能够及时跟上国际反垄断领域研究的新进展。同时,也为法学界、执法机构、社会监督力量等在反垄断司法实践中界定相关市场提供科学有效的理论依据,促进中国的反垄断法顺利有效地实施。

城市资源—经济—环境统一核算、模拟和调控

项　目　名　称：城市资源—经济—环境统一核算、模拟和调控
项　目　来　源：国家自然科学基金项目（项目号：70903006）
项目起止时间：2010年1月—2012年12月
项　目　负　责　人：季曦
项目组主要成员：北京大学张博、李金凯、陈占明、杨晴
项目负责人所在系：发展经济学系
项目成果形式：论文

一、项目研究的目的和意义

（一）研究目的

1. 揭示并解决城市可持续发展所面临的生态危机

城市作为一个地区的经济、文化中心，对其腹地以及外界环境的各种资源有着巨大的"内向式吸引力"（张坤民等，2003）。强大的生产和消费能力以及由此带来的能量流、物质流、信息流、货币流和人流的大量涌现促成了城市的繁荣。然而随着城市化进程的不断加快，城市的发展面临着日益严峻的资源匮乏、环境恶化和文化失落等生态危机。

城市的发展和演化伴随着各种财富的集聚、转化与积累。恰当的社会经济资本积累行为是在最佳程度上将自然资本存量转换为人造资本存量（Boulding，1945，1992），并且不对人类文化多样性造成损伤。城市人造资本的积累建立在本地和外地自然资本流失的基础上。随着城市经济规模的扩大，城市的发展将受到来自自然资源和环境的制约。此外，物质增长的背后是城市文化的失落。工业化生产加

速了现代城市化的进程,但每座城市自身的文化特征也在一味追求生产效率和经济总量增长中日趋退化,取而代之的是几乎雷同的现代工业文明。传统的城市经济评估指标所呈现的繁荣景象掩盖了这些问题,不利于城市社会经济、生态环境和城市文化的持续协调发展。

北京是我国政治、文化和国际交流中心。2005年在国务院批准的《北京市城市总体规划(2004—2020)》中,北京被定位为"国家首都、国际城市、文化名城、宜居城市",明确表明要遵循社会经济、生态环境和城市文化协调发展的城市规划要求。然而,北京市在经历社会经济蓬勃发展、城市规模迅速扩张的同时也面临着生态环境维持和城市文化保护的压力。本课题以北京市为研究案例,构建了城市可持续发展的评估、预测和调控体系,揭示城市发展过程中所面临的生态危机,并为未来城市的发展提供了参考建议。

2. 弥补以经济指标为主的城市可持续发展评估体系的不足

对城市资源和环境进行有效管理和保护的前提是充分认识资源、环境的价值以及它们对城市社会经济活动的贡献。长期以来,"自然资源低价甚至无价"、"环境承载力无限"等观点根深蒂固,致使资源过度开发和环境破坏严重的现象长期存在。以 GDP 为代表的国民经济核算体系没有反映自然资源损耗代价和环境质量降级成本(Daily,1997)。而目前,对城市可持续化的监测和评估大体基于以 GDP 为主的经济指标体系,追求这些经济指标的增长是目前绝大多数城市发展的主要动力。这不仅不利于衡量城市的真实福利水平,一定程度上还加速了城市资源耗竭和环境破坏。人口素质和文化信息是城市生态系统中最具活力和影响力的因素,但它们在整个城市经济中的作用却常被排除在现有核算和评估体系之外。以经济指标为主的评价体系很难合理客观地揭示城市发展过程所面临的不可持续性问题。本研究充分分析了现有评估体系的不足,以生态经济学的最新理论进展为基础,构建了一套较为科学合理的城市可持续发展评估体系。

3. 优化现有复杂系统的预测和调控方法,识别宏观经济体的最优规模

城市作为一个复杂的宏观经济体,在外界的约束下必然面临着规模极限问题。因此,在一定的资源、环境、经济背景下,每个城市都应该存在着一个最优规模。如何识别城市这样一个宏观经济体的最优规模?要实现这个最优规模应该进行哪些合理的调整?这些都是城市可持续规划和管理应该首先明确的问题。

系统模拟和预测是决策者常用的降低或规避管理风险的途径。城市生态系统内部物质、能量、人口、货币和信息流动交流活跃,系统层次结构丰富,人类社会经济和自然生态环境的矛盾激烈。作为开放系统,城市的经济周期受外界资源和环境波动的影响很大,城市动态模拟能对城市的未来进行预测并以此作为调控的依据。然而城市社会经济评估体系与资源、环境、文化信息等要素的脱节使我们在构建城市仿真模型时难以将这些生态要素有机融入其中,因此模型难以全面表达城市生态系统的内在运行机制。同时,我们以往进行的系统模拟工作对生态系统基

本原理和本质规律重视不够,在数学建模和参数确定过程中往往难以避免不确定性因素和主观性的干扰。本课题对现有的复杂系统的预测方法进行了优化,初步实现了对城市演化的模拟,归纳了城市发展的基本规律,对城市宏观经济体的最优规模问题进行了初步的探讨。

(二) 研究的意义

1. 理论意义

生态经济学以涵括人类经济系统和自然生态系统在内的大生态系统为研究对象,将经济系统视为大生态系统的子系统,充分重视人类社会经济系统的生物物理(Biophysical)基础,重点研究经济系统对自然资源和生态环境的依赖和影响(Costanza,1989)。规模和总量受生态约束以及社会经济系统的生物物理基础也正是生态经济学的两个核心观点。系统生态学的发展为我们认知地球万物生态价值的本源以及一般生态系统的演化机理提供了科学依据(Odum,1983)。作为生态经济学和系统生态学的交叉热点,内涵有用能(Embodied Available Energy, or Embodied Exergy)被论证为驱动地球生态系统的根本资源(Szargut,2003;Chen,2006),为地球万物价值的本源,作为各类资源和环境服务的生态价值(Eco-value)的统一度量,能综合表达"量"和"质"的信息,避免了实物衡量和基于货币的价值衡量的不足(Ayres *et al.*,1998;Common,2007)。同时通过内涵有用能/货币比率(Embodied Exergy/Money Ratio)能够有效实现以货币为单位的价值和以内涵有用能表示的生态价值之间的转换,从而实现自然资本、人造资本、人力资本、文化信息资本的统一度量。因此,基于内涵有用能的核算能客观统一衡量形成一项产品或服务所直接和间接消耗的资源总量以及所生成的环境排放,为科学量化社会经济活动对资源环境的依赖和破坏程度提供了基于生物物理基础的尺度(Brown and Ulgiati,2004;Chen and Chen, 2007;Common,2007)。

2. 实践意义

将内涵有用能方法引入北京市资源—经济—环境统一核算,在现有的投入产出分析和经济评估指标体系中综合纳入自然资源、人力资源、文化信息资源和环境等生态要素,促进城市可持续化监测和评估指标体系的完善及建立。在统一核算基础上,综合北京市生态系统中的各类生态流和生态存量,构建北京市网络分析和网络模拟,能够全面揭示北京城市生态系统的结构和功能演化规律与动因,从而有目的地调整和优化城市产业结构,实现城市生态系统的资源优化配置和环境高效管理,为城市战略规划提供科学依据。

二、研究成果的主要内容和重要观点或对策建议

(一) 研究成果的主要内容

本研究首先探讨了作为生态经济学和系统生态学最新进展的内涵有用能理论在生态财富价值评估和生态成本核算方面的优越性；构建了基于内涵有用能理论的资源和环境价值评估体系；提出了基于生态流和生态存量的网络核算方法；在该核算方法的基础上构建了宏观经济系统的生态模拟和调控的方法框架。以北京市为案例，研究了内涵有用能理论和相关方法在城市系统评估、模拟和调控中的应用。

(二) 主要的理论推进

（1）免费的自然资源存量、经济系统中的人造资本存量以及人类本身和储备在生物多样性、文化多样性和地质遗产中的信息均是有用能转换和积累的结果，是能够提供不同生态福利的生态财富。处于生态能流网络低阶层的自然资源存量能为地球生物提供生命支持服务，并为人造资本的积累提供原材料和初级产品；人造资本是自然资源的转换，是"以人为本位"的经济系统富足的象征；人类本身以及文化信息存量是"以生态为本位"的能流网络中的最高端产物，是对整个生态系统具有最强控制力和影响力的生态组分，是生态财富不可忽视的一部分。以有用能作为财富价值的衡量避免了传统经济框架下对自然资源和信息财富的忽视。复合生态系统（如城市生态系统）应该保证各类生态财富恰当的配比，保障生态财富的多样性。

（2）城市是一个典型的自组织催化设计系统，城市的发展呈现一定的脉动规律。城市的脉动周期可以概括为四个阶段：积累、成长、成熟、衰退。由于受外界资源和环境条件的约束，城市的发展存在着规模极限，达到规模极限后，城市必然走向衰退。在达到城市的极限规模之前存在着城市的最优规模。城市扩张到最优规模后，应该停止"量"的扩张，进而转变为"质"的发展，这是保障城市可持续发展的关键。

(三) 北京市案例研究的主要结论

1. 基于核算和评估的主要结论

（1）北京市的城市生态财富总量持续上升，财富多样性先上升后下降，城市生态财富经历了从"自然资本"到"人造资本"的转变；

（2）生态成本上升的速度快于生态财富增长的速度，北京市城市生态财富的增长是以巨大的生态成本为代价的；

（3）作为一个自组织系统，北京市的发展遵循一般生态系统所遵循的能值功

率最大化原理,同时也说明城市财富的增长刺激了更大的消耗。

2. 基于模拟的部分结果

(1) 城市内部生态存量呈现出自组织系统的脉动现象,不同阶层的存量有不同的脉动周期。城市生态网络中低阶层的农业资产存量波动较为迅速,农业资产的第一个脉冲在近几年已经出现;而高阶层的如城市资产、人口以及文化信息存量脉动周期较长。

(2) 城市生态系统中不同阶层的存量抗干扰的能力也不同。在保证外来能源按需供给的情况下,水资源的波动对北京市干扰最大。低阶层的农业资产首先受到水资源减少的干扰。随着水资源的逐步减少,城市资产的积累速率将不断减慢,城市资产在未来几十年将达到顶峰。处于高阶层的人口存量将在约一百年后逐步达到零增长的状态,并开始下降。文化信息存量受水资源的影响更为滞后。

(3) 污染的排放呈先上升再下降的趋势。污染存量先处于上升的状态,之后开始下降并长时间稳定在一定的水平,后期虽有下降趋势,但速度极其缓慢。

(4) 伴随着城市财富的变化,城市的土地也在不断变迁。城市用地面积将不断扩大,农用地和生态用地面积会日益减少。

(5) 城市生态财富多样性和资源消耗多样性今后都将先下降再回升,多样性水平总体都不高。

3. 城市调控的主要结论

(1) 提高城市水资源、能源等生态流率使城市规模增长和衰退的速度均加快,并将导致较多的非必要的需求,资源消耗和污染排放的速度也将加剧。

(2) 降低城市水资源、能源等生态流率使城市生态系统保持更平缓的增长和衰退,减轻资源衰竭和环境恶化的程度,城市与外界环境能保持较好的平衡。

(3) 北京城市生态系统已经进入成熟期并即将达到顶峰进而步入衰退期,城市规划者和决策者应该做好面对城市衰退的准备。调水等增加资源供给的管理方式虽然在短期内能解决城市目前的"燃眉之急",但绝不是长久之策。增加资源供给给市民带来的绝不仅仅是单纯的维生福利,还会刺激更多无谓的生产和消费,使北京陷入一个"规模扩大—资源短缺—增加资源供给—刺激增长—规模扩大"的恶性循环。对北京来说,"节约"和"节流"应该是城市规划和管理中不能放弃的理念,并且要真正落到实处。不仅要在水资源、能源方面开展"节流",同时应该尽可能地降低一切与城市必要生产和消费无关的生态流率。

三、成果的学术价值、应用价值,以及社会影响和效益

本研究综合生态经济学、系统生态学、城市经济学、现代系统工程等学科的相关理论及最新进展,采集社会、经济、环境等基础数据,结合投入产出分析方法、系统动力学以及网络模拟方法构建城市资源—经济—环境统一核算和模拟,并实现

城市的宏观调控。对现实问题的具体改进和应用前景如下：

（1）在我国城市化面临日益严峻的资源匮乏、环境恶化和城市文化失落等问题的大背景下，提出城市资源—经济—环境统一核算框架，将传统经济学所忽视的资源、环境、文化信息等生态要素综合纳入城市国民经济核算体系，全面客观地评估城市社会经济活动对自然资源和环境服务的依赖程度，以及城市人口素质和文化信息对城市经济活动的促进作用，促进城市社会经济、生态环境和城市文化的协调发展。该核算框架也能为部门、省份、国家乃至全球等不同尺度的复合生态系统提供一般的资源—经济—环境综合核算的参考模式。

（2）资源和环境的价值量化评估是将资源、环境的实物账户转换成以货币表达的价值账户，从而最终实现资源—经济—环境一体化核算的关键，也是保障资源合理配置、环境高效管理的前提。这是目前相关学术界面临的难点和讨论的热点之一。基于内涵有用能的资源环境生态价值评估体系能够实现资源、经济、环境等生态要素的统一表达，最终实现国民经济的统一核算。"统一核算"不同于"一体化核算"，它不仅强调将资源和环境要素综合纳入国民经济核算体系，同时还要实现林林总总的资源、经济和环境要素的统一量化加总。现有的一体化核算要么以实物的形式进行核算，这种方法能从"量"的角度描绘资源、环境要素对国民经济的贡献，但在指标分析和决策制定时缺乏"质"的信息；要么将实物价值化，统一成货币表达方式，货币虽然在一定程度上实现了"量"和"质"的同时表达，然而不同的估价方法可能导致不同的结果，存在着难以避免的主观性和不确定性。"有用能"作为价值化的基本度量单位，能描述事物"量"和"质"的信息，可以为现有的一体化核算补充以生物物理属性为依据的客观信息。此外，这种生态价值评估方法还能和货币价值进行互换，可以尝试应用于自然资源资产化、资源环境定价、生态补偿等领域，为这些工作的开展提供基于生物物理基础的信息。

（3）传统的城市经济评估模式和资源、环境、文化等生态要素的脱节不利于构建全面反映城市生态系统内部结构和功能的仿真模型，同时复杂系统建模过程中也常难以避免不确定性和主观性的干扰。本研究拟结合城市的具体特征以及城市资源—经济—环境统一核算和网络核算模型，将部分生态系统中成熟的模型思想灵活运用于建模过程中，构建尽可能反映城市各种生态要素间关联的城市生态系统网络模型，并在此基础上识别城市的最优规模，实现城市的宏观调控，为城市规划决策提供参考方向。研究所构建的模型也适用于其他尺度的复合生态系统，包括部门、村庄、城镇、国家或者全球，可为区域规划和管理提供一般的理论和方法支撑，为实现区域可持续发展提供可供参考的发展模式。

我国通货膨胀驱动因素和动态行为理论与实证研究

项　目　名　称：我国通货膨胀驱动因素和动态行为理论与实证研究
项　目　来　源：国家自然科学基金(面上项目)
项目起止时间：2010—2012 年
项目负责人：王一鸣
项目组主要成员：鄢莉莉
项目负责人所在系：金融学系
项目成果形式：研究论文

一、项目研究的目的和意义

通货膨胀及其与经济增长和失业之间的关系一直以来都是宏观经济学最为重要的研究课题之一，如何处理它们之间的关系也是政府宏观经济政策中最棘手的问题。其中，对通货膨胀驱动因素的探究与分析是关键，估计各因素的作用大小和传导机制无疑有助于政府找到最优的宏观调控方式和经济政策工具，权衡通货膨胀与经济增长、失业率之间的关系。

我国经济与发达国家有着明显的不同，通货膨胀的形成机理比发达国家更为复杂。首先，我国存在明显的二元经济结构，农业部门与非农业部门的企业可能存在不同的定价方式，从而影响我国总体的物价水平；另外，每年大量的农村劳动力转移直接影响到劳动力成本，进而影响企业的成本，并最终会反映到价格上。其次，我国是进出口大国，全球化进程日益加快，国际物价的波动对国内通货膨胀的影响将更深。最后，我国尚未完善的金融市场可能影响央行货币政策的传导机制，进而影响到货币政策对通货膨胀或是通货紧缩的治理效果。

目前，部分国内学者也已经开始运用 NKPC 模型来研究我国的通货膨胀且取得了不少成果。

目前尚未有学者全面结合以上三个特点研究我国的通货膨胀。本课题将运用 NKPC 分析方法,希望能够综合上述三个方面较为全面地分析我国通货膨胀的动因、动态性特征,从而不仅在理论上有所创新,更重要的是能够相对全面地反映我国经济特点,为政府提高宏观调控的针对性、科学性和有效性提供理论依据和参考作用。

二、研究成果的主要内容和重要观点或对策建议

1. 基于二元开放经济下的中国通货膨胀驱动因素与动态行为研究

中国是个经济开放的国家,同时又具有典型的二元经济结构,这两个经济特征可能从以下三方面影响中国的通货膨胀:首先,进口中间品的价格可能影响厂商的生产成本;其次,农产品价格尚未放开(多为政府指导定价特征),可能使得食品定价方式与非食品定价方式不同;最后,农村剩余劳动力转移将影响城镇劳动力市场的均衡,进而影响厂商的生产成本。与中国通货膨胀以往研究文献不同,我们从微观主体的动态最优决策出发,构建了囊括以上三个方面影响因素的中国新凯恩斯菲利普斯曲线理论模型,同时引入货币政策冲击的影响。实证结果表明,非食品部门中前瞻型企业占主导,约占 2/3,非食品价格调整时期约为三个季度;我们构造的包含二元经济和开放经济因素的实际边际成本对通货膨胀有显著影响,农村剩余劳动力转移对通货膨胀产生显著影响,但用利率度量的货币政策直接供给效应在统计上不显著。

2. 金融部门冲击对宏观经济波动的影响——基于金融摩擦的 DSGE 模型

我们建立了一个包含直接投资、信贷市场和总体融资环境三种金融市场冲击的动态随机一般均衡模型,研究随着金融市场的发展,金融市场冲击对中国宏观经济波动的影响以及这种影响的变化。我们利用贝叶斯方法基于 1992—2011 年中国季度数据进行模型估计,发现:(1)中国产出波动的 1/4 是由金融市场冲击导致的,随着金融市场的发展解释力将增强;(2)中国企业直接融资和间接融资的替代弹性较小;(3)金融市场的发展将降低贷款冲击和融资效率冲击对宏观经济指标的影响,显著增强直接投资津贴的影响,但金融市场总体冲击、货币政策冲击对产出、通货膨胀和消费的影响显著增强,因此,随着金融市场的发展,政府应该更加关注金融市场冲击对宏观经济的影响。

3. 中国经济波动源泉及外汇储备变动对其影响——基于开放经济中等规模的 DSGE 模型的研究

我们建立的中等规模 DSGE 模型考虑了中国存在贸易顺差和持有大量外国债券的特征。我们利用季度数据对模型做贝叶斯估计与模拟,全面系统地研究引致中国经济波动的各种冲击及其影响大小,主要结论如下:(1)长期来看,投资效率

和技术冲击对中国经济(产出、消费、投资、CPI)波动的影响占20％以上,货币政策的影响较小;随着持有外国债券规模的上升,这些冲击的影响力下降;中国经济波动受国外经济形势的直接影响有限,但受贸易相关冲击的影响较大,随着持有外国国债规模的上升,后者的影响增大。(2)中短期内,国外需求冲击促进经济增长并保持低通货膨胀,而国产中间品价格冲击会使经济放缓且通货膨胀升高;持有外国国债规模对各种冲击中短期效应的影响有限。

人民币国际化的路径与影响因素：
基于国际货币理论和国际货币演变历史的研究

项　目　名　称：人民币国际化的路径与影响因素：基于国际货币理论和国际货币演变历史的研究
项　目　来　源：国家自然科学基金项目（项目号：70973003）
项 目 起 止 时 间：2010 年 1 月—2012 年 12 月
项　目　负　责　人：管汉晖
项目组主要成员：毛捷、张学勇、刘霖林
项目负责人所在系：经济学系
项　目　成　果　形　式：论文、专著

一、项目研究的目的和意义

随着一国经济实力的不断增强，其货币也会越来越国际化，这已被世界货币史的演变所证实。例如，19 世纪末美国超过英国成为世界上最大的工业国家，20 世纪初美元也超过英镑成为最主要的国际货币（Leading International Currency）。同理，第二次世界大战后日本经济复兴，1964 年日元实现经常项目下的可自由兑换，1980 年实现完全可自由兑换，日元成为世界主要国际货币之一。自 1999 年欧元诞生后，欧洲一体化程度提高，经济不断发展，许多经济学家如 Chinn and Frankel 和 Eichengreen 等都认为未来 15—20 年后欧元将取代美元成为世界主要国际货币。

同当今世界的主要国际货币美元、欧元、英镑以及日元等相比，目前人民币与国际货币的差距还很大，这种现状是和中国资本项目管制以及人民币不可自由兑换相关的。随着中国金融改革不断深化及与世界经济越来越一体化，人民币的国际化程度必然不断加深。现今已经有一些人民币国际化的早期形式：中国与周边

国家贸易开始运用人民币作为结算货币,周边很多旅游目的地已经接受人民币作为交易货币,2007年人民币债券首次在内地之外的香港发行。长期来看,人民币可自由兑换和成为国际货币不仅是一种可能,也是中国和世界其他国家的需要。

研究人民币国际化的路径、影响因素等问题,最好的方法莫过于到国际货币的演变历史中寻找借鉴。因此,本课题基于Kiyotaki等学者建立的国际货币理论框架,将货币理论和货币史相结合,首先利用历史数据对20世纪初美元取代英镑成为主要国际货币的条件、策略和影响进行分析;其次利用20世纪70年代布雷顿森林体系解体后以美元为主、多种货币进行国际货币竞争的历史事实和相关数据,构建跨国面板数据计量回归模型,对一国货币成为国际货币的主要影响因素进行计量分析,并对有关国际货币理论进行检验;最后综合计量分析和历史分析的结论,结合目前中国的宏观经济状况和数据,分析人民币国际化的条件、路径、成本收益、决定因素、对经济的影响。本课题的学术意义在于,利用历史研究和计量研究的结论检验主流的国际货币理论,政策意义是从国际货币演变的历史出发,研究人民币国际化的路径和影响因素,为人民币成为国际货币的政策选择提供一些借鉴。

二、研究成果的主要内容

广泛查找西方货币史和其他经济史数据,如Nurkse(1944)的International Currency Experience 和 Kindleberger(1981)的International Money 等,分析20世纪初美元取代英镑成为世界主要国际货币的历史条件和作用,包括当时美国经济状况及和英国的比较,美元成为国际货币的时机和路径,对美国经济的成本和收益及其他影响,等等。

对Kiyotaki等建立的国际货币理论模型进行检验,包括一国经济的哪些特征使得该国货币成为国际货币的竞争者,当各国经济更趋向一体化时,国际货币是怎样出现的,一国货币成为国际交换中介会给该国带来哪些成本和收益,等等。

基于Kiyotaki国际货币理论模型中关于货币国际化的成本和收益的理论分析,以及Aliber对美元成为国际货币后美国经济的成本和收益的研究,结合上述计量分析和历史分析的结果、中国当前的宏观经济状况及数据,对人民币成为国际货币后给中国带来的成本和收益进行全面分析。

在以上研究的基础上,系统论证和阐述人民币成为国际货币的必要性、必须具备的条件、国际化的路径、决定人民币国际化的因素、成为国际货币后对中国宏观经济的影响、可能出现的问题以及可以采取的对策。

三、成果的学术价值

本课题的学术意义在于,利用历史研究和计量研究的结论检验主流的国际货币理论。以国际货币理论为基础,结合一国宏观经济状况和数据,定量分析一国货币成为国际货币后对该国的成本与收益。首先利用20世纪初的美国历史数据分析美元成为国际货币后对美国的成本与收益。其次利用计量分析的结论,结合中国当前的宏观经济状况,分析人民币国际化后中国的成本和收益,英镑、美元、欧元等货币国际化的路径和策略是什么,对人民币有哪些借鉴和启示意义。

国家社会科学基金项目

投资与经济可持续发展问题研究

项　目　名　称：投资与经济可持续发展问题研究
项　目　来　源：国家社会科学基金项目(项目号：00BJL024)
项目起止时间：2000年6月—2003年5月
项　目　负　责　人：杜丽群
项目组主要成员：晏智杰、刘文忻、王志伟
项目负责人所在系：经济学系
项目成果形式：论文、专著

一、项目研究的目的和意义

（1）理论意义：尽管国内外在实物投资、金融投资和可持续发展理论等方面已有大量研究成果，但将投资与可持续发展问题结合起来考察的成果尚不多见，本课题从理论上填补了国内该领域的空白，因而具有一定的独创性。

（2）实践意义：在我国加入WTO特别是经济全球化趋势的影响日趋增强的大背景下，本课题的研究成果不仅将对我国参与国际竞争、利用外资与对外直接投资提供理论基础和决策依据，而且可以为我们正确处理投资与经济增长和可持续发展之间的关系提供参考，同时还将为我国市场经济建设和经济社会可持续发展提出比较具体而可行的战略性、政策性方案和建议。

二、研究成果的主要内容和重要观点或对策建议

本研究成果详细地考察了自亚当·斯密以来西方投资理论发展、演变及其多样化的现代模型。通过对不同时期投资理论的分析和研究,阐明了影响投资效率的制度环境,阐述了决定投资结构与规模的因素,揭示了投资与财富增加和经济增长之间的相互关系,并重点探讨了投资与经济可持续发展的关系问题。本研究成果明确指出,无论是发达国家还是发展中国家的投资实践都证明这样一个不争的事实:如果投资以生态环境的人为破坏和自然资源的过度开发为代价,那么投资是不可持续的,不可持续的投资必将导致经济和社会发展的不可持续,并将最终导致人类生存环境不适合人类生存。

本研究成果的核心内容包括:

(1)近现代西方投资理论的发展、演变及其多样化的模型;

(2)投资效率的制度环境分析,投资结构与规模的决定因素、投资与财富增加和经济增长的关系问题研究;

(3)经济可持续发展的综合评价方法;

(4)投资的效益以及投资的负效应及其对生态环境和自然资源的影响分析;

(5)人力资本投资的重要性及其与实物资本投资的作用比较;

(6)西方投资理论及其实践对我国的借鉴意义和参考价值。

本研究成果的重要观点包括:

(1)英法古典学派经济学家率先系统地阐述了作为投资主体的"经济人"的行为方式,他们粗略地回答诸如谁为投资主体、投资于何业、投资多少、怎样做出正确的投资选择以及最适宜的投资体制为何等基本问题。他们普遍认为,只有在自由放任的制度环境下,投资主体按照绝对利益或者比较利益原则做出的选择才会使投资活动最有效率。在古典学派奠定的理论框架下,新古典学派将边际原则和数理方法引入投资分析,为评价投资效益、推荐投资选择、制定投资决策创建了精细的模式,基于边际原则、成本—收益分析和机会成本分析,深化了古典学派的投资理论。

(2)凯恩斯及其后继者在投资领域的创见是,改变了"经济人"作为投资主体的经典见解,提出国家总揽投资生活的政策建议;重视投资的乘数—加速数效应,探索如何通过引导需求来引诱投资,以实现充分就业的长期国策,创立了总量投资理论。凯恩斯的革命性见解不仅在于将投资分析从微观领域转向宏观领域,建立了总量投资理论的框架,而且在于分析了总量投资不足的原因来自"经济人"的三大心理法则。此外,凯恩斯还指出投资社会化能够实现充分就业和经济稳定增长。乘数—加速数原理为解释投资周期提供了有用的分析工具。

(3)凯恩斯之后,现代投资理论沿着"实物投资"和"金融投资"两个领域发展

了多样化的投资模式。将凯恩斯总量投资理论动态化来自经济增长理论的贡献。在实物投资方面,主要模型包括:哈罗德—多马增长模型、新古典投资函数、熊彼特—曼斯菲尔德创新投资模型、肯德里克—丹尼森的全要素投资效率分析、结构主义增长极理论与项目投资理论。现代实物投资理论不仅修正了以往理论的若干前提假设,而且深化了古典和新古典投资要素贡献率的分析,从而为实现"帕累托最优"提供了新的路径。不论在微观领域还是在宏观领域,人力资本、高新技术投资都是创造最优产出的捷径。现代统计学、运筹学、信息经济学和博弈论的发展和充分运用,机会成本概念和成本—收益分析方法的广泛使用,对评估投资收益、进行投资决策具有实证的意义和很强的可操作性。

(4) 20世纪50年代,基于国家干涉主义兴起的结构主义理论,强调不低于临界点投资努力对一国迅速摆脱贫困实现起飞至关重要,并发展了平衡投资理论和不平衡投资理论。20世纪50年代,逐渐发展起来的"项目投资理论"注重运用边际原理和结构原则分析单个项目的可行性,并把投资活动具体化为项目;将"经济人"最大化转换为在众多目标中做出权衡选择的"项目人"效用最大化。到了20世纪70年代,糟糕的投资绩效促使结构主义向新古典主义转换。

(5) 20世纪60、70年代以来,随着经济增长浪潮席卷全球,人类赖以生存的自然环境和人文历史环境发生了很大的变化。人们开始探讨,在经济高速增长的同时,如何珍惜和保护文化与自然遗产,使之免遭劫难,让人类子孙后代得以共享其珍贵价值。联合国教科文组织(UNESCO)也在组织牵头一项具有广泛和深远意义的、旨在保护和拯救世界文化与自然遗产的国际活动。在经济全球化的背景下,保护自然和文化遗产的任务已受到了世界各国政府和公众的普遍关注和重视。按照国际社会的公认标准,主要有四大类因素威胁世界自然与文化遗产的安全:一是大规模公共或私人工程的威胁;二是城市或旅游业迅速发展造成的遗产消失的危险;三是土地的使用变动或易主造成的破坏;四是武装冲突的爆发或威胁。

(6) 随着科学技术在生产领域的广泛应用,劳动力在现代经济增长中的地位和作用日益重要,体力劳动减少,脑力劳动增加,生产的社会化、科学化和智能化程度不断提高。由于西方工业发达国家产业结构和劳动力结构发生了显著变化,人们开始对只重视增加物质资本和劳动者数量、忽视劳动者质量的传统经济理论提出质疑,并开始思考一系列现实问题:现代化生产的关键是什么?劳动因素在现代化生产中的地位和作用如何体现?怎样培养提高劳动者的能力?人的才能能否在生产过程中取得最大的经济效果?在这样的背景下,现代西方经济学家们开始真正关注人力资源开发和利用,开始从理论上阐述人力资本和教育在国民经济发展中的地位及作用。

作为现代西方经济学中的一个重要研究领域,人力资本理论从经济学的角度,揭示了人的素质的经济价值及其在现代经济增长和社会发展中的重要作用,阐明了人的素质教育与经济增长和财富增加之间的关系。由于具有很强的实践意义,这一理论很快为西方国家接受,推动了其教育的迅速发展和人口质量的显著提高,促进了研究与开发投入和科学技术的发展,人力资本理论成为西方发达国家20世纪教育超前发展、加快国民经济增长的理论基础。

本研究的对策建议包括:

(1)环境被视为稀缺的资本——"环境资本",而且这种资本开始成为必须付费的投资要素。因此只有充分考虑到了环境质量的投资才是富有建设性的,也是可行的。这就需要我们改变传统的投资思路,寻找更多机会来采取那些既在经济上又在环境保护上有效的投资行为。我们要充分注意改善自然环境与提高投资效益相互关系的问题。其中的关键问题是如何避免投资损害环境,或者将这样的损害降低到最小的程度而不影响开发的速度。投资应当在不降低环境的"承受能力"的前提下,产生最大可能的预期效益。

(2)投资活动的合理性界定应该包括增长效应、发展效应和环境效应三个相互联系的方面,因此对于一个国家,投资的目标就应当包括人均国民生产总值的提高、经济的发展和环境的优化。一国的投资活动应当确保自然条件为每一个人提供的直接效用没有受到损害;为经济运行所提供的投入不被掠夺性地使用;为生命维持所必需的服务功能没有恶化。在这个意义上,可持续投资才能够得以规范和实现。

(3)可持续投资意味着要平行地解决代内公平和代际公平两个问题,建立在这个基础上的投资方式就是可持续投资。可持续投资是"既满足当代人的需求又不危及后代人满足其自身需求的能力"的投资。而可持续投资的关键只能是技术创新与制度创新。只有将技术创新与制度创新结合起来,投资的可持续才是可能的,那么可持续的投资必将促使经济持续、稳定、健康地发展。

(4)要真实、完整地保护世界自然和文化遗产,并使之在社会、经济的可持续发展中发挥作用,我们一方面必须充分认识到自然文化遗产保护中存在的问题,另一方面必须吸取亚洲一些国家和我国内地的经验教训,在经济发展的同时一定要兼顾稀缺遗产资源的开发投资、合理利用和有效保护。

(5)根据现代人力资本理论,人力资本是一种重要的生产性投资,人力资本投资在现代经济增长中的重要作用日益显著。发达国家的实践经验证明,一个国家经济发展水平的提高取决于综合要素生产率的提高。要提高综合要素生产率,实现经济增长方式由粗放型向集约型的转变,就必须加大人力资本投资力度,扩大人力资本存量,提高人力资本质量。

(6)以可持续发展作为各种投资活动的指导思想,以持续不断的投资作为经济持续增长的前提,以生态平衡和良好的资源环境状况作为可持续发展的自然基础,应当在资源环境不受破坏的基础上大力发展投资、进行经济建设,同时还要注意生态环境系统与社会经济系统的协调持续发展,注重解决代内公平和代际公平两个问题。

篇章结构如下:
目录

第一章　概述
第一节　投资的定义
第二节　投资的作用和分类
第三节　投资与充分就业和收入增长
第二章　基于"经济人"假设的古典投资理论
第一节　投资主体的设定
第二节　提高投资效率的制度安排
第三节　投资选择的理论依据
第四节　经济增长与投资极限论
第三章　历史学派关于落后国家发展经济的投资模式
第一节　落后国家实现起飞的投资战略
第二节　投资与一国综合国力的提高
第三节　平衡主义投资与均衡发展原则
第四章　基于边际分析的新古典投资理论
第一节　投资的边际分析方法
第二节　投资效率的评判标准"帕累托最优"
第三节　投资诱因与选择理论
第五章　凯恩斯主义的投资理论
第一节　不确定条件下的投资预期
第二节　自发投资不足引致的普遍萧条
第三节　引致投资不足导致的经济衰退
第四节　旨在刺激经济增长的国家总揽投资的政策主张
第五节　凯恩斯总量投资理论的完善和发展
第六章　发达国家基于投资的经济增长理论
第一节　哈罗德—多马动态模型
第二节　新古典投资要素结构优化模型
第三节　肯德里克—丹尼森投资效率的来源分析
第四节　熊彼特—曼斯菲尔德创新投资模型
第五节　国际直接投资理论
第七章　发展中国家基于投资的经济发展模式
第一节　发展理论的两种模式——结构主义和新古典主义
第二节　结构主义的路径依赖
第三节　结构主义投资的平衡与非平衡安排
第四节　投资优先顺序选择

第五节　新古典主义的投资重点转移理论
第六节　发展中国家的对外直接投资理论
第八章　项目投资理论与实践
第一节　项目投资的历史与理论基础
第二节　项目投资的制度环境
第三节　项目投资的分析方法
第九章　环境投资与经济社会可持续发展
第一节　投资的负效应
第二节　环境生态效应与投资的可持续性
第三节　环境投资与可持续发展
第十章　自然资源、生态环境与可持续发展
第一节　全球资源和环境状况分析
第二节　资源与环境问题的成因分析
第三节　实现可持续发展战略的对策研究
第十一章　自然文化遗产资源开发投资与经济增长
第一节　自然文化遗产概念、特点及其投资收益
第二节　自然文化遗产开发投资与保护中面临的挑战
第三节　自然文化遗产开发投资与有效保护的战略选择
第十二章　人力资本投资与经济增长
第一节　人力资本理论的产生与发展
第二节　影响人力资本投资效率的制度分析
第三节　人力资本投资与经济增长之间的关系

三、成果的学术价值、应用价值，以及社会影响和效益

本项研究从经济思想史的角度，采用历史与现实相对照、理论与实际相结合的方法，重点探讨了投资与经济增长和可持续发展的关系问题，具有相当大的学术价值和应用价值。从阶段性成果和最终成果来看，发表的论文和专著已经产生了良好的社会影响。此外，对经济可持续增长的因素进行了深入分析，对可持续发展与资源环境之间的相互关系进行了探讨，对影响生态环境系统与社会经济系统协调发展的因素进行了剖析，不仅将对我国参与国际竞争、利用外资与对外直接投资提供理论基础和决策依据，而且可以为我们正确处理投资与经济增长和可持续发展之间的关系提供重要的参考。

制度变迁中的中国保险业:风险与风险管理对策

项 目 名 称:制度变迁中的中国保险业:风险与风险管理对策
项 目 来 源:国家社会科学基金项目(项目号:02BJY137)
项目起止时间:2002—2006 年
项 目 负 责 人:孙祁祥
项目组主要成员:孙祁祥、于小东、郑伟、刘新立、马泓、雒庆举、刘涛、幸科、鲁刚、张伟等
项目负责人所在系:风险管理与保险学系
项 目 成 果 形 式:专著

一、项目研究的目的和意义

制度变迁给作为整体经济的一个组成部分的中国保险业的发展带来了长远和深刻的影响。将中国保险业的发展问题的研究置于制度变迁的大背景下,能够更加准确地勾勒出中国保险业所处的经济、社会与人文环境,因而有着非常重要的现实意义。

本课题以保险业自身的风险和风险管理作为问题的切入点展开研究。保险业是整个金融业中一个重要的组成部分,其经营主体保险公司与其他金融机构一样,具有负债经营的特点,并且同样要面临一系列来自金融市场和其内部的风险。然而,与其他金融企业不同的是,它本身就是经营风险的金融机构。如果不重视和防范保险企业自身的风险,那么,它不仅不能完成经营风险、转移风险的职能,而且将放大企业、个人和家庭原有的风险,对一国经济的发展和社会的稳定产生重大影响。所以构成保险业核心主体的保险公司自身的风险管理问题尤其值得关注。

本研究在揭示中国经济社会制度变迁的特质及其对中国保险业影响的基础

上,对中国保险面临的风险进行了评估,同时在借鉴国际经验的基础上,根据中国的制度变迁时期保险业的风险状况建立一套行之有效的保险公司内部风险控制机制和外部监管体系,从而为判断转轨时期的中国保险市场发展现状及未来发展前景提供理论指导和决策支持。

二、研究成果的主要内容和重要观点或对策建议

本研究的总体思路是在揭示中国经济社会制度变迁的特质及其对中国保险业影响的基础上,分别针对转轨时期中国人寿保险公司、财产保险公司和再保险公司的风险状况和主要风险管理手段进行具体分析;然后,采用定量分析的方法,给出一个相对可以度量的结果。还以一定篇幅从内部风险控制和外部监管的角度研究探讨如何借鉴国际上的先进风险管理经验,根据中国的制度变迁时期保险业的风险状况建立一套行之有效的保险公司内部风险控制机制和外部监管体系;最后以"中国保险业:双重角色、制度责任与挑战"作为结束,指出保险业担负着"以自身的稳健来保障整个经济和社会的稳定"的制度责任。为了更好地反映保险业内人士对处于转轨时期的中国保险市场发展现状及未来发展前景的看法,本研究还包括一份关于中国保险业风险问题调查问卷的结果分析。

本研究的一个重要结论是:在制度变迁时期,中国保险业在经济发展与社会进步中扮演着越来越重要的角色,但同时,也将面临许多新的、更大的风险。能否更准确地识别、估测这些风险,在认识上给予高度重视,在实践中采取切实可行的措施建立有效的风险管理和控制机制,不仅是保险业未来持续发展的重要保证,而且是保险业更好地履行其制度责任的需要。研究保险业如何在变革中稳健经营的意义已经超越了保险业自身,关系到整个体制转轨能否顺利进行,关系到经济发展与社会和谐的目标能否实现。

篇章结构如下:

导言

第一章　中国经济制度变迁及其对保险业的影响

　第一节　中国经济制度变迁的特质

　　一、经济转轨

　　二、市场开放

　　三、社会转型

　第二节　制度变迁对中国保险业的影响

　　一、经济转轨对保险业的影响

　　二、市场开放对保险业的影响

　　三、社会转型对保险业的影响

　本章小结

第二章　制度变迁时期中国寿险公司的风险评估与管理

第一节　前言

第二节　转轨时期的金融环境对中国寿险公司的影响

一、金融机构缺陷

二、金融市场缺陷

三、金融监管缺陷

第三节　转轨时期中国寿险公司的风险

一、国际寿险业的风险因素

二、中国寿险公司风险特点

三、中国寿险公司风险分析

第四节　政策建议

本章小结

第三章　制度变迁时期中国财产保险公司的风险评估与管理

第一节　引言

第二节　财产保险公司风险状况分析

一、财产保险公司的风险特征

二、财产保险公司的风险分类

三、中国财产保险公司风险状况分析

四、中国财产保险公司风险管理对策

第三节　财产保险公司的风险评估体系

一、中国现有财产保险公司风险评估体系

二、现有财产保险公司风险评估体系的改进

本章小结

第四章　制度变迁时期中国再保险公司风险评估与管理

第一节　引言

第二节　再保险公司的风险来源

一、慕尼黑再保险公司与瑞士再保险公司的风险分类体系

二、再保险公司的破产风险来源分析

三、再保险公司的五类重点风险来源

第三节　再保险公司风险管理活动的理论基础

一、再保险业务区别于直接保险的风险特性

二、再保险公司风险管理应遵循的三条基本原则

第四节　国内再保险市场风险环境分析

一、市场发展现状

二、监管现状与改进方向

三、国内再保险公司的风险现状：定性判断

四、国内再保险公司的风险现状与展望:定量评估
第五节 再保险公司的风险管理对策:国际经验与国内特色
一、技术风险
二、巨灾风险
三、转分保风险
四、投资风险
五、操作风险
本章小结
第五章 制度变迁时期中国保险公司风险的定量分析
第一节 制度变迁时期中国寿险公司负债利率风险的度量及风险管理
一、寿险公司负债的持续期
二、寿险公司利率风险的资产匹配模型
第二节 制度变迁时期中国保险公司的投资风险分析及风险管理
一、中国保险资金的投资风险分析
二、中国保险公司投资的风险管理措施
第三节 制度变迁时期中国保险公司的巨灾风险及其管理
一、不完备数据与信息扩散模型
二、财产保险公司巨灾风险评估模型的应用:以湖南省洞庭湖区农业水灾风险为例
本章小结
第六章 发达保险市场的企业风险管理体系对中国的启示
第一节 国际保险市场企业风险管理体系的历史沿革
一、原始萌芽阶段(1970年之前)
二、初级发展阶段(1971—1990)
三、全面发展阶段(1991—2000)
四、全面实践阶段(2001年至今)
第二节 发达保险市场企业内部风险管理体系的运作
一、企业内部风险管理体系的管理目标
二、企业内部风险管理体系的管理模式
三、企业内部风险管理体系的运作实务
第三节 发达保险市场企业内部风险管理体系对中国的启示
一、中国保险业的风险特征与发展趋势
二、中国保险企业风险管理现状
三、发达保险市场的企业内部风险管理体系对中国的启示
本章小结
第七章 发达保险市场的风险监管制度及其对中国的启示

第一节 发达保险市场风险监管制度的比较研究
一、产品风险的监管
二、投资风险的监管
三、保险公司偿付能力的监管
四、发达保险市场国家保险监管模式的发展趋势
第二节 发达保险市场风险监管制度对中国的启示
一、保险监管体系健康运转的微观、宏观环境对比分析
二、西方发达保险市场国家保险监管体系对中国的启示
本章小结
第八章 中国保险业:双重角色、制度责任与挑战
一、中国经济变革及其风险
二、保险业的双重角色与制度责任
三、中国保险业履行制度责任所面临的挑战
(一)公司治理风险
(二)市场投资风险
(三)公众信心风险
(四)资本补给风险
结语
附录
附录1 国外保险公司风险分类
附录2 各财产保险公司赔款率、费用率数据
附录3 再保险公司破产情况名录
附录4 案例分析:LMX转分保恶性循环危机
附录5 管中窥豹:从一个调查问卷看中国保险业的发展

三、成果的学术价值、应用价值,以及社会影响和效益

本项研究的学术价值主要体现在三个方面:第一,将"制度分析"引入中国保险业风险问题的研究,在该领域开拓了崭新的理论研究视角;第二,系统引入经济学的分析方法,有利于国内保险风险问题研究的学术规范;第三,在研究中引入定量分析方法,定量分析与定性分析相结合,将推动此项研究走向深入。从实际应用价值看,本课题的研究成果将使政府监管部门对中国保险公司的风险状况有更深刻的理解,为中国保险业制定正确的发展战略提供重要的理论依据和决策参考。

城镇贫困人口现状、问题和对策研究

项　目　名　称：城镇贫困人口现状、问题和对策研究
项　目　来　源：国家社会科学基金青年项目（项目号：05CJY016）
项目起止时间：2005—2008 年
项　目　负　责　人：夏庆杰
项目组主要成员：宋丽娜、Simon Appleton
项目负责人所在系：经济学系
项目成果形式：论文
项目获奖情况：该项目下的论文《中国城镇贫困的变化趋势和模式：1988—2002》（2007 年发表于《经济研究》）获得 2010 年"北京大学第十一届人文社会科学研究优秀成果奖"一等奖。该论文还在中国社会科学院经济学部主办的"2009 年中国青年经济学者论文奖"评选活动中，入围优秀论文（共 77 篇，北京大学共有 4 篇论文入围，另外 3 篇分别是姚洋教授、李绍荣教授、徐朝阳博士的论文）。

一、项目研究的目的和意义

20 世纪 90 年代中期以后出现的城镇贫困主要是由国有企业改革和"下岗政策"造成的。失业和贫困的长期存在必然威胁社会稳定、阻碍经济发展。因而，掌握公共资源和行使公共权力的政府必须介入并建立必要的制度保障以根除贫困及贫困产生的根源。改革开放以来，中国政府在根除贫困上取得了骄人的成绩，根据世界银行估算，中国贫困发生率由 1981 年的 53% 下降到 2001 年的 8%（Chen & Ravallion，2004）。在城镇扶贫方面，中国政府 20 世纪 80 年代中期特别是 90 年代

以来逐步建立了养老、失业救济、下岗职工基本生活保障和城镇居民最低生活保障三道社会保障体系。然而,政府在根除贫困时需要对贫困发生率的动态变化和现状、贫困产生的根源有相对准确的掌握。这就要求国内外学术界、政府智囊部门及政府统计部门对中国贫困发生率的动态变化和现状、贫困产生的根源、其他国家扶贫方面的做法进行广泛细致的研究。唯有如此,政府在扶贫时才能有的放矢、对症下药,让有限的公共扶贫资源发挥最大的效能。

二、研究成果的主要内容和重要观点或对策建议

本项目旨在对我国城镇贫困人口现状、问题和对策加以研究。项目在基本上按照预期研究计划展开的同时,做了一定程度的调整。在中国社科院"中国家庭收入项目"(CHIP)1988年、1995年、1999年、2002年入户抽样调查数据的基础上,根据国际标准的非参数及参数计量经济学方法,对20世纪80年代末期以来到21世纪初(2002年)我国城镇失业下岗、城镇贫困发生率的动态变化、现状和问题进行深入细致的实证(统计计量)分析,并以实证分析结果为依据提出了解决我国城镇贫困的对策和建议。在课题负责人及课题负责人长期的国际合作伙伴——英国牛津大学的 J. Knight 教授、英国诺丁汉大学的 L. Song 教授和 S. Appleton 教授的共同努力下,完成并已发表具有国际水平的学术论文两篇——《城镇职工失业下岗持续时间的半参数计量经济学分析》(《中国劳动经济学》第3卷第3期,第3—23页)、《中国城镇贫困的变化趋势和模式:1988—2002》(《经济研究》,2007年第9期,第96—111页)。第一篇论文的英文版已被收录为著名经济学家李实教授和日本一桥大学佐藤宏(Hiroshi Sato)教授主编的英文著作 Unemployment, Inequality and Poverty in Urban China 的第二章(第19—42页,该书由国际出版集团 Taylor & Francis Group 旗下的 Routledge 出版社于2006年2月在美国纽约出版发行)。第二篇论文的英文版发表在国际英文 SSCI 刊物 World Development 上,题目为 Growing Out of Poverty: Trends and Patterns of Urban Poverty in China 1988—2002,发表卷期为2010年第38卷第5期。

论文《中国城镇贫困的变化趋势和模式:1988—2002》使用1988年、1995年、1999年和2002年中国社科院"中国家庭收入项目"入户抽样调查数据考察了从1988年到2002年中国城镇贫困的变化趋势和模式。长期以来,这一话题被政策制定者和学术界所忽视。政府的反贫困项目集中于农村地区,特别是入选的贫困县。正如 Khan(1998, p. 42)所说,"中国官方的反贫困战略以假设贫困仅是农村问题为基础"。在学术界,很少有文献关注中国城镇贫困问题,而研究更普遍的收入分配和不平等的文献却比比皆是。对中国城镇贫困问题的忽略在一定程度上产生于使用低贫困线,例如每人每天1美元的贫困线。有显著比例的农村人口生活在这个贫困线以下,但是根据这个贫困线只有1%的城镇人口被划分为贫困。这反映

了中国巨大的城乡差别(Knight & Song, 1999)。城镇贫困在中国被定义为只涉及极少数人,无怪乎这一问题被政府与学术界所忽视。

20世纪90年代后半期情况开始发生变化,民工潮和国有企业裁员政策造成大量失业,从而导致"新城镇贫困"问题开始受到关注。这种新城镇贫困不同于以往的城镇贫困,后者常以"三无"为特征,即没有劳动能力的残疾人、病人和无人供养的孤儿(Wong, 1998)。世纪之交,舆论界开始声称在20世纪90年代中国城镇贫困已经上升,其目的是揭去中国令人瞩目的高速经济增长的光环。例如,英国《经济学家》(Economist, 2001, p.39)宣称"在城镇,绝对贫困正在增加……"而中国政府杂志《瞭望》(2002年6月27日)也认为城镇贫困已增加。城镇贫困上升会导致政治不稳定,而政治不稳定将危及中国经济高速增长赖以生存的改革,这些担心支持了舆论界的以上论点(Wu, 2004)。尽管如此,中国城镇贫困的测算仍然以"每人每天1美元"的低贫困线为准,结果仍然是只有大约1%的城镇人口被划为贫困。

论文使用一系列更高的贫困线,以便更广泛地考察低收入家庭在20世纪90年代是如何生活的。以1988—2002年关于中国收入分配的最佳数据为基础,我们发现关于90年代城镇贫困变化趋势的担心是缺乏证据的。这可能是针对以往中国忽视城镇贫困的过度反应,以及对城镇低收入家庭生活水平变化的不必要的悲观。我们质疑关于城镇绝对贫困增长的论断。尽管这种论断制造了引人关注的头条新闻,但并不表明有证据支持它。

论文使用国际通用的绝对贫困线方法、占优分析(Dominance Analysis)方法、贫困分解方法(如把贫困变化分解为经济增长因素和收入分配因素,从组别(失业群体、未失业群体)角度分解贫困变化的因素)、反事实(Counterfactual)分析方法、多元回归方法等国际前沿方法对我国城镇贫困的变化趋势和模式(1988—2002)进行深入细致的分析。

论文的主要发现:1988—2002年处于各收入分布子区间的城镇居民的生活水平普遍得到提高。这一事实一直被研究中国城镇贫困的常规分析所掩盖。这些使用非常低的贫困线定义如"每人每天1美元"贫困线的常规分析只发现极少数城镇人口(约1%)处于贫困状态。我们发现1988—1995年补贴的取消降低了城镇最贫困家庭的实际收入。但是这一收入的下降随后被其他收入的增加所超过。可能最让人惊奇的发现是:尽管1995年之后大量失业出现,但是中国城镇的绝对贫困却持续下降,而且不管把贫困线定位在哪里情况都是如此。因而有关改革期间城镇绝对贫困上升的担心是多余的。这一时期由政府提供资金的反贫困措施在不断强化,但其覆盖范围仍然非常有限,而且对该时期贫困和收入不平等的影响也很小。

在过去20年里,不仅城镇贫困水平有显著变化,而且城镇居民家庭收入和贫困模式也在改变。关于家庭收入的多变量回归分析发现:1988—2002年,由受教育水平、性别、年龄和是否为中国共产党党员等变量造成的收入差异不断趋于扩大。Tobit 模型分析表明不断扩大的收入差异在收入分布的较低端也存在,在收入分布的较高端当然更为显著。此外,对计划经济时期受青睐职业(如初级产业和制造业部门中的体力工作)的保护已经减少。这些因素有助于解释 1988 年以来的城镇收入分配不平等上升。但是分析 CHIP 数据得到的一个重要而深刻的启示是:中国城镇的总体收入不平等的加剧主要限于 1988—1995 年;与 1995 年相比,1999 年调查和 2002 年调查均没有显示城镇收入分配不平等在持续恶化。

从我们的分析可以发现:中国城镇正在走出贫困,至少是当把贫困定义为绝对贫困的时候。然而在根据这一结论制定政策时应该考虑到以下几种情况:首先,我们的结果只适用于具有城镇户口的城镇居民,原因是进城务工农民及其他流动人口不在 CHIP 调查数据范围之内;其次,我们确实发现收入不平等有所扩大,相对贫困在上升。

论文《城镇职工下岗和失业持续时间的决定因素及下岗职工遭受的经济损失》使用 1999 年中国社科院"中国家庭收入项目"入户抽样调查数据来考察下岗政策的微观决定因素及后果。以"下岗"著称的中国国有企业改革试行于 1994 年,全面实施于 1997 年。目的是通过在四年内(1997—2000 年)裁减 1/4 以上的国有企业职工以提高国有企业的效率。据官方统计,到 1999 年年末下岗职工人数累计已达到 2 440 万,占当时全国国有企业职工总数的 20.7%、全部城镇劳动力的 13.2%。当时依然处于下岗状况的有 940 万人,在此基础上再加上注册为失业的 540 万人,可得到城镇失业率为 8.2%。1999 年年底以后的五个季度里,城镇就业急剧下降了 5.6%,意味着累计下岗人数和实际失业率还会继续上升。这一后果终结了中国经济改革的全民受益阶段,从而进入有明显失利者的阶段(至少在短期内)。

哪些人是失利者? 论文试图用 1999—2000 年六省十三市的入户调查数据来确认哪些城镇职工最有可能遭受下岗痛苦。由于国有企业的工资无法反映应有的效率,我们假设那些最可能被裁减的职工的工作效率最低。这些人包括亏损企业的员工、非技术人员及健康状况不佳者。尽管如此,我们还要考察与生产效率无关的其他特征的重要性,如性别、是否是中共党员和是否是少数民族等。

下岗造成的个人经济损失程度取决于下岗职工处于失业的持续时间长短。我们试图应用半参数模型(Semi-parametric Model)来识别影响失业持续时间长短的因素,并检验缺失的差异性(Omitted Heterogeneity)。我们假定的影响因素包括失业下岗补贴和找工作的方法等变量。据我们所知,关于中国失业持续时间长短的研究非常少。事实上,其他发展中国家一般也很少有类似的研究。我们所知道的仅有两项研究:一项是关于埃及建筑行业的(Tunali & Assaad, 1992),另一项是针对埃塞俄比亚城镇男性的(Serneels, 2001)。

失业下岗职工的损失有多大? 这一损失主要是因失业而丧失的工资收入,但也可能有额外的收入上的损失,比如他们再就业后只能获得较低的工资。我们通过"反事实"(Counterfactual)工资的假设以量化在调查年份里损失的工资额,即假设下岗职工如果不被解雇他们应得多少工资。这样的研究在发展中国家是比较新颖的。研究失业后果的文献在不断增加,但主要局限于美国和几个欧洲国家。有关美国的研究文献发现:员工从被解雇到再就业这段时间里遭受高达10%—25%的持续的工资损失(Burda & Mertens, 2001)。有趣的是,英国对冗员问题的研究发现,相对于其他原因导致的失业而言,冗员性的失业给工人工资带来的"伤疤"(Scarring)效应并不严重(估计为3.4%)(Arulampalam, 2001)。

论文使用国际最前沿的半参数(Semi-parametric)计量经济学方法对我国国有企业改革期间城镇下岗高峰期1999年影响下岗职工失业持续时间的因素进行了计量分析。论文被认为是应用难度较大的半参数计量经济学方法研究中国城镇失业持续时间的第一篇论文。

论文的主要发现:过去十年里城镇企业普遍大幅度裁员。根据1999—2000年六省十三市的调查,我们估计1992年以来11%的城镇职工已被裁减。下岗并没有影响到所有职工。受教育水平低、女性及中年职工等面对的下岗压力更大一些。另外,地方国有企业及集体企业雇员和非技术职工被裁员的可能性也比较大。某些导致下岗的因素如受教育水平低等是与裁减低效率雇员相关的。然而,另一些因素如女性职工易被裁减等可能是由企业歧视性裁员政策造成的。

一般来说下岗职工经受的失业持续时间较长。在我们样本中,53%的1992年以来下岗的职工在调查结束时还没有找到工作。正是这一原因给计量平均失业持续时间造成困难。将这一原因考虑在内,我们估计平均失业持续时间为四年。如果劳动力市场急剧变化,这一估计可能不再有效。某些个人特征有助于减少失业持续时间。年轻体壮、受教育程度较高的下岗职工忍受的失业持续时间较短一些。家有幼儿的女性忍受的失业持续时间较长一些,然而一旦家里有老人照看小孩,她们的状况就会改善。尽管是否享受失业救济对失业持续时间长短没有影响,但是政府却应尽快给享受失业救济的人安排工作。

毫无疑问,裁减冗员对提高国有企业效率起了一定作用。然而,这是有代价的(至少在短期内),并且这一代价也不是平均分摊的。一些裁员政策是和提高效率目标一致的,而另一些则似乎具有歧视性。总体来看,下岗职工要忍受相当长时期的失业和沉重的经济损失;尽管与效率无关,下岗还具有某些会妨碍再就业的特征。城镇职工下岗导致贫困、缺少安全感和不满。关于国有企业裁员的速度和程度需要政策制定者从中国的政治经济情况出发仔细斟酌和权衡。

三、主 要 结 论

本项目利用CHIP调查数据,估计了1988—2002年中国城镇绝对贫困的变化趋势。根据CHIP调查数据所绘制的贫困发生曲线表明,不论把绝对贫困线确定在哪里,在该时期内中国城镇贫困都在显著减少。1988—1995年,收入分配不平等加剧,但此后基本保持稳定。分析收入和贫困决定因素的多元回归模型显示,教育、性别和中共党员等特征扩大了收入差异。来自政府反贫困措施的生活困难救助对减少城镇贫困影响很小。城镇贫困的缓解几乎完全归因于经济增长而非收入再分配。

我国社会教育消费需求与能力调查研究

项　目　名　称:我国社会教育消费需求与能力调查研究
项　目　来　源:国家社会科学基金"十一五"规划课题
项目起止时间:2007—2012年
项　目　负　责　人:董志勇
项目负责人所在系:经济学系
项目成果形式:研究报告

一、项目研究的目的和意义

随着社会的发展和人民生活水平的提高,人民群众对知识、教育的需求也越来越高,教育不均衡发展也逐渐显露出来,渴望接受高等教育,追求优质教育服务,已成为人们非常关注的一个热点问题。然而,公民在教育消费这一方面,仍然存在重重问题。

(一)教育消费拉大贫富差距

据国家统计局城调总队的统计资料显示,城市按三口之家计算,一个大学生一年的学费占城市家庭可支配收入的1/2还多,假若再加上学生的基本生活费,每月按300元计算,一年3 600元,住宿费每年800元,书费及其他杂费250元,合计为13 500元左右,则一个大学生的全部消费将占城市家庭可支配收入的90%;父母每年的生活费仅剩约1 500元,即每人月平均生活费约为62.5元。而农民,则需要6个人的纯收入,才能供养一个大学生。按农村户均人口4人计算,户均总收入为9 464元,一个大学生一年的全部费用按13 500元计算,农村家庭全部收入用来供养一个大学生还差4 036元,也就是说一个农村家庭两年不吃不喝,还要负债4 036

元。国家统计局的调查资料显示,2008年我国一个农民每月真正能用做商品性消费的货币每人只有120元。农村家庭年生活费为120×3×12=4 320(元),农村家庭年总负债为4 036+4 320=8 356(元)。4年总负债为8 356×4=33 424(元)。中国城乡居民收入差距大大高于账面上的3∶1。这个差距实际应为5∶1,甚至达到6∶1。培养一个大学生的付出,对于百万元以上的家庭来看是1%,而对于农村家庭、下岗职工以及特困户来讲,几乎是200%—300%。

(二) 内需不足影响经济发展

数据显示,一方面,居民承受着过高教育费支出的巨大压力,另一方面,教育消费本身具有刚性价格,即不可以讨价还价。居民大部分收入投入教育,因而基本生活消费受挫,"私人产品"消费不足,企业产品积压,利润减少,导致投资需求减少,这说明教育消费过度导致了居民对生活必需品的消费量减少。过度教育消费是指居民投资于教育的钱超过家庭消费结构的正常比例,甚至超过其实际的支付能力。在我们这样收入水平较低的发展中国家,将有限的居民家庭收入的大部分投入教育消费,势必要挤占其他项目的消费。当居民在教育消费投入过多时,他们不得不减少其他方面的消费支出,这必然导致内需不足。

(三) 银行风险和信贷压力增大

现在,我国的年总教育消费量为1.65万亿元,巨额学费集中在8—9月份进入教育部门,这一收入并不是放在学校的保险柜中,而是存入银行,从而形成银行信贷压力;加上居民对收入的预期降低和对教育、医疗、住房、保险等支出的预期增长,使储蓄存款增长。国家统计局和中国景气检测中心对市民储蓄意向的调查结果表明,居民储蓄的10%准备用于教育支出,而同时利息调节经济的作用十分有限。其最主要的原因就是居民的教育消费的理性预期随着不断暴涨的学费而增长,使边际储蓄倾向增长,储蓄不断增加,加之内需不足,企业不敢加大生产投资力度,货币资本投资减少,贷款减少,致使银行的风险与信贷压力不断增加。

二、研究成果的主要内容和重要观点或对策建议

1. 对"教育产业化拉动经济增长"的理解存在着误区

首先,投资量增大与经济增长率并不一定存在必然的联系。我国的经济领域,在由计划向市场转轨时,出现的低层次、重复投资现象屡见不鲜,从生产规模、投资总额看,确实在大幅增长,但这种低层次、重复投资不但没有拉动经济增长,相反使市场处于无序状态,造成不同程度上的资源浪费、商品积压。在我国当前的国情下,不具备大幅度提高教育质量的内外环境,尤其是不具备足够的高素质的师资队伍,因此加大教育投资,追求教育质量上的扩张,很可能不但不会提高教育质量,反

而会降低教育质量;并且可能会因无序的竞争,使现有的师资不能充分地利用;另外,还可能会使现有教育资源如校舍等因无序竞争而不能得到合理配置、有效使用。总体上讲,急于使教育产业化、市场化,可能难以避免地导致低教育质量的重复投资,这种教育投资虽在规模上扩张了,投资总额上增长了,但对整个国民经济的拉动作用未必有效。

其次,教育产业化对百姓抽出银行储蓄用于教育投资的刺激作用是有限的。据教育产业论者们推算,银行中15万亿元的储蓄,即使抽出10%投资于教育,也有1.5万亿元。这种推算的错误在于:掌握着80%储蓄份额的总人数不到20%的"大款"们乐意抽出这么多投资教育吗?尤其是我国制度规定教育是非营利性的,这些"大款"们能放弃他们寻利的本性而投资于无利的教育吗?如果单纯从教育消费看,少数有消费能力的"大款"不可能有巨额的教育消费,占绝大多数的消费能力较弱的普通百姓则可能缺乏在"教育产业"上消费的能力。总体来看,教育产业化对抽出银行储蓄用于教育投资的总量是有限的。

再次,从长远考虑,鼓励百姓超前进行教育消费,未必能拉动经济增长。我国目前仍是发展中国家,百姓的经济收入、生活水平在整个世界处于中下水平。因此我国百姓的消费能力并不高;普通百姓银行储蓄的人均值均很低,百姓用于教育的储蓄是基于孩子的未来考虑的。期望借教育产业化、市场化,以教育的高消费迫使百姓抽出银行储蓄,用于超前消费,无异于杀鸡取卵。短期内,这种做法或许会在一定程度上拉动经济增长率,但从长远考虑,却无益于国民经济的增长。

最后,教育产业化、市场论的倡导者们在具体计算中过于主观。有人曾做过这样的推算:大学生人均年消费为1万元,增加1万名在校生,即增加和拉动1亿元消费。这里所谓"增加和拉动1亿元消费"的计算方法,显然忽略了国民人均消费的基数。认为大学生人均年消费1万元,难道这些大学生若不进大学,就不需要基本的生活消费了?另外,他们不进大学,肯定也会在一定程度上创造社会财富,消费拉动经济增长是好事,但谁又能否定为社会创造财富也是好事呢?我们在考虑消费拉动经济的刺激作用的同时,是否在观念上走向了另一个极端?在具体计算教育消费对经济拉动作用的时候是否有为了迎合这种极端而夸大事实的倾向呢?

2. 对教育"卖方市场"的主观估计可能带来诸多问题

改革开放以来,我国的经济发展取得了巨大的成就,积累了许多有益的经验,同时也有过惨痛的教训。新中国成立后30年,由于一直存在着短缺经济现象,总供给不能满足总需求,形成了卖方市场。改革开放初期,由于政策的开放,经济领域发展异常活跃,商品供给量增加,但总供给量仍不能满足总需求量,卖方市场给极具寻利性的商家提供了钻营的机会,20世纪80年代及90年代初期,我国假冒伪劣商品充斥市场,这给商品市场造成了无序、混乱的状态,也给消费者带来了许多损害。随着商品总供给量的增加、高消费群的难以形成,卖方市场转向了买方市场。而教育据说成了最后一块卖方市场。应该承认这给教育的发展提供了良好的机遇,但是,如果我们对教育"卖方市场"没有清醒的认识和充分的准备,急于全面推进"教育产业化"、"教育市场化",那么经济领域由卖方市场走向买方市场过程中出现过的许多惨痛教训就可能在我们的教育产业、教育市场上重演。

首先是教育质量问题。教育质量直接影响着教育产品——人才的质量。教育发展有着自身的规律,往往是投资大、周期长、见效慢。决定教育质量的一个关键因素是师资。我国目前150万左右的教师总量,只是基本满足当前教育规模的需要,实际上非义务教育阶段的教师总量缺口仍较大,素质上总体并不理想,仅学历结构一项指标就存在着较大的问题,至于学历水平、教学水平则问题更大。而师资培养绝不可能一蹴而就,它是一个长期的过程。试图立即改造教育体制,通过"教育产业化"、"教育市场化"的方式满足"买方"的需要,则势必以降低教育质量为代价取得数量上的扩张。这种教育"生产"出来的"产品"(主要是学生)无异于经济领域的假冒伪劣商品。给这些不合格的教育"产品"贴上合格的商标,只会助长社会上浮躁的学历主义。假冒伪劣商品带来的社会危害是有形的、有限的,且由于对商品的鉴定、评价相对简单,因此相应法规、制度的制定能使商品市场逐渐规范。但教育的假冒伪劣,危害是无形的、不可逆转的,因无形而鉴定、评价困难,尤其对教育的社会效益几乎是不可能量化评价的。教育的对象、产品都是人,它的影响有着不可逆转性,假冒伪劣教育对学生个人、对社会的危害是难以估量的。

其次是教育产业经营者的短期行为问题。教育产业化、市场化的一个重要目的是通过这"两化"吸引投资者把资金投入教育,并借助市场规律调节教育经营。由于我国尚处在社会主义初级阶段,许多资本聚积者在聚积资本时有着特殊的历史背景,寻利性仍然是他们最大的动力。我国目前的确存在着非义务教育供不应求的事实,教育产业化、市场化后,会不会因投资者的寻利性,而采取教育产业的短期行为呢?"短期行为"一般指经济领域的投资者或经营者为了在短期内赢得最大的利润,采取以降低质量或过度消耗资产为代价的、不做长远经营计划的企业、商业行为。而教育产业的短期行为则可能是以最低的教育条件、以降低教育质量、减少运营成本达到短期内获取最大利益为目的的投机行为;这种行为不做长远计划,只是期望在最短的时间内收回投资成本,然后赚取利润。事实上,我们的担心可能并非是杞人忧天。有些地区私立学校发展较快,有些学校确实办得很不错,但许多学校校舍简陋或临时租用,教学条件很差,教师七拼八凑,教学计划、授课计划随意变动,招生行为无异于地摊拉客,个人有利可图时,学校尚能勉强维持,当无利可图时,就出现随意停办或"倒卖"学生的现象。更有一些投资者利用办学的优惠政策,如土地优惠、免税等,投资教育;待收回成本后,就设法转让学校,从中谋利。这种现象,充分反映了部分(甚至不在少数)投资教育者是因利益驱动而采取短期行为。从有关媒体报道看,这种现象也绝非某地的偶然现象。

最后是社会公平问题。随着我国改革开放的深入,人民的生活水平有了很大的提高,但许多集体企业、私营企业走出原始积累,表现出相当程度的垄断性霸气,社会财富聚积在少数人手里,贫富悬殊不是在缩小而是在拉大。教育产业化、市场化,旨在把教育以产业的形式推向市场,教育的成本与利润将作为对学生收费的主要参数,教育将成为一种高消费。掌握着财富的少数人自然可以悠闲地享受这种高消费的待遇,但对绝大多数尚处在温饱阶段的普通百姓来说,这种高消费可能就可望而不可即了。如果按某些人所说的,让先富裕起来的家庭在付出一定的教育选择代价后,让自己的子女享受更多更好的教育——以高价选择学校、选择专业,那么尚处温饱阶段或贫困阶段家庭的子女因出不起价即使学业优秀、潜质很强,也只能或"望学兴叹",或只能就读于一些富人选剩下的学校和专业;而富家子弟只要出得起价,不论学业如何、潜质如何都拥有选择最好的学校、最好的专业的机会。教育"卖方市场"的存在,使得教育经营者拥有待价而沽的权利,富有者就拥有了"报价"的机会、选择的机会,贫困者只好等待选择后的剩余。知识经济时代的一个大特点是:知识与权力、利益的相关程度将越来越高,这种"先富起来"与"温饱"、"贫困者"由于受教育机会的不同,将来的权力、利益差别也必将越来越大。它不可能像有些人所说的最终达到"劫富济贫"、"共同富裕"的结果。因此在我国,普通百姓尚没有富裕到像发达国家的普通百姓那样,支付子女教育费用并不构成家庭压力。在这种情况下,急于促成教育产业化、市场化,必将拉大贫富悬殊,社会公平问题将愈益严重,最后必将影响社会安定。

三、主要结论

(一)中国教育消费需求与收入差距

主要研究中国教育消费需求和社会收入差距之间的关系,两者之间有没有因果关系,中国各阶层对教育的需求有什么异同,等等。

(二)中国教育消费支付能力与影响因素

调查研究中国各阶层对教育的支付意愿和支付能力,研究什么因素影响支付意愿和支付能力。同时,通过消费信贷的渠道,研究教育消费与银行风险之间的关系。

(三)教育消费与经济发展的关系

研究经济发展和教育需求之间的内在关系。通过比较国内外的不同,提出在不同经济发展阶段所对应的教育需求的政策建议。

民营经济融资约束与民间金融内生成长研究

项　目　名　称：民营经济融资约束与民间金融内生成长研究
项　目　来　源：国家社会科学基金青年项目（项目号：05CJL012）
项目起止时间：2008—2011年
项目负责人：王曙光
项目负责人所在系：金融学系
项目成果形式：论文

一、项目研究的目的和意义

1. 项目研究的背景与意义

（1）研究民营经济融资约束和民间资本金融市场准入问题意义重大。近年来，我国民间资本和民营企业发展迅猛，已经成为支撑经济增长和稳定就业的主导性力量，非国有经济对GDP的贡献和对工业增加值的贡献均已达70%左右。在整个国民经济中，民营企业承担着主要的吸纳就业的使命，对稳定就业、稳定经济局面起着举足轻重的作用。我国的民间资金数额越来越大，民间资本存量不少于10万亿元。在浙江等经济发达地区，民间资本数额尤其巨大。民间资本对我国经济的主导性作用应该得到全社会和国家政策制定者的重视。但是同时，民营企业在融资方面存在着严重的瓶颈制约，这表明我国金融体系存在着制度性缺陷。在全部银行信贷资产中，非国有经济使用的比率不到30%，70%以上的银行信贷仍然由国有部门利用（证券市场上的直接融资也主要是为国有企业服务的）。这产生了两个重要的经济后果：一是发达的民营经济创造了庞大的民间资本，而庞大的民间资本在投资于制造业的同时，客观上要求投资于利润率更高和对资本积聚规模要求更高的金融产业部门，因而民营资本内部累积着一种转化为金融资本的内在冲动;二是民营经济的飞速成长客观上也必然要求更有力的融资服务作为其扩张的后盾,因而民间资本从需求角度而言必然有一种呼唤更强大的金融支持与更多金融资源配置的制度要求。因此,研究民营经济融资约束和民间资本金融市场准入问题对我国经济发展和金融体系的改革意义重大。

(2) 研究民间金融的成长机制与正规化路径具有重要的现实意义。在当前的金融制度安排背景下,民营资本转化为金融资本尚存在着法律障碍与体制障碍,因而民间资本不可能通过体制内途径成为正规金融(或称制度金融)体系的合法组成部分,规模庞大的民营资本不得不以各种非正规金融(或称非制度金融)的形式存在于制度的夹缝之间,各种形式的民间金融模式(如合会、抬会、互助社、钱庄、农村合作基金会、金融服务社以及股份合作信用社等)均为区域经济增长和民营企业融资作出了一定贡献。民间金融的成长壮大,一方面基于我国特殊的文化传统和农村社区结构,使得我国的民间金融有着深厚的民间土壤和历史渊源;另一方面,民间金融的成长也与我国金融体系尤其是中小企业融资体系存在的内在弊端有密切关系。正是由于正规金融体系在融资中存在着所有制歧视和规模效应等问题,才使得大量中小民营企业不得不转向民间金融寻求金融支持。因此,民间金融对民营经济的融资作用不可忽视,研究民间金融的成长机制与正规化路径对于我国民营经济的发展和金融体系的多元化发展具有重要的现实意义。

(3) 研究"民营经济融资—民间资本扩张—民间金融成长—民营银行构建"之间的联动机制对我国未来的金融改革和经济发展有重要意义。虽然民营经济对中国经济增长的关键性支撑作用已是公认的事实,但大量民营企业在通过正规金融制度融资方面仍然存在着资金供求的巨大反差。显而易见的结论是,一方面是民间资本实力雄厚,但却难以通过合法途径进入正规金融序列;另一方面大量民营企业却因得不到制度金融的有力融资支持而陷入资金困境。这一矛盾局面,对我国民营经济的健康成长和金融体系效率的提升产生了双重的负面效果。基于以上事实判断,深入研究我国民营经济融资困境的制度根源和结构特征,全面探讨民间金融发展的内在机理和未来进一步规范化的政策选择,成为学术界和决策部门都迫切需要解决的课题。可以说,对这个课题的深入研究不仅涉及民营经济乃至整个国民经济可持续发展的重大问题,也涉及我国未来金融改革趋势和路径选择的重大问题,因此本课题在选题方面具有重大的理论和实践意义。同时,通过对"民营经济融资—民间资本扩张—民间金融成长—民营银行构建"之间的联动机制的考察,通过研究如何通过民营银行的构建来整合民间资本并使民间金融正规化,同时解决民营中小企业融资问题,我们可以获得一种更为广阔的视野和政策框架,从而对我国经济改革和金融改革给出一个综合性的方案。

(4) 对金融监管部门、政府决策、民营企业的现实意义。本课题对理论研究、政府决策和企业决策都具有重要的借鉴价值:对于政府政策制定者而言,本课题有助于政府理解我国民营经济和民间金融的未来趋势,有助于立法机构了解我国在民间金融立法方面的缺陷,从而加速金融立法的改革进程;对于企业而言,有助于国内民营企业加深对自身融资环境的理解,使其对未来融资战略有更好的把握,并有助于国内民营资本了解进入金融业的途径和手段以及风险防范措施,为民间资本参与金融业做准备。因此,本课题有着重大的理论价值,尤其对于民营企业而言更具有迫切的实践价值。

2. 课题研究的目的

(1) 总结我国金融体系制度变迁的一般特征以及对于我国民营企业发展的影响;

(2) 探讨金融结构变迁过程中民营企业融资结构的变化,以及这种变化对民营企业绩效的影响;

(3) 探讨中国民间资本在经济发展中的作用,并寻找阻碍民间资本扩张的制度障碍;

(4) 探讨中国民营企业在金融改革的大背景下融资行为的变迁,寻找合适的企业融资战略;

(5) 探讨民间资本进入银行业的途径,以及民间金融规范化和风险防范的手段。

二、项目的研究框架和主要内容

1. 研究框架

本课题沿着"民营经济发展的结构主义分析与融资困境的制度经济学分析—民间金融的信用拓展机制及经济绩效分析—民间金融市场准入、风险防范和规范化发展模式"的理论框架展开研究。首先廓清有关民营经济的产业结构、区域结构、产权结构和融资结构,然后从民营经济的融资困境的制度经济学分析引出有关民间金融发展及其经济绩效的探讨,最后的落脚点在于民间金融规范化的路径选择和法律框架构建,以及以国际经验为参照系如何扶持我国民营经济和民间金融稳健发展。循着这个基本思路,可以拓展出下述六个基本内容:① 民营经济发展的结构分析;② 民营经济融资困境的制度经济学分析;③ 民间金融和民间信用扩张的实证分析;④ 民间金融的经济绩效与风险防范;⑤ 解决民营中小企业融资困境的国际比较研究;⑥ 民间资本的市场准入与民营银行发展路径研究。这六个部分互相之间有紧密的逻辑联系,将"民营经济—民间资本—民间金融—民营银行"这四个主体的研究贯通起来,寻找其中的内在逻辑关联,最终为我国民营经济发展和民间金融规范化寻找最佳的政策路径和法律框架。

2. 主要内容

(1) 民营经济发展的结构主义分析。该部分主要从理论和实证的角度,对民营经济的贡献以及民营经济发展的地域结构特征、企业规模结构特征、产业结构特征、就业结构特征、产权结构特征等进行系统的实证研究,从而把握民营经济发展的基本脉络,为民营经济融资约束的研究奠定理论和实证基础。

(2) 民营经济融资困境的制度经济学分析。该部分主要分析了民营经济融资结构的特征以及内源融资和外源融资状况,分析了民营经济在融资方面所遇到的体制障碍、金融机构障碍、资本市场障碍、信用和法律制度障碍以及信息不对称和交易成本问题,对民营经济的融资困境做了制度经济学意义上的剖析,并给出了相应的政策建议。

(3) 民间资本与民间信用扩张的实证分析。该部分分为上下两篇,上篇"民间信用扩张的历史进程与内在机理:理论分析"主要从纯理论的角度,运用经济学、社会学、文化人类学、经济史学等领域的相关方法和成果,对民间金融的历史性扩张、民间信用和国家信用的消长关系、民间金融扩张的内在机理和演进路径等进行了详尽的探讨,并对民间金融发展的未来趋势以及规范化改造提出了初步的政策框架;下篇"民间金融内生成长与地方政府行为:温州地区的实证研究"主要从温州民间金融发展的案例研究出发,对民间金融成长过程中的地方政府行为做了非常详尽的分析,由于掌握了大量的第一手数据、资料、档案和内部文稿,该部分对温州的钱庄、互助会、典当业、非金融机构借贷等民间金融形式做了比较深入的考察,并对温州地方政府在民间金融发展过程中的作用和行为模式进行了分析,系统总结了温州地区发展民间金融、控制区域金融风险、扶持民营经济发展的经验。

(4) 民间金融的经济绩效及风险防范研究。该部分分为上下两篇,上篇主要从理论的层面,运用计量经济学方法,对我国民间金融的宏观经济绩效和微观经济绩效进行了实证分析,获得了有价值的计量结果,同时基于这些计量结果,对民间金融的风险控制进行了理论研究,提出内外兼修规范民间金融的政策建议;下篇主要从我国台湾地区和大陆地区的比较研究的视角,分析了台湾地区和大陆地区在民间金融发展方面的异同点,考察了台湾地区民间金融对民营中小企业和农户融资的绩效的影响以及民间金融风险防范的主要经验,并借鉴台湾地区在民间金融规范化以及银行民营化方面的经验,对我国大陆地区民间金融的规范化发展提出了相应的对策。

(5) 解决中小企业融资困境的国际比较研究。该部分主要运用比较经济学和比较制度分析的方法,对国际上解决中小企业融资困境比较成功的国家和地区的经验进行了梳理,概括了这些国家和地区在法律体系和中小企业事务管理部门、信用管理体系、贷款担保体系、信用环境和地方性中小银行等方面的主要经验,并在此基础上对我国在信用管理体系、法律制度、信用环境、中小银行发展等方面应该采取的政策框架进行了系统全面的分析。

(6) 中国民间资本的市场准入和民营银行发展路径。该部分主要探讨了民间资本进入银行业的市场准入问题及民营银行的发展路径、构建模式以及民营银行在成长过程中可能面临的模糊产权问题、关联交易问题和关系型贷款问题,从国际经验和历史经验的借鉴出发,对民营银行的制度建设和民营银行与民营中小企业之间的融资关系进行了尝试性的探讨。该部分的研究结论认为,我国应该尽可能地向民营资本开放银行业,这对整合民间资本、促进民营经济发展以及改善金融体系的产权结构和市场竞争结构都非常重要。

三、项目的学术价值和主要创新

1. 学术价值

(1)本课题首次运用多学科交叉的研究方法对民间金融的历史性扩张进行了经济学、社会学、文化人类学意义上的综合研究,揭示了民间金融扩张的动力因素、民间信用和国家信用的消长关系、民间金融内生成长的机理和演进路径及阶段性特征。这在现有成果中比较具有领先性,在方法论上开启了民间金融研究的一个新视角。

(2)本课题在民间金融研究中,首次将"民间金融成长—民营经济发展—民间资本扩张—民营银行构建"作为一个互为因果的联动机制来进行研究,从逻辑关系上厘清了民间金融与民营经济、民间资本、民营银行发展之间的互动机制,研究了民营经济融资困境与民间资本扩张给民间金融内生成长带来的影响,并以民营银行为研究突破口探讨未来民间金融规范发展的趋势与前景。这种研究框架比学术界以往的研究框架要广阔得多,突破了以往文献中就民间金融谈民间金融的研究范式,这对该领域的学术研究有一定的推动作用。

(3)本课题在研究过程中注重理论模型的构建与实证的计量研究以及统计分析相结合的方法。本课题对民间金融的内生成长机制进行了理论模型构建,对民间金融的宏观经济绩效进行了计量研究和回归分析,课题中运用了大量统计资料和相关数据,并运用问卷和访谈的田野调查形式获得了大量第一手数据。在民间金融的研究领域中,本课题的最大学术意义在于以大量翔实的资料数据、严谨的理论建模、科学的统计分析和计量分析揭示了民间金融的内在机制、宏观绩效和发展模式,拓展了该领域的学术研究。

2. 学术创新

(1)方法论上的创新:本课题综合运用了经济学、社会学、统计学、计量经济学、比较制度分析、经济史学、文化人类学等学科的方法和分析范式,对民间金融问题进行了交叉学科研究,这在该领域具有一定的开创性和尝试性;

(2)实地调研和实证研究:本课题组在项目执行过程中,为获取第一手资料,在山西(临汾、平遥、灵丘)、浙江(温州、瑞安、绍兴)、贵州(凯里、麻江、镇远)等地进行了实地调研,展开问卷调查和访谈,获得大量的珍贵数据、内部资料和档案等,使得本研究在数据的可靠性、资料的翔实性以及权威性等方面,在专业领域内具有领先性。

(3)定量研究民间金融绩效。本课题运用规范的计量经济学的方法,对民间金融在宏观经济和微观经济方面的绩效进行了定量的研究,并获得了有价值的计量结果。在现有文献当中,这是首次运用回归分析方法对民间金融的经济绩效进行研究,具有尝试性,从某种程度上填补了以往文献只重视定性分析而忽视定量分析的不足。

(4)民间信用扩张的多学科研究。本课题多学科交叉的研究特色在分析民间信用的历史扩张这一部分得到充分体现,系统地探讨了我国民间信用拓展的历史进程和路径选择特征,其中涉及社会学、文化人类学和金融史等多门相关学科,这种跨学科的研究将是我国民间金融领域的一种创新,突破了以往单纯从经济层面探讨民间金融的理论框架。

(5)国际比较研究的广阔视角。本课题在研究过程中,尤其是在研究民营中小企业融资困境的解决模式中,从国际比较的视角,总结概括了许多先进国家和地区的成功经验,对我国民营企业融资困境的解决提供了难得的借鉴;在民营银行发展和民间金融规范化方面,本课题搜集到我国台湾地区的许多珍贵资料和数据,首次对我国台湾地区的民间金融发展进行了系统研究,对我国民间金融发展有重要借鉴意义。

(6)民营银行发展的理论研究和历史研究。本课题从经济史和金融史的视角,对我国近代私营银行的发展模式和经验进行了总结,从行业自律、区域金融集团、集体安全制度、官商博弈、银行家群体等多个角度,从历史的层面审视我国当前民营银行的发展,这个比较独特的分析视角有助于我们以一种历史的眼光分析民营银行发展的路径和存在的问题,并为解决这些问题提供历史借鉴。

(7)理论和案例研究的紧密结合。本课题坚持经济理论研究和应用性研究相结合的原则,在进行理论探讨的同时,运用大量的案例研究增强研究的深度和实证性。本课题基于第一手资料和数据对温州地方政府行为与民间金融演进进行了详尽的案例分析,大部分资料和数据为第一次公开;本课题还搜集了大量非常珍贵的我国台湾地区民间金融发展的资料数据,并以台湾地区的案例研究为基础为大陆地区的民间金融规范发展提供借鉴;本课题在研究民营银行发展时着重研究了台州商业银行的案例。

四、课题报告目录

第一部分 民营经济发展的结构主义分析
1 引言:民营经济发展及其贡献
1.1 扩大社会就业
1.2 带动民间投资增长
1.3 推动经济增长和区域发展
1.4 优化产业结构

1.5　财政贡献
2　民营经济发展的区域结构差异及其经济社会成因
2.1　区域经济发展的差异与结构分析
2.2　区域经济发展差异与民营经济的相关性
3　民营经济的规模结构、产业结构与产权组织结构分析
3.1　规模结构
3.2　产业结构
3.3　产权组织结构
4　结论：民营经济发展的结构主义分析的政策含义

第二部分　民营经济融资困境的制度经济学分析
1　引言
1.1　研究对象的基本界定
1.2　本部分研究的学术意义和现实意义
1.3　国内外研究综述
2　民营中小企业的融资现状
2.1　内源融资状况
2.2　外源融资状况
3　民营中小企业融资的制度障碍分析
3.1　体制障碍分析
3.2　金融机构障碍分析
3.3　资本市场障碍分析
3.4　信用和法律制度障碍分析
4　民营中小企业融资的信息和交易成本分析
4.1　信息不对称分析
4.2　交易成本分析
5　本部分的结论与政策建议
5.1　现有的解决方案及效果分析
5.2　发展民间金融是有效的解决方案
5.3　规范发展民间金融的政策建议

第三部分（上）　民间信用扩张的历史进程与内在机理：理论分析
1　民间信用与国家信用的互动与演变
1.1　民间信用与国家信用
1.2　民间信用扩张的历史进程
1.3　民间信用扩张的内在动力要素
2　民间金融内生性的经济学与社会—文化人类学视角分析
2.1　引言与相关文献综述

2.2　经济学视角:民间金融的制度需求与制度供给
2.3　社会—文化人类学视角
2.4　小结:民间金融的内生性与规范发展
3　民间金融扩张的内在机理、演进路径与未来趋势研究
3.1　引言和相关文献综述
3.2　民间金融演进的内在机理
3.3　民间金融的演进路径
3.4　小结:我国民间金融未来发展的路径选择
4　村庄信任、关系共同体与农村民间金融演进
4.1　引言:作为共同体的村庄——已有成果及其意义
4.2　共同体、村庄共同体和关系共同体
4.3　村庄信任的制度基础与约束条件
4.4　村庄信任与民间金融组织的演进和效率
4.5　简单的结论:政策框架与方法论意义

第三部分(下)　民间金融内生成长与地方政府行为:温州地区的实证研究
1　中国的制度变迁模式与地方政府的角色
1.1　诱致性变迁和强制性变迁中的地方政府
1.2　渐进的局部增量改革与地方政府行为
1.3　渐进式变迁中的地方分权、财政联邦制与地方政府行为
2　地方政府行为的约束条件和目标函数
2.1　地方政府行为的约束条件
2.2　地方政府行为的目标函数
3　地方政府行为与民营部门发展:温州案例分析
3.1　温州的自然禀赋和历史发展:制度变迁的初始条件
3.2　温州模式的内涵与变迁
3.3　无为而治和有效服务:温州政府职能变迁
4　地方政府行为与民间金融发展(一):温州的钱庄
4.1　温州钱庄的发展史:从清代到20世纪80年代的一个概貌
4.2　方兴钱庄的兴衰史及其启示:地方政府与民间金融
4.3　民间金融部门、地方政府与中央治国者之间的博弈框架
5　地方政府行为与民间金融发展(二):温州的典当业
5.1　温州典当业的早期历史
5.2　温州典当业的重新复苏及其经营特征
5.3　温州典当业引起的争议和温州地方政府及监管部门的政策框架
6　地方政府行为与民间金融发展(三):温州的钱会和非金融机构借贷
6.1　治理与疏导:从乐清"抬会"事件和苍南、平阳"排会"事件看温州地方政

府行为
6.2　合法化和规范化：温州的非金融机构借贷
7　概要性结论：民间金融发展与规范中的地方政府定位
第四部分（上）　民间金融的经济绩效及风险防范研究
1　民间金融的经济绩效：一般性理论分析
1.1　民间金融的存在形式及其优劣势简析
1.2　民间金融存在的利弊：一般性分析
2　民间金融的经济绩效：实证分析
2.1　宏观经济绩效
2.2　微观经济绩效
3　民间金融与风险防范
3.1　民间金融机构、中央政府和地方政府的博弈
3.2　民间金融机构的风险防范机制
4　结论：内外兼修规范民间金融
第四部分（下）　民间金融经济绩效及风险防范：我国大陆和台湾地区比较
1　引言：文献综述与研究思路
1.1　文献综述
1.2　本部分研究思路
2　我国大陆与台湾地区民间金融发展概述
2.1　我国大陆地区民间金融的基本特征
2.2　我国台湾地区民间金融的发展
3　我国大陆和台湾地区民间金融绩效比较分析
3.1　民间金融对中小企业和农户影响的理论分析
3.2　民间金融对中小企业和农户影响的实证分析
4　我国大陆和台湾地区民间金融风险控制比较分析
4.1　我国大陆和台湾地区民间金融存在的主要风险
4.2　我国大陆和台湾地区民间金融风险控制的具体方法
5　我国台湾地区经验对大陆地区民间金融发展的启示
5.1　我国大陆地区民间金融存在的问题
5.2　从我国台湾地区经验看大陆地区民间金融规范化发展
5.3　结论
第五部分　解决中小企业融资困境的国际比较研究
1　引言
1.1　本部分的研究对象和研究方法
1.2　本部分的研究思路和架构
2　解决中小企业融资困境的国际比较研究

2.1　法律体系和中小企业事务管理部门
2.2　信用管理体系
2.3　信用(贷款)担保体系
2.4　金融环境和地方性中小银行
3　解决我国中小企业融资问题的体制途径和法律途径
3.1　法律和行政环境
3.2　信用管理体系建设
3.3　信用(贷款)担保体系建设
3.4　我国中小银行体系
4　结论及政策建议

第六部分　我国民间资本的市场准入和民营银行发展路径
1　引言:术语界定与文献综述
1.1　民营银行的内涵界定
1.2　民营资本进入银行业的必要性
1.3　现有文献综述
2　我国民间资本与民营银行的设立
2.1　民营银行的发展动力和途径:制度经济学视角
2.2　民间资本进入银行业的条件和优势:台州商业银行案例分析
3　民间资本进入银行业的历史经验与国际经验
3.1　自由竞争下的我国民营银行——近代私营银行的治理经验
3.2　开放民间资本进入银行业的国际经验
4　民营银行制度建设的经济学分析
4.1　民营银行的风险研究
4.2　民营银行对民营中小企业发展关系型融资的可行性研究
4.3　民营银行的产权清晰化路径
4.4　民营银行的公司治理结构设计
5　简要的结论
5.1　本部分的结论及政策建议
5.2　进一步研究课题

第七部分　结束语:我国民间信用、民营资本与民营银行发展
1　民间信用的规范化与合法化:近期的进展
1.1　民间信用的演变及监管者对民间信用的政策倾向变化
1.2　央行的民间资本规范化模式及其绩效
1.3　银监会农村金融市场开放和民间资本整合方案
2　主要结论
3　重要政策建议

中国近代金融危机的理论与政策研究

项　目　名　称: 中国近代金融危机的理论与政策研究
项　目　来　源: 国家社会科学基金青年项目(项目号:09CJL008)
项目起止时间: 2009—2012 年
项　目　负　责　人: 张亚光
项目组主要成员: 张春晓、刘群艺、刘京、颜敏
项目负责人所在系: 经济学系
项目成果形式: 论文集

一、项目研究的意义和目的

正如金德尔伯格(Kindleberger)所言,金融危机是经济文献中最传统的主题。由于金融危机往往对经济发展和社会和谐具有极大的破坏性,经济学家们对这种特殊的经济现象给予了充分的关注。特别在欧美国家,作为现代金融的发源地,是遭受金融危机危害最严重和最频繁的地方,因此西方学者们对金融危机的研究较为深入,其中不少是从金融危机史和金融危机思想史的角度予以关注:MIT 著名经济史学家金德尔伯格的《金融危机史》(1978 年)迄今已经再版 4 次,几乎每次全球性的金融危机发生之后都会引发人们对这本书的关注。除此之外,金德尔伯格还与 J.P.拉法格主编了《金融危机:理论、历史与政策》(1982 年)一书,围绕历史上曾经发生的金融危机事件,分别从理论和政策角度进行了研究。其他影响较大的金融危机史著作包括 O.M.W.斯普拉格的《各国银行体系危机史》(1910 年)、E.E.德·琼-克金的《1763 年阿姆斯特丹的经济危机》(1939 年)、约翰·卡斯维尔的《南海泡沫》(1960 年)、穆瑞·N.罗斯巴德的《1819 年的经济恐慌:反应与政策》(1964 年)。上述这些著作以历史上的金融危机作为研究对象,全面分析了危机的

成因、政策应对和理论根源,对研究和防范现代金融危机有着重要的参考意义。

中国在历史上也同样发生过多次金融危机。由于现代金融模式在中国发端于鸦片战争之后,因此古代的"钱荒"和通货膨胀现象暂不列入本课题研究内容。仅在19世纪中叶至1949年新中国成立的100年间,较大的金融危机就有十几次之多,比如1910年的"橡皮股票风潮"、1916年的"停兑风潮"、1921年的"信交风潮"等。历次金融危机给社会带来了极大的危害,甚至在某些程度上改变了民族和国家的命运。这些历史现象理应引起足够的重视。然而在当前的理论研究中,人们对中国金融危机史和金融危机思想史的关注远远逊色于对西方和当代金融危机的关注程度。根据中国期刊网的文献检索,截至2009年年初,国内各期刊有关金融危机的学术论文多达5 000余篇,而涉及中国近代金融危机的仅有12篇。比较有代表性的如:"武汉政府财政金融危机内在原因探析"(徐凯希,1989),"三十年代农村金融危机论述"(宫玉松,1996),"1883年金融危机中的票号与钱庄"(孔祥毅,2000),"1883年金融危机中的商人与政府"(曹流,2001),"山西票号的衰亡与金融危机的防范"(王森、阎广发,2006),"中国金融危机的历史镜像"(陈志武,2006),其他文章多以普及历史知识为主。而且上述研究基本属于经济史的方法和套路,较少论述金融危机发生时的思想争论和政策应对措施。有关中国近代金融危机史和思想史的专著,更是基本空白。周积明在《震荡与冲突——中国早期现代化进程中的思潮和社会》(2003)一书中对20世纪30年代国内有关金融危机的思想讨论做了部分介绍,但显然不够详尽。

综上所述,西方学术界对金融危机史和理论史有良好的研究传统。但是对中国近代金融危机的研究而言,无论从金融史角度还是金融思想史角度来看,目前都比较薄弱。

大多数研究论及金融危机,对欧、美、俄、拉、东南亚等国家和地区知之甚多,但很少有人想到就在100年前,中国大地上已经历了数次金融危机的洗礼。陈志武教授特别指出:"金融危机对中国而言,几乎成了'狼来了'的故事。但是,金融危机在中国的历史渊源、制度背景、潜在规模等,并不为大多数人所知。"这种重视横向比较而忽视纵向比较的学术倾向,需要我们经济史和经济思想史的工作者予以适当的扶正。

通过对中国近代历次金融危机的系统研究,可以还原并补充中国近代经济史的真实图景,全面理解中国金融在现代化路途上走过的最初的艰难历程,勾勒出当时经济背景下商界、政界、学术界对于金融危机的思想碰撞以及理论争辩的内容主线。此项研究一方面具有极强的理论价值,能够填补中国近代经济思想史研究的空白,将中国经济思想史的研究推向深入;另一方面也具有较强的现实意义,在美国"次贷危机"影响尚未断绝、国内金融形势仍然严峻的环境下,回顾本国的金融发展历史,有助于从历史渊源、制度传统等角度加深对发生在当下的金融危机的认识。而对近代金融危机的相关理论和政策的研究分析,会对目前的学术讨论和政府决策提供极好的借鉴,其中对于经济体制内财政与金融关系、央行独立性等问题的审视,将会启示我们如何更加有效地防范和应对今天的金融危机。

二、研究成果的主要内容、重要观点

本课题主要研究中国近代历次金融危机产生的背景、影响及相关的思想争论、学术分流和政策措施。"近代"的起始范围为:自1840年鸦片战争开始,直至1949年新中国成立。这期间发生的金融危机都列入研究内容,其中包括:19世纪60年代初的"棉花投机热潮",1871年、1872年、1873年、1878年、1879年的小规模金融恐慌,1883年主要发生在上海的第一次现代意义上的金融危机,1910年的"橡皮股票风潮",1916年北洋政府时期的"停兑风潮",1921年由游资引起的"信交风潮",1931年的"金贵银贱风潮",1935年的"白银风潮",抗战期间的"中日货币战",以及国民党统治后期的恶性通货膨胀。

根据研究需要,上述金融危机大致可以分为三类:第一类以"棉花投机热潮"、"橡皮股票风潮"、"信交风潮"为代表,是比较典型的源自金融体系本身的内生型金融危机,这种金融危机的产生,在很大程度上是由于清政府和北洋政府时期过于自由的金融体系和外部监管缺失所造成的;第二类以"金贵银贱风潮"、"白银风潮"和"战时金融恐慌"为代表,属于受到外部冲击而产生的来自不合理的国际货币体系的外来冲击型金融危机,一方面缘于中国的银本位制度与国际货币金融体系的矛盾和冲突,另一方面源自突发历史事件对金融秩序的冲击;第三类可归为政府主导型金融危机,如哈耶克所言,政府天然具有财政扩张和通货膨胀的倾向,导致出现了北洋政府时期的"停兑风潮"和国民党政府"金圆券"崩溃的风潮。

围绕上述不同性质的金融恐慌与风潮,当时的社会各界从各自的角度阐述了见解和对策。作为金融思想史的研究对象,这些见解和对策也可以归为三种类型:(1)由政府决策者或政治家、银行家等提出的关于金融危机的认识或主张,比如清政府、北洋政府、武汉政府、南京政府以及重庆政府针对历次金融危机所采取的应对政策;(2)由专业学者提出的金融危机理论,比如东北大学教授张辑颜在20世纪30年代初提出的"金融恐慌周期理论";(3)存在于社会公众之中的金融危机观念,比如商人之间电文所表达的金融恐慌思想,以及在一些文学作品中出现的关于金融危机观点的描写。

本项研究在方法上,以史学方法和经济学方法为基本支持,综合运用"史料学和考据学"、"经济计量学"、"发展经济学"、"制度经济学"、"社会学"等不同领域的研究方法,力图全面、深入地对近代金融危机的相关理论和政策进行解读。

本项研究侧重于经济思想史范畴,对金融危机的成因、规模和影响程度不做详细的定量分析,而是重点挖掘和分析历次金融危机发生前后社会各界的思想反应以及政府的应对措施。难点主要在于文献的梳理工作,近代经济资料蔚为大观,政府报告、学术论著、民间记录都十分丰富,对于金融危机问题的讨论散落于各种文献载体中,要想全面地整理利用这些资料,不仅需要扎实的金融学知识,还需要一定的史学功底。

本项研究的主要观点围绕中国近代历次金融危机的"理论"和"政策"两个核心内容展开。在理论方面,民国时期的许多经济学家针对频频发生的金融危机从不同角度提出了自己的理论解释,还有一些国外学者对中国的金融危机保持关注并发表了一系列论文,已经涉及"经济周期理论"、"凯恩斯主义"等当时国际最前沿的经济理论。这表明中国对金融危机的研究水平并不落后于西方,且中西方的学术交流相当频繁。在政策方面,历届政府统治期间都遇到了不同程度的金融危机,也采取了不同的应对措施,有的政策对缓解危机起到了十分有效的作用,而有的政策则适得其反,这表面上是由于技术层面的操作和理论导向的差异,而最深刻的原因则是政府制定政策的目标函数各有不同,或者说,其所代表的群体利益决定了政策的最终效果。

三、成果的学术价值、应用价值与社会影响

可能的创新之处有两个方面:一是研究方法上的创新,综合运用史学方法和经济学方法,在研究存在于社会公众中的金融恐慌观念时,采用"文史互证"的方法,考察民国时期财经小说及个人日记中对当时金融危机状况的描写和记录,以此印证对民国金融危机理论与政策的研究结论。二是研究视域的创新,现有的相关研究,极少从本土化的金融危机理论着眼,而主要偏重于西方金融理论的介绍。事实上,民国时期本土经济学家们对金融危机进行了深刻的分析,许多观点在世界范围内也是领先的。本项研究重点发掘了这方面的内容。

美元国际供应量的数额估算、决定机制及其经济影响

项　目　名　称：美元国际供应量的数额估算、决定机制及其经济影响
项　目　来　源：国家社会科学基金青年项目（项目号：10CJL037）
项目起止时间：2010年7月—2012年12月
项　目　负　责　人：宋芳秀
项目组主要成员：欧阳良宜、陈昌盛、陈道富、邹燕
项目负责人所在系：金融学系
项　目　成　果　形　式：论文、研究报告

一、项目研究的目的和意义

（1）理论意义：本课题从流量和存量两个方面界定并估算美元国际供应量的规模，探讨了世界范围内美元供应的内生决定机制，建立了美国宏观经济政策和美元国际供给之间的理论联系，明晰了美国宏观经济政策对发展中国家美元持有量的动态影响机制。课题计算了美国由于美元的国际地位而获取的收益和承担的成本，考察了美国依靠美元的国际地位从其他各国获得的收益，提供了货币储备国和非储备国不平等地位的理论依据，也为一国货币的国际化建立了理论分析框架。课题还研究了美国宏观经济政策和美元国际供给对发展中国家和新兴市场国家货币汇率、资本流动等方面的影响，以进一步完善现有的金融危机理论。

（2）实践意义：本课题对国际货币体系改革、人民币国际化和金融危机的防范具有重要意义：① 量化并明晰了主要储备货币国美国在国际货币体系中享有的权利和承担的义务，以便定量揭示发达国家和发展中国家的不对等地位，有针对性地设计国际货币体系改革的方案；② 对美元作为国际货币的成本和收益进行了估算，分析美元国际化潜在的风险，从而为人民币国际化提供了有益的借鉴；③ 探讨

了美国宏观经济政策和宏观经济变量对世界范围内的美元供给、美元汇率和美元流动的影响,从新的视角对金融危机的产生做出解释,有助于金融危机的防范。

二、研究成果的主要内容和重要观点或对策建议

美元具有国际货币和国家货币的双重地位和作用。美国作为储备货币国家在国际范围内供应大量的美元,并能够从美元的国际货币地位中获取数额不菲的直接和间接收益,但它并没有承担相应的维持汇率稳定的责任。过去30年来,美元汇率的波动程度大于其他任何储备货币汇率的波动程度。美元供给和汇率的波动对其他国家尤其是发展中国家和新兴市场国家产生了不良影响。这些国家的经济和金融的规模大都比较小,应对汇率变化的能力也较差,因此其国内经济发展、对外贸易、资本流动和经济政策的自主性都会受到很大影响。部分地区发生的金融危机在一定程度上和主要储备货币的汇率波动以及由此导致的资本大规模流出有关。因此,主要储备货币国家应实行自律的财政政策和货币政策,避免货币汇率的过度波动,以促进国际经济的稳定和发展。

课题的核心内容包括:

(1) 世界范围内美元的界定、规模估算和流通机制分析。给出美元国际供应量的定义,并从流量和存量两个层面,利用各国的国际储备数据(用于存量分析)和国际收支平衡表数据(用于流量分析),衡量了世界范围内美元的规模,探讨美元在世界范围内的供给和流通机制,并比较了美元国内和国际流通机制的差别。

(2) 美元国际供应量的内生决定机制分析。建立了理论上的美元国际供给函数,分析经常项目和资本项目下美元国际供给的决定因素和决定机制,并对两个项目下美元国际供给之间的内在关系进行了研究;将美元国际供应量的不同部分作为被解释变量,建立经济计量模型,就利率、汇率、汇率预期、经济增长率、通货膨胀率等经济变量对美元国际供给的影响方向和影响程度进行了定量分析。

(3) 美国宏观经济政策对美元国际供给的影响机理。在分析美国各阶段财政政策和货币政策特点的基础上,通过建立数理模型来分析宏观经济政策对美元国际供给的影响机制,具体包括美国财政政策和贸易赤字之间的关系以及货币政策和资本金融项目下美元国际供给之间的关系;采用结构主义的分析方法,将贸易项目下的美元国际供应分为美国和发展中国家之间的贸易赤字以及美国和发达国家之间的贸易赤字,将资本金融项目下的美元国际供应分为美国和发展中国家之间的资本流动以及美国和发达国家之间的资本流动,建立计量模型考察各部分美元国际供应量的主要影响因素及影响因素的差异。

(4) 美元国际供给对世界各国的影响。在铸币税含义的基础上考察国际铸币税的特点,比较国际铸币税和普通铸币税的异同,界定并估算了美国可从美元的国际货币地位中获得的铸币税收益、其他收益和所需付出的成本;分析了美元国际供

给对黄金价格、主要货币之间的汇率、资本流动造成的影响,并将重点放在美元供给和汇率的大幅波动对发展中国家和新兴市场国家所产生的影响上;研究了发展中国家金融危机同美元国际供应量及美元汇率变动之间的关系,从新的角度探讨了发展中国家和新兴市场国家金融危机发生的原因。

(5)在分析发展中国家和发达国家在国际货币制度中的不对等地位的基础上,提出推进国际货币体系改革的相关政策建议。分析发达国家与发展中国家及新兴市场国家在国际货币体系中存在不对等地位的具体表现及深层次原因,并有针对性地提出国际货币体系改革的建议,内容包括增强国际货币体系中各国权利和义务的对称性,明确国际货币基金组织应该履行的职责及主要储备货币国家在财政政策和货币政策方面应该承担的自律责任,加强区域间货币合作和国际储备货币的多元化等。

篇章结构如下:

第一章　导论
第一节　研究背景和选题意义
第二节　美元在国际货币体系中的地位
一、美元的国际储备货币地位
二、美元在国际金融领域的地位
三、美元在国际贸易中的地位
四、美元和其他主要储备货币的地位比较
第三节　美元对世界经济的主要影响
一、美元国际供应量和美元汇率
二、美元汇率波动和新兴市场国家资本流动
三、美元汇率波动和大宗商品价格
第四节　国内外相关研究述评
一、现有文献综述
二、相关研究的局限性
三、课题的创新之处
第五节　主要内容、方法与结构
一、课题的主要内容
二、采用的主要研究方法
三、课题的研究框架
第二章　美元在世界范围内的供给和流通机制
第一节　美元国际供应量的界定和衡量
一、美元国际供应量的界定
二、美元国际供应量的衡量:流量角度
三、美元国际供应量的衡量:存量角度

四、两种衡量方式的比较——兼论其他储备货币国际供应量的衡量

第二节　美元国际供给的变化

一、美元国际供给量变化的两个趋势

二、美元国际供给量变动的几个特殊阶段

（一）第一阶段：1980年至1986年年底

（二）第二阶段：1990年至1998年

（三）第三阶段：2000年以来

第三节　美国向全世界供应美元的机制

一、储备货币国向世界供应货币的机制比较

二、美元荒、美元灾和美元危机

三、特里芬悖论和新特里芬悖论

第四节　美元在世界范围内的流通机制

一、美元的流出机制

二、美元的回流机制

三、离岸美元市场

第五节　本章小结

第三章　美元国际供应量的总体影响因素

第一节　美元国际供应量影响因素的理论分析

一、经常项目下美元国际供应量的影响因素

二、资本项目下美元国际供应量的影响因素

三、美元国际供应量函数

第二节　美元国际供应量影响因素的计量模型

一、计量模型的设计

二、变量的统计描述

三、变量的平稳性检验和协整分析

四、对结果的解释

第三节　美国财政政策和财政赤字对美元国际供应量的影响

一、美国财政政策和财政赤字的回顾与分析

二、美国财政赤字对美联储货币政策的影响

三、美国财政赤字和经常账户逆差的关系

（一）双赤字关系的检验

（二）财政赤字、经济增长和经常项目差额

（三）政府收支结构、财政赤字和经常项目差额

（四）财政政策和货币政策的地位对双赤字关系的影响

第四节　美国货币政策对美元国际供应的影响

一、货币政策对经常项目赤字的影响

（一）货币供应量和经常项目赤字
（二）利率和经常项目赤字
（三）货币政策、汇率和经常项目赤字
二、美国货币政策对资本项目的影响
（一）货币政策、利率和资本项目差额
（二）货币政策、资产收益率和资本项目差额
第五节　本章小结
第四章　美元国际供应量的结构分析
第一节　经常项目下的美元国际供给
一、向发达国家的美元输出
二、向发展中国家的美元输出
三、经常项目下美元国际供给和汇率的关系
（一）理论分析
（二）计量模型的设计
（三）数据的处理和模型回归结果
（四）两种类型国家的比较
四、美国和发展中国家的汇率之争
（一）汇率操纵的界定
（二）经常项目差额和汇率操纵
（三）均衡汇率的计算和汇率操纵
（四）谁来界定汇率操纵国
第二节　资本项目下的美元国际供给
一、和发达国家之间的资本流动
二、和发展中国家的资本流动
三、资本项目下美元国际供给的影响因素
（一）理论分析
（二）计量模型的设计
（三）数据的处理和模型回归结果
（四）两种类型国家的比较
第三节　本章小结
第五章　美元国际供给对世界各国的影响
第一节　美元的国际货币地位：成本和收益分析
一、美元的国际铸币税收益：界定和估算
二、美元国际地位带来的其他收益
三、美元国际地位的成本分析
第二节　美元国际供给对主要发达国家货币汇率的影响

一、对日元汇率的影响
　　二、对马克汇率的影响
　　三、对欧元汇率的影响
　第三节　美元国际供给量对发展中国家和新兴市场国家货币汇率的影响
　　一、对发展中国家汇率的影响
　　二、对新兴市场国家汇率的影响
　第四节　美元国际供给量对国际资本流动的影响
　第五节　本章小结
　第六章　对国际货币体系改革的建议
　第一节　IMF应承担稳定汇率和监督发达国家的责任
　第二节　主要储备货币国家应实行自律的财政政策和货币政策
　第三节　储备货币多元化应成为国际货币体系改革的一个中长期目标

三、成果的学术价值、应用价值，以及社会影响和效益

　　课题对美元国际供应量和美元的国际铸币税规模进行了估算，分析了美元的供给和流通机制、美国经济政策对美元国际供给的影响机制、美元国际供给对汇率和资本流动的影响机理，并通过建立计量模型考察了利率、汇率、财政赤字等政策性变量对美元国际供应量的不同部分所产生的不同影响，以及美元国际供给对主要货币之间的汇率和资本流动造成的影响。课题研究有助于我们量化并明晰美国在国际货币体系中享受的权利和承担的义务，揭示发达国家和发展中国家的不对等地位，从而为国际货币体系改革、人民币汇率之争提供了理论依据，也为人民币国际化提供了有益的借鉴。

教育部人文社会科学项目

我国企业如何应对欧盟的反倾销调查，进一步开拓欧洲市场

项 目 名 称：我国企业如何应对欧盟的反倾销调查，进一步开拓欧洲市场
项 目 来 源：教育部人文社会科学一般项目（项目号：02JA790005）
项目起止时间：2002—2004 年
项 目 负 责 人：吴侨玲
项目组主要成员：张新生（商务部、中国轻工工艺品进出口商会）
项目负责人所在系：国际经济与贸易系
项 目 成 果 形 式：论文

一、项目研究的目的和意义

研究目的：欧盟作为我国重要的贸易伙伴之一，是我国出口产品遭遇反倾销最多的地区之一，其反倾销调查对我国企业的正常出口已构成威胁。因此，如何应对欧盟的反倾销调查，努力开拓欧洲市场是目前摆在我国企业面前的一个重要课题。为有效应对欧盟对我国的反倾销调查，减少贸易摩擦给我国造成的损失，努力开拓欧洲市场，我们需要对此进行深入研究，以便在此基础上提出相应的政策建议。

研究意义：在世界倡导自由贸易、大幅度削减进口关税、取消各种贸易壁垒的同时，反倾销、反补贴和保障措施却被西方国家广为运用，成为保护本国民族工业、维护本国经济利益的重要措施。随着世界经济一体化步伐的日益加快，各国间的贸易摩擦也随之增加。中国"入世"后，国外对我国反倾销立案调查增多，欧盟和美国在这一方面不仅没有例外，反而对我国企业频繁使用反倾销等贸易救济措施以达到保护自己市场的目的。反倾销、反补贴和保障措施已经成为我国进一步发展外贸和扩大出口的一大威胁。因此，对该问题我们应给予高度重视，研究探讨应对措施，以保证我国的外贸事业继续蓬勃发展。

二、研究成果的主要内容和重要观点或对策建议

我国自改革开放以来对外贸易不断增长,在国际贸易舞台上的地位日益上升。但同时国际上一些国家和地区把我国的出口商品作为反倾销的主要目标,使我国成为国外反倾销的最大受害国。国外反倾销调查和不公平贸易待遇在很大程度上影响了我国的外贸出口。据统计,从1979年8月欧共体对我国出口糖精钠发起第一起反倾销调查以来,截至2002年4月底,已有32个国家和地区对我国出口产品发起反倾销和保障措施调查共494起,受其影响的出口贸易额高达150多亿美元。

自中欧1978年签订贸易协议以来,双边贸易关系得到快速发展。2003年,欧盟是中国第三大贸易伙伴,仅次于日本和美国。中欧贸易额达1 252.2亿美元,同比增长44.4%。在我国的对外贸易中,欧盟不仅是我国重要的贸易伙伴之一,同时也是我国产品遭遇反倾销最多的地区之一,其反倾销调查对我国企业的正常出口已构成威胁。因此,如何应对欧盟的反倾销调查,努力开拓欧洲市场是摆在我国企业面前的一个重要课题。本课题就欧盟对我国出口产品发起反倾销调查的内外部原因、中国企业的应对措施及如何进一步开拓欧盟市场等问题进行探讨。

(一)欧盟频频发起反倾销调查的内外原因

1. 外部原因

(1)欧盟经济贸易形势所迫。近年欧盟国家经济普遍不景气,失业率上升,通货膨胀严重,产业结构调整更是困难重重。为了达到保护国内市场的目的,欧盟频繁运用反倾销措施来限制外国产品的进入。此外,由于《乌拉圭回合协议》要求各国大幅度削减关税和取消进口数量限制,各国为抵消这一谈判结果对本国工业的冲击,便纷纷采用反倾销这一既便利又有效的措施来保护国内产业。

(2)欧盟整体经济实力强大与个别行业缺乏竞争力的矛盾。在欧盟内部,并非所有的产业都强大。实际上,一些产业长期以来效益普遍不佳,惨淡经营。其原因主要是企业自身成本过高,经营不善,从而导致产品缺乏竞争力。这种局面事实上绝非进口所致。但是欧盟的生产者似乎更乐于把这些问题归咎于国外产品的冲击,目的是为其采取贸易保护主义行动提供借口。欧盟贸易保护主义者频频对中国产品提起倾销指控,目的就是把中国的有关产品排斥在其市场之外。

2. 内部原因

我国正在成为出口大国,2002年我国外贸出口额达3 256亿美元,比上年增长22%,在世界排名第五位。价廉物美的中国产品遍布全球市场。中国产品在世界市场上的份额在某些方面正在取代日本、韩国及其他一些国家的商品,因此成为美国和欧盟反倾销调查的主要目标。

(1) 计划经济后遗症仍未消失。计划经济时期重复建设、生产能力过剩的后遗症仍然困扰着我国的经济,各行各业的企业数量过多,生产能力的增长快于国内市场需求的增长,但企业为了追求利润经常满负荷生产,导致产品大量积压,造成国内市场供过于求,企业因此只得到国外市场上去进行"消化",靠拼价格来竞争国外市场。

(2) 外贸经营秩序混乱。多年来,我国进出口领域始终存在着经营秩序混乱的现象,专业外贸公司和自营进出口企业各自为战,为了争夺出口市场而竞相压价,致使出口产品价格不断下降。导致这一现象的主要原因是出口产品差别化水平低,产品结构单一,技术含量不高,主要是一些低附加值的劳动密集型和资源密集型产品,容易形成过度竞争。由于缺乏有效的自律组织,行业协会的功能又不健全,对"违规"企业缺乏有效制约机制,使得外国进口商很容易采取各个击破的战术不断压低我国企业的出口价格,其结果是给国外生产商指控我国产品倾销提供了口实。

(3) 出口产品结构失衡、出口市场过于集中。由于劳动力价格低廉,我国产品本身就具有低成本的竞争优势,再加上出口秩序混乱,出口企业削价竞销,导致我国出口商品价格大幅下跌,对进口国企业构成一定的威胁。从产品结构看,我国出口的多是劳动密集型的轻纺产品,而机电产品、五矿化工产品的附加值相对较低,极易给进口国造成低价倾销的印象。

(4) 缺乏国际营销知识。我国大多数出口企业缺乏现代营销知识,对国际市场缺乏总体了解,打入国际市场主要靠低价战略。一些企业由于急于成交,在对进口国市场行情和价格水平都没有掌握的情况下,报价较低;一些企业由于缺乏对进口国消费者风俗习惯的调查研究,不重视款式、包装等方面的改进和创新,"好货"卖不出"好价钱",致使中国产品虽享有中国货"价廉物美"的美誉,却不能登大雅之堂;还有一些企业未能把握国际市场和进口国行情及时调整出口商品的价格和数量,致使某些商品大量涌入进口国,引起过度竞争,甚至恶性竞争,且由于竞争基本上是价格战,造成出口产品价格迅速下跌,增大了国外对我国反倾销的概率。

(二) 我国企业如何应对欧盟的反倾销调查

企业是国外反倾销调查应诉的主体。欧盟的反倾销法是依据 WTO 的协议制定的,它适用于所有的非欧盟成员国,并非只是针对中国,所以中国的企业要想进入或者保住欧盟市场,就必须了解欧盟的反倾销法和其实施程序,并善于利用其中的有关规定,更好地维护自身的合法权益。

1. 积极应诉的重要性

在欧盟的反倾销调查过程中,我国企业如能获得市场经济地位,就意味着不需要采用替代国的正常价格来裁定倾销幅度,对企业应诉十分有利。涉案企业要保证进入程序就必须对欧盟立案迅速做出反应,积极应对,这是应诉至关重要的一步。

涉案企业如果不积极应诉，欧盟调查机构就可以根据所谓的"最佳可获得的信息"进行裁决，这些信息往往是起诉方提供的对我方最不利的证据。企业不应诉无异于被缺席审判，其结果可想而知。企业只有积极应诉，才有可能胜诉。放弃应诉，则意味着放弃争辩和维护自己权益的机会，自动退出市场。

2. 如何应诉

应对欧盟反倾销调查可以从以下几个方面入手：

（1）证明对进口国相关产业没有造成损害；

（2）证明没有向进口国市场倾销；

（3）证明出口产品不包括在被诉产品的范围；

（4）论证起诉方是否具备法律所规定的产业代表资格，等等。

在反倾销诉讼过程中，决定是否倾销的关键是要证明出口价格是否低于"正常价值"。我国企业间的相互压价，是导致欧盟对中国产品实施反倾销的重要根源。中方出口企业的应对策略应该包括两个方面：一方面，平时要注重对出口产品在国外市场的调研工作，了解并掌握其同行对手的生产能力、市场销量和价格水平，防止一哄而上过量出口。一要加强对企业的宏观调控和协调管理，严禁出口企业低价竞销，或采用拼命扩大市场份额而不惜挤垮同行的低层次竞争手段，避免出口企业自相残杀而导致肥水外流。二要优化生产要素的合理配置，通过降低成本提高竞争能力。三要通过加强产品设计，努力开发出适合市场需求的新产品，创出自己的品牌，将低级的价格竞争提升到品牌竞争，树立中国产品的良好形象。另一方面，一旦欧盟对我国产品提起反倾销诉讼，涉案企业应协助律师提供完整翔实的材料，证明自己的产品没有对欧盟市场进行倾销。

建立健全反倾销应诉机制是做好反倾销应诉工作的一个重要保证。我国政府及出口商品管理部门和司法机构应突出抓好以下几个方面的工作：一要尽快建立应对国外对我国反倾销的协调网络。充分发挥我国驻外使馆商务处的作用，全面调研驻在国的反倾销法律、法规，随时跟踪我国出口商品被国外反倾销机构立案调查的情况，并及时将有关信息反馈给国内，以利于国内反倾销应诉协调机构和商会及时组织企业积极应诉。二要设立反倾销应诉基金。三要坚决落实"谁应诉，谁受益"的原则。有关部门应抓紧制定具体的操作细则，对积极应诉的企业予以一定的奖励，以形成有效的激励机制。四要加紧培养一批从事反倾销应诉的专门人才。

根据我国《出口产品反倾销应诉规定》，外经贸部负责规范和指导全国出口产品的反倾销应诉工作，有关地方外经贸主管部门、进出口商会具体组织协调反倾销应诉。应充分发挥反倾销"四位一体"的应诉机制。此外，还需要调动欧盟在华外企和商会的力量，争取欧盟进口商、销售商和消费者的支持等，向欧盟政府和议员等做游说工作。

(三) 如何进一步开拓欧洲市场

中欧经济的互补性很强,两国经贸发展的潜力极大。随着中国经济的持续高速增长和开放程度的日益提高、欧洲一体化程度的加强和欧元的日趋成熟,中国和欧盟之间的经贸关系发展前景广阔。

中国对欧盟出口存在的主要问题是:以量取胜,出口金额的增长速度远远落后于出口数量的增长;价格低廉,远未摆脱低价竞争模式;缺乏品牌形象,大部分商品仍处于"有品无牌、为人作嫁"状态,稍微高档一点的产品基本上是外商在华投资企业的"贴牌"产品,产品的设计和经销商都是国外公司,只有生产环节是在国内工厂,因此80%—90%的利润都被外方赚走,而那些无品牌但"价廉物美"的中低档产品只能大量投放超市,登不了大雅之堂。

中国产品进入欧盟市场时,不仅要面对中国产品内部的竞争,还要与东南亚等地区的产品竞争,此外还有欧盟本身的贸易壁垒限制。低层次的竞争是中国产品继续开拓欧盟市场的一个瓶颈。因此,重视出口商品结构调整,努力提高企业、产品的综合竞争力,提高中国产品的附加值和科技含量,培育品牌是应对市场需求的唯一出路,也是今后中国企业深度开拓欧洲市场的唯一选择。

塑造自己的品牌需循序渐进,分阶段进行:第一阶段要大力发展自己的研发力量,努力提高设计制造水平,逐步摆脱依赖加工贸易被动接单生产的从属地位。第二阶段要在欧盟设立研发机构,形成独立的商品设计能力,直接向欧盟零售商提出新设计方案,创造新商机。第三阶段要准确规划市场定位,精心选择合作伙伴,积极开展广告宣传,寻找最佳时机推出品牌。

中欧贸易摩擦再次表明,那种纯粹以贸易方式保持中国在欧盟市场的准入水平将会越来越困难。随着欧洲统一大市场的不断完善和欧元统一货币效应以及欧盟东扩时间表的确定,以投资进入欧洲市场不仅是一种市场进入方式的选择,也是中国企业国际化经营过程中面临的一种历史选择。

总之,我们要综合运用内外政策,治理恶性低价竞争,加强优势产地的集中培育,避免重复建设。企业要改变忽视市场需求波动,单纯追求出口数量增长的做法。应当对驰名品牌开拓欧洲市场予以政策优惠支持,利用外贸发展基金,支持名牌企业扩大对欧盟宣传,树立品牌形象等。此外,应该进一步鼓励企业充分利用中小企业发展基金,深度开发欧盟市场。

三、成果的学术价值、应用价值,以及社会影响和效益

作为本项目研究成果的论文2004年8月在国家经济学核心期刊《经济科学》2004年第4期上发表。论文发表后不久,作者即接到对外经济贸易大学中国世界贸易组织研究院关于《WTO与中国经济研究文库》的入选通知,表示希望全文刊登该论文。

此外,本项目研究成果也引起我国相关部门的关注,例如,2005年8月,商务部谈判办公室召开有关应对国际贸易摩擦问题研讨会,特邀请本项目负责人介绍有关欧盟方面的情况(由于项目负责人在澳大利亚访学而未成行)。

中国水灾风险管理的制度研究

项 目 名 称:中国水灾风险管理的制度研究
项 目 来 源:教育部人文社会科学研究项目(项目号:02JA790006)
项目起止时间:2002—2006 年
项 目 负 责 人:刘新立
项目组主要成员:田国珍、王浩
项目负责人所在系:风险管理与保险学系
项 目 成 果 形 式:论文、专著

一、项目研究的目的和意义

随着社会的发展和全球环境气候的变化,水灾损失在全球范围内呈现上升的趋势。中国是世界上水灾最为严重的国家之一,同时,水灾频发地区集中了大量农业用地和农业人口,水灾成为农业生产发展的阻碍。如何在水灾风险中谋求生存和发展是政府长期以来关注的重要问题,随着经济的发展与社会的进步,应该建立一个怎样的水灾风险管理制度,成为一个亟待解决的问题。多年来,中国的减灾模式一直是"抗灾+救助"型,政府负担较重,减灾效率也不高。因此,探讨适合于中国水灾风险状况与风险承受能力的风险管理制度安排,从风险管理的角度构建减灾的制度模式,调动市场力量,最终降低全社会水灾损失,达到全面建设小康社会的目的,具有重大的实际意义与理论意义。

二、研究成果的主要内容和重要观点或对策建议

本研究对中国水灾风险的成因进行了分析,在对中国水灾风险进行区划的基础上,借助美国国家洪水保险计划的经验与启示,对中国水灾风险管理的制度体系进行了研究。

本研究的主要研究成果及其创新性主要包括:

第一,中国水灾风险区划。进行水灾风险管理的一个关键技术就是洪水灾害风险区划,但之前的风险区划工作大多是针对流域的,缺乏全国性的研究。本课题组从降雨、地形坡度及河流湖泊缓冲区三个角度对洪水灾害的危险度进行了区划,从人口、农业、交通运输和居民的生活财产四方面对洪水灾害的社会经济易损性进行了区划,进而得到综合的水灾风险区划,为进一步设计水灾保险的不同区域模式和厘定水灾保险的费率提供了依据。

第二,洪水保险的机制。由于潜在损失可能非常严重,因此,传统意义上洪水风险具有不可保性,而在现实中通过扩大与延长风险转移的路径可以尽量地解决这个问题。首先,再保险市场提供了一个庞大的资金保障,并且再保险市场可以弱化风险载体之间的相关性;其次,近年来兴起的巨灾风险证券化通过利用资金雄厚的资本市场,帮助保险公司解决了后顾之忧。这两点是使得洪水风险成为可保的关键所在。在对洪水保险市场的供需分析部分,首先从研究洪水保险需求者福利角度入手分析了影响洪水保险市场需求的因素,结论指出,绝对风险回避程度通过直接影响保险费率对洪水保险需求产生影响,洪水风险的波动性也会影响洪水保险产品的需求,其他一些因素,如购买力、保险意识、保费的高低、洪水保险产品的替代品的多少都是影响因素。在供给方面,洪水风险的特殊性导致洪水保险的经营模式与其他保险的经验模式有较大的差别。

第三,中国巨灾风险证券化的可行性分析。巨灾证券化的问题,国内外学者都做过许多研究。国外的研究涵盖了巨灾证券化的各个方面,例如对基差风险的分析,以及通过数学的工具讨论巨灾证券化中的债券定价问题。国内的学者主要是介绍巨灾风险证券化的方式、成功的实例以及国外的证券化历史。相比起来,定量的研究较少,主要是以例子的形式介绍巨灾证券化。总体上来讲,国内外的研究都缺乏对中国实施巨灾证券化可行性的分析。所以,本研究力图在这个问题上有所突破。具体地,本研究分别讨论了巨灾债券的触发事件、供给与需求。在供给方面,研究指出在现实的市场条件下,巨灾证券化的成本可能在目前仍没有很大的优势,但是相信随着市场条件的成熟、证券化的实践增多、投资者更加理性,巨灾证券化的成本优势会逐渐体现;在需求方面,投资者可从中得到状态的改善,或者同等波动性下投资收益上升,或者同等投资收益下风险减小,因此对巨灾证券化产品的需求较大,对于保险人来说,其风险控制的需求本身就很旺盛,加之传统再保险的

定价周期的存在,更导致原保险人对新的不受制于人的巨灾再保的需求程度上升,保险公司愿意设立 SPV 发行巨灾债券,以便进行较低成本的巨灾再保险。

篇章结构如下:

第1章　水灾与水灾风险

一、水灾及其基本属性

二、水灾的成因与类型

三、水灾风险研究的现状

第2章　美国水灾风险管理制度的实践与经验

一、美国水灾风险管理制度的发展

二、美国国家洪水保险计划的实践

三、美国国家洪水保险计划的经验

第3章　中国水灾风险区划及成因分析

一、水灾风险区划的理论框架与研究数据

二、洪水危险性分析

三、社会经济易损性分析

四、水灾风险区划及分析

五、水灾发生的驱动因子分析

第4章　洪水保险的机制

一、洪水风险的可保性

二、洪水保险市场的供给与需求分析

三、洪水保险中政府与保险业之间的关系

第5章　中国巨灾风险证券化的可行性分析

一、中国巨灾风险融资的现状及存在的问题

二、巨灾风险证券化的发展与实践

三、中国资本市场的风险承担能力

四、洪水债券的模式设计

五、问题与建议

第6章　中国水灾风险管理的制度体系

一、风险控制

二、水灾风险管理的组织安排

三、中国水灾风险管理制度体系中政府的定位

四、中国水灾风险管理制度体系中保险的定位

五、中国水灾风险管理制度体系中保险的切入点

六、中国水灾风险管理制度体系的架构

七、建立中国水灾风险管理制度体系的工作步骤

三、成果的学术价值、应用价值,以及社会影响和效益

本成果从系统论的角度出发,遵循风险管理"以最小的风险成本获得最大的安全保障"的理念,以我国七大江河流域洪水高风险区的风险因子性质、承灾体脆弱性、风险承受能力与经济发展水平为基础,构建我国水灾风险管理制度安排的理论框架,对于探讨适合于中国水灾风险状况与风险承受能力的风险管理制度安排,从风险管理的角度构建减灾的制度模式,调动市场力量,最终降低全社会水灾损失,达到全面建设小康社会的目的,具有较高的学术价值和应用价值。特别是通过对中国水灾风险进行区划,并借助美国国家洪水保险计划的经验与启示,为建立中国水灾风险管理制度体系提出了颇有借鉴作用的政策建议。

中国农村金融改革与机制创新

项　目　名　称：中国农村金融改革与机制创新
项　目　来　源：教育部人文社会科学研究一般项目（项目号：09YJC790014）
项目起止时间：2008—2011年
项　目　负　责　人：王曙光
项目负责人所在系：金融学系
项　目　成　果　形　式：论文、研究报告

一、研究框架和基本内容

　　本课题针对我国农村金融改革与发展的现状及趋势，集中探讨我国农村金融体系构建中的制度改革与机制创新问题，尤其是探讨农村金融创新中的法律框架问题。基于课题负责人主持对全国十几个省份农村金融机构信贷供给和农户信贷需求的田野调查，本课题探讨了我国农村金融体系的制度需求与制度供给特征以及缺陷，对我国农村金融改革的总体制度框架进行了系统的设计。同时，本课题深入探讨了农村合作金融的内部治理结构和经营机制创新问题、农村民间金融的运作机制和规范化法律体系建设问题、农村政策性金融的运作模式创新和法律框架问题、农村小额信贷发展的全球模式以及立法监管问题，以及新型农村金融体系的金融创新与法律规制问题等，对农村金融体系的制度创新与法律框架进行了全方位的解析。本课题的研究有利于推进金融立法部门在农村金融领域的立法，也有利于地方政府制定相应的制度框架和地方法律体系，并有助于农村金融体系的风险防范。本课题在研究方法上注重田野调查方法与理论研究的有机结合、定性研究与定量研究的有机结合、全球经验研究和中国案例研究的有机结合，注重多学科交叉的综合研究工具的运用，在理论和政策层面均具有一定的创新价值。

二、研究内容的前沿性和创新性

（1）本课题对农村金融的研究带有综合性和全局性，在农村金融领域有一定的开创性。本课题深入探讨了农村合作金融、农村民间金融、农村政策性金融、农村小额信贷，以及新型农村金融体系的金融创新与法律规制问题等，对农村金融体系的制度创新进行了全方位的解析，其难度较大，视野较宽。

（2）定量研究民间金融和小额信贷绩效以及农村微观主体的借贷行为。本课题运用规范的计量经济学的方法，运用田野调查获得的一手数据，对民间金融和小额信贷在宏观经济和微观经济方面的绩效进行定量的研究，并获得有价值的计量结果。对农户和农村中小企业的借贷行为的定量研究，在已有文献中也比较少，在农村金融定量分析方面具有一定的开创性。

（3）农村金融立法方面的创新。从法律尤其是金融法的视角探讨农村金融法律框架是本课题研究较有特色之处，相信本课题会在这个领域做出有开创性的成果，而且这个层面的研究对我国未来的金融立法工作和农村金融监督管理工作也意义深远。立法上的创新和调整，是本课题的最终落脚点。

三、研究方法

（1）多学科交叉的综合研究模式。本课题综合运用经济学、法学、社会学、统计学、计量经济学、比较制度分析、经济史学、文化人类学等学科的方法和分析范式，对农村金融体系构建与机制创新进行了交叉学科研究，这在该领域具有一定的尝试性。

（2）基于问卷调查的实地调研和实证研究。本课题组在项目执行过程中，为获取第一手资料，在北京郊区、山西、浙江、贵州、安徽等东、中、西部地区进行实地调研，展开问卷调查和访谈，获得大量翔实数据和内部资料，目的是使得本研究在数据的可靠性、资料的翔实性以及权威性等方面在同类研究中具备领先性。

（3）定量研究和定性研究相结合的研究方法。在对农村民间金融、合作金融和小额信贷的研究过程中，一方面运用规范的计量经济学的方法和统计方法进行定量研究，同时又重视定性分析，注重分析各种不同农村金融主体的历史演变特征、制度结构特征和机制创新，将定量研究和定性研究紧密结合起来。

（4）国际比较研究的广阔视角。本课题贯穿国际比较研究的视角，总结概括了先进国家和地区在农村合作金融创新、农村民间金融规范化发展、农村政策性金融的机制设计、法律框架以及农村小额信贷立法方面的成功经验，对我国农村金融体系的构建提供了宝贵的国际借鉴；努力搜集国际上在农村金融改革与创新方面的资料数据，使课题研究具备国际视野。

（5）理论探讨和典型案例研究的紧密结合。本课题坚持经济理论研究和应用性研究相结合的原则，在进行理论探讨的同时，运用大量的案例研究增强研究的深度和实证性。本课题基于第一手资料和数据对民间金融、合作金融、小额信贷等进行案例研究，系统考察国内外的典型案例，结合个案的研究结论提出有价值的政策建议。

四、学术价值、理论意义和实践意义

农村金融改革滞后和农村金融立法问题长期以来成为制约农村经济发展的重要瓶颈因素，必须对农村金融体系进行系统性的体制变革、机制创新与法律创新。本课题通过问卷调查、抽样访谈、案例研究、计量统计、比较制度分析等科学方法，以系统论的视角考察农村金融体系改革，探讨新型农村金融体系构建中可操作性的法律框架和政策框架。

1. 本课题对于新型农村金融体系构建有重大实践意义

（1）本课题的研究将对解决农民借款难问题提供一个比较系统的思路和法律政策框架，从而缓解农村长期以来存在的资金外流和负投资的问题；

（2）本课题的研究对于提高农村中小企业融资效率和拓宽农村中小企业融资渠道将起到积极的推动作用，从而有利于农村产业结构转型和乡村工业化的发展；

（3）本课题的研究将对我国金融体制改革的总体框架设想提供实际的借鉴，有利于我国建立多元化竞争性的农村金融体系，从而提高农村金融体系的绩效；

（4）本课题的研究对金融监管与立法有重要意义，有助于立法部门制定适宜的农村金融机构监管政策和法律，填补立法空白，使金融监管部门有效地控制农村民间金融、合作金融和政策性金融的金融风险，加强风险防范；

（5）本课题的研究有利于各级政府选择合适的配套政策，支持农村金融体系的改革与发展，从而增大对于农村居民和农村中小企业的融资，也有助于地方政府采取正确的政策，引导本地区农村金融体系（包括乡村银行体系）的构建与升级。

2. 本课题对于农村金融领域的学术研究有重大理论意义

（1）对我国农户和农村中小企业借贷行为的实证研究，有助于理解农村金融的制度需求状况，从而为农村金融体系的构建奠定理论基础；

（2）对农村合作金融体系的实证研究，有助于理解我国信用合作社的内在属性和经营机制，从而为建立有效的内部治理机制和风险控制机制奠定基础，并寻求有效的改革路径；

（3）对农村民间金融的绩效和风险防范的实证研究，有助于学术界和决策部门理解民间金融的生成机理和运作机制，建立有效的风险防范机制和适宜的监管法律框架；

（4）对农村政策性金融体系的研究，特别是农村政策性贷款和农业政策性保

险的研究,有助于廓清农村政策性金融的运作机制和风险控制手段;

（5）对农村小额信贷的研究,有助于对小额信贷的利率生成机制、风险控制手段、客户甄别机制做出科学判断,为我国小额信贷立法和监管体系的建立奠定理论基础。

五、课题报告目录

第一章　引论:农村金融体系的制度需求与制度供给——理论与实证分析
一、引言:非均衡增长模式的调整、扩大内需与农村金融
二、双重二元金融结构和系统性负投资及其对农村发展的影响
三、城乡资金非均衡流动和农村长期经济增长:对负投资的计量分析
四、农户信贷意愿与信贷可及性及其影响因素的实证分析:基于11个省14个县市田野调查数据
五、对农户贷款需求和农村金融供给的进一步分析
六、改制与区域差异:东部与中西部农村金融供给的比较分析
七、本章结论:农村金融变革——消除二元金融结构、构建普惠金融体系

第二章　农村合作金融的内部治理结构、经营机制创新与合作金融立法
一、经典意义上的合作金融与全球合作金融制度演变
二、中国农村合作金融的异化与分化:产权结构、治理结构和运行机制
三、中国农村信用合作制度演进的基本争议和内在制度缺陷
四、中国农村信用合作体系的制度创新模式
五、国外农村合作金融的制度安排与立法框架借鉴
六、结论:中国合作金融的初步立法制度框架设想

第三章　农村民间金融的运作机制、经济绩效与规范化法律体系研究
一、我国民间金融的存在形式及其运行机制
二、我国民间金融存在的利弊:一般性分析
三、我国民间金融的宏观与微观经济绩效:实证分析
四、我国民间金融发展与风险防范的机制框架
五、我国台湾地区对民间金融的规范化经验与法律制度借鉴
六、结论:我国民间金融规范化的立法框架

第四章　农村政策性金融的机制创新、金融产品创新与法律框架
一、农村政策性金融的逻辑起点
二、我国农村政策性金融面临的制度需求
三、我国农村政策性金融的供给现状分析
四、我国农村政策性金融布局与制度创新的基本构想
五、结论:我国农村政策性金融的制度创新与立法框架

第五章　农村小额信贷发展模式、风险控制机制与立法监管框架：国际比较视角

一、引言：小额信贷机构的监管框架与国际实践

二、小额信贷机构的审慎监管及其监管工具

三、各国小额信贷监管模式的比较研究（一）：印度和其他南亚国家

四、各国小额信贷监管模式的比较研究（二）：南非

五、各国小额信贷监管模式的比较研究（三）：玻利维亚

六、各国小额信贷监管模式的比较研究（四）：俄罗斯

七、各国小额信贷监管模式的比较研究（五）：拉美地区

八、中国小额信贷立法和监管框架的初步设想

第六章　新型农村金融体系的金融创新与立法监管体系研究

一、农村金融市场开放的法律框架与绩效：央行和银监会比较

二、产权和治理结构约束、隐性担保与村镇银行信贷行为

三、民间小额信贷机构的法律地位与商业化趋势

四、农民资金互助组织的发展模式与监管法律框架

五、其他新型农民信用组织的发展及其法律规范与创新：以信用担保合作为例

六、结论：新型农村金融机构面临的制度约束和未来的法律创新

附录

欧盟共同农业政策的实施与改革对我国农业发展的启示

项 目 名 称：欧盟共同农业政策的实施与改革对我国农业发展的启示
项 目 来 源：教育部人文社会科学一般项目（项目号：08JA790004）
项 目 起 止 时 间：2008—2011 年
项 目 负 责 人：吴侨玲
项目组主要成员：乔乐
项目负责人所在系：国际经济与贸易系
项 目 成 果 形 式：论文

一、项目研究的目的和意义

1. 研究目的

农业不仅是我国的经济基础，也是第一大产业。从新中国成立到 20 世纪 80 年代初期，我国农业政策的目标是尽一切努力增加农产品的供应量，以保障城市居民获得稳定而低价的粮食供给。补贴政策是目前许多国家支持和保护农业的粮食安全政策。我国刚开始实行直接补贴政策，许多问题还处在探索之中。而欧盟的共同农业政策通过各种刺激手段和补贴措施提高农业从业人员的生产积极性，使其从过去世界上最大的农产品进口方变为世界上最大的农产品出口方之一。我国实行的直接补贴政策与发达国家相比，在补贴模式、环节、依据、标准的确定等方面仍然存在很大差异，这需要在借鉴欧盟做法的基础上结合实际不断完善我国的农业生产和补贴政策。

2. 研究意义

我们主要从欧盟共同农业政策的实施对解决粮食安全问题所起到重要作用的

角度进行分析研究,对这一问题进行研究在时下世界粮价攀升引起各国开始普遍关注粮食安全问题的时候显然具有非常重要的现实指导意义和深远的理论意义。根据研究的需要,在研究欧盟共同农业政策的改革方面,会特别关注欧盟新世纪以来的改革举措。欧盟共同农业政策的改革新方案更加重视环境保护,也改变了欧盟对农业的补贴方式,使欧盟共同农业政策由初期的以价格支持为主逐步转变为对农民收入的直接补贴,这是对共同农业政策的重大改革。我国农业政策的主要目标是追求农产品产量。随着社会经济发展和工业化程度的提高,我们要充分利用 WTO 关于"绿箱政策"和"黄箱政策"的规定,加大对农业基础设施、农业结构调整、环境保护、粮食安全储备和直接补贴等方面的投入,从而改善农业生产条件,提高农业综合生产力和国际竞争力,促进我国城乡经济的协调发展和农村的可持续发展。

二、研究成果的主要内容和重要观点或对策建议

研究成果之一的论文《欧盟农业生产者补贴的效应分析及对我国的启示》发表在《农业经济》2012 年第 3 期上。农业补贴是一国政府农业政策体系中最主要、最常用的政策工具,也是政府通过行政手段,使资源转移到农业领域,以支持本国农业的发展。目前发达国家普遍利用 WTO 规则对农业实施高额补贴政策,而中国农业总体上处于由负保护向正保护转变的状态。如何充分认识并利用各种补贴政策的效果,发展壮大我国农业,成为现阶段我国亟待解决的问题。

(一) 国内外研究综述

1. 农业补贴水平指标及其评价

农业补贴水平定量分析方面,国外先后有一系列测度农业保护水平的指标。1965 年,匈牙利学者 Bela Balassa 提出名义保护率(Nominal Rate of Protection,NRP),澳大利亚学者 W. M. Corden 提出有效保护率(Effective Rate of Protection,ERP),美国学者 T. Josling 在 1993 年提出了生产者补贴等值(Producer Subsidy Equivalent,PSE),2000 年,WTO 开发了农业国内支持总量 AMS(Aggregate Measurement of Support)方法体系。这些方法各具特点,而其中 OECD 的 PSE 方法将与农业政策相关的转移支付总量分为生产者支持等值(PSE)、消费者支持等值(CSE)和对农业部门一般服务支持等值(GSSE)三个类别,综合考虑了贸易保护措施和国内支持政策效应的影响,为世界银行、国际货币基金组织以及一些研究机构广泛采用。本研究的数据指标即是建立在 PSE 指标体系的基础上。

国内方面,1991 年,田维明计算分析了我国农业的生产补贴等值;随后,朱希刚等(1996)在《我国 1993 年和 1994 年农产品生产者补贴等值的测算》中,张莉琴(1996)在《我国农业政策对农业的有效保护效果分析》中,程国强(2000)在《WTO

农业规则与中国农业发展》中,通过计算农业生产补贴等值对我国农业的支持水平进行了测算,其结论是中国农业仍处于负保护局面。此外,朱希刚(1993)的研究发现,中国农产品的生产者补贴等值大多为负值,而消费者补贴等值则大多为正值,说明国家的农业政策收益应当从流通领域向生产领域转移。近年来,为了评估不同农业政策的效应,国内也有一些学者使用政策矩阵评估模型(Matrix Approach to Evaluating Policy)来综合评价各国具体农业支持政策对生产、消费、贸易及收入等产生的福利变化。本研究使用 PEM 模型,运用欧盟国家的数据对农业补贴政策理论和以上结果进行验证。

2. 农业生产者补贴政策:指标描述

农业支持水平评估指标体系可以分为贸易政策体系、国内支持政策体系和综合支持政策体系,由于本研究使用的是 OECD 研发的综合支持政策体系,因此着重对该体系指标进行说明。

3. 生产者支持估计量

生产者支持估计量(Producer Support Estimate,PSE)是指因实施农业支持政策造成农业生产者增加的货币价值。包括来自消费者或者纳税人的转移支付。根据 OECD 的分类,需要纳入 PSE 计算的农业支持政策按照其实施方式可以划分为以下八种类型:

(1)市场价格支持(Market Price Support,MPS)。由于实施农业政策,形成产品国内外市场价差,因此造成的农业生产者增收的货币价值。

(2)以产量确定的补贴支付(Payments Based on Output)。以当年产量为标准,按照当年与基期年份的差值给予的货币支付价值。

(3)以种植面积或动物头数确定的补贴支付(Payments Based on Area Planted/Animal Numbers)。以当年种植面积或动物头数为标准,按照当年与基期年份差值给予的货币支付价值。

(4)以过去实际给付确定的补贴支付(Payments Based on Historical Entitlements)。以过去支持水平、过去种植面积或养殖家畜头数等为标准,按照当年与基期年份的差值给予的货币支付价值。

(5)以生产要素用量确定的补贴支付(Payments Based on Input Use)。以固定或变动投入要素的使用为标准,按照当年与基期年份的差值给予的货币支付价值。

(6)配合限制生产要素用量的补贴支付(Payments Based on Input Constraints)。由于生产技术设限而限制某投入要素使用而向农业生产者实施的货币支付价值。

(7)以农业所得确定的补贴支付(Payments Based on Overall Farming Income)。衡量由于支付政策造成纳税人每年转移给农业生产者的价值的指标,按照当年与基期年份的差值给予的货币支付。

(8)其他给付(Miscellaneous Payments)。指无法区别产品类别、因素的农业货币实际价值。

4. 消费者支持估计量

所谓消费者支付估计量(Consumer Support Estimate, CSE)是指因实施农业支持政策造成转移给消费者的货币价值。包含来自农产品消费国生产者的转移支付、来自农产品进口国消费者的转移支付、来自政府的转移支付(为了抵消消费者因市场价格支持政策造成的损失)、来自下游产业的转移支付(超额饲料成本)。当CSE为正时,表明消费者得到纳税人或生产者的补贴。

5. 政府一般服务支持估计量

一般服务支持估计量衡量(General Service Support Estimate, GSSE)是指由于对农业部门实施一般性服务政策而引起的价值转移,包括由私人或公共部门向农业提供的一般服务,是针对农业总体的。

6. 欧盟农业生产者补贴政策效应:理论分析

(1)小麦的生产及供求特征。小麦市场具有农产品市场,尤其是粮食市场的一般特征,即完全竞争性、同质性和信息对称性,因此小麦作物的价格应由市场供求决定。同时,小麦作物属于基本生活资料,其价格的需求弹性很小,表现为其供给曲线的斜率很大;而且由于土地资源、种植技术的限制,作物的供给有一个上限值,到达上限时,小麦产品供给不再增大而价格将随着需求的增加不断上涨。

(2)间接补贴(价格支持政策)效应分析。[①] 分析价格支持政策对社会生产消费以及福利的影响时,本研究假设开放经济条件,分析对象为小麦出口国,事实上2000—2005年,欧盟一直是小麦的净出口国。

在价格支持政策下,农民的生产者价格获得了保证,农民的小麦生产量不会因为市场价格的波动而增减,而只是根据成本来确定。且在不考虑关税和基于产出支付的情况下,国内生产者价格和国内市场价格可认为相等。随着市场补贴水平的提高,国内生产者和消费者面临的价格都将上升,而根据粮食供求的价格弹性特征,国内生产增加同时消费量减少,因此出口量将大幅增加。出口量的增加将直接导致世界其他地区生产的增加和其市场价格的下降,以及世界其他地区小麦消费量的增加。

(二)欧盟农业生产者补贴政策效应

1. 直接补贴(基于面积的补贴)效应分析

(1)对市场资源配置的影响。市场价格支持政策和直接支付水平的提高均降低了国际市场价格,提高了国内外市场的生产,刺激了出口。两种政策的不同点是市场价格支持政策提高了国内价格,使国内市场消费量减少,而且由于国内生产增

[①] 本课题研究的主题是农业补贴政策,因此不考虑进出口关税。对于欧盟的实际状况,基于产出的支付只占整个农业补贴支付的5%以下,因此忽略不计。

加和消费减少同时发生,在市场价格支持增加条件下的出口增加量比直接支付增加更大。

(2) 对市场价格的影响。市场价格支持的提高引起国内价格的提高,国内消费的减少和国内生产的增加,以及国际价格的降低,使得国际生产和消费均提高;直接支付的提高引起国内外价格同时降低,刺激国内外的生产和消费。

(3) 对社会福利的影响。市场价格支持提高使得消费者剩余大幅减少,同时纳税人成本和生产者剩余增加;而直接支付的提高则会使消费者剩余、纳税人成本和生产者剩余同时增加。从生产者剩余的比较来看,直接支付提高对于增加农业生产者的收入更有效率。

综合实证结果中补贴收益和补贴成本可以发现,直接支付比价格支持政策有更高的补贴效率。在直接支付价格政策下,生产者真正得到的收益多,市场波动比较小。

2. 欧盟农业补贴机制演进的政策含义:对中国的启示

对欧盟农业补贴绩效的考察和实证研究,可以证明直接补贴比市场价格支持政策对市场的扭曲更小,福利损失更小,能更有效地补贴农业生产者。因此结合全球农业补贴政策的发展现状和趋势,我们可以得出以下三点结论:

(1) 降低直接支付水平、导入对农业支持的直接支付方式是全球农业补贴政策的大势所趋。欧美等发达国家的支付与补贴目标逐渐由流通环节转向生产环节,确保更大程度地发挥市场机制的作用,提高补贴效率。农业补贴方式逐年"绿化","黄箱"补贴比例逐渐缩减,愈来愈依赖"绿箱"政策对国内生产者进行支持。结合我国实际来看,更多的直接收入补贴能够为我国粮农市场化过程中受到冲击的农民提供直接补偿,通过收入分配做到帕累托改进;同时我国进行间接补贴的实施主体是国有粮食收储企业,政府按照其收购入库的粮食数量发放补贴。减少这一途径的补贴发放可以避免补贴过程中的效率损失,造成政府补贴和农民收入增加不对称;也可以减少由于实施者自身利益造成的寻租行为。直接收入补贴有利于环境保护目标,可以促进农业可持续发展。长期以来由于资源紧张,需求压力大,许多草场、林地等都被开垦用于粮食作物生产,对此类环境物品提供相应的农业直接补贴,可以打破"穷则垦、垦则荒、荒则穷"的恶性生态循环。

(2) 导入生产结构调整计划,日益重视科技、教育培训、环保等"绿箱"措施的作用。在欧盟共同农业政策的历次改革中,新的结构性措施不断被引入,使共同农业政策向着可持续发展的方向进步。1992 年,CAP 规定获得直接收入补贴的农民必须参加减少 15% 种植面积的生产结构调整计划,同时对耕地休耕给予每公顷 235 欧元的补助;2000 年共同农业政策通过改善提前退休制度,促进青年农民安置,优先发展落后地区经济,逐步消除地区间的不平等等措施,进一步加强了结构调整政策的力度。此外,欧盟还通过生态农业栽培补贴、私有林补贴及化肥、杀虫剂、灭草剂减少使用补贴来改善和保护环境,稳定农民收入;通过建立和发展农业合作组织为农民提供各种市场信息、销售、技术等方面的服务。通过以上措施,各种外部性较大而有利于农业长期可持续发展的行为补贴力度得到加强,农业生产和农业结构得到了保障。

(3)在通过"黄箱"变"绿箱"来"绿化"农业补贴的基础上,加强从"蓝箱"到"绿箱"的转变。欧盟"蓝箱"补贴政策使用颇多,为了使共同农业政策向市场化方向发展,欧盟更多的补贴政策不再与生产挂钩,但却与遵守环境、食品安全、动物健康和动物福利标准等方面的法规要求相连。如果农民没有很好地达到有关要求标准,则视情况按比例削减基于该农民的直接补贴。

总之,中国的农业补贴应当结构优化与流程改进并举,优化补贴结构、加大补贴力度、丰富补贴手段、健全农业补贴法规并设立合理的政策执行流程,保证宏观农业政策的稳定和有效性,提高资源配置的透明度。

三、成果的学术价值、应用价值,以及社会影响和效益

通过农业补贴促进农业发展是国际上普遍采取的做法,欧盟尤其关注这方面。应借鉴欧盟农业补贴政策调整的经验,完善我国农业补贴政策,促进农民增收,提高农产品竞争力以确保国家粮食安全。通过本课题的研究选择适合中国国情的农业支持和补贴政策具有重要的现实指导意义。

在WTO框架下,选择适合中国国情的农业支持和补贴政策,为我国农业补贴政策的调整提供确实可行的政策建议具有重要的学术价值和应用价值。

经济改革、经济增长与我国农村反贫困

项　目　名　称:经济改革、经济增长与我国农村反贫困
项　目　来　源:教育部人文社会科学规划项目(项目号:09YJA790005)
项目起止时间:2009—2011年
项　目　负　责　人:夏庆杰
项目组主要成员:宋丽娜、Simon Appleton
项目负责人所在系:经济学系
项　目　成　果　形　式:论文、研究报告、专著

一、项目研究的目的和意义

"贫穷不是社会主义。"(邓小平,1987)因而,判定中国经济改革成功与否的关键指标应该是三十多年来有多少贫困人口走出了绝对贫困陷阱。让一部分人先富起来作为激励制度的引擎,似乎扩大了收入分配差距,然而它所引发的经济高速增长究竟能否使大多数贫困人口摆脱贫困?市场机制究竟在多大程度上会为穷人谋来福利?什么样的扶贫政策,在多大程度上以政府为主导,或是以市场为主导,才能够长期有效地消除贫困?

中国的贫困问题主要存在于农村(Khan, 1998)。经济改革起步时(1980年),中国绝大多数农村人口(76%)生活在贫困线以下;快速的经济增长使中国农村贫困率到2001年时下降到12% (Ravallion & Chen,2007)。这是有史以来速度最快的贫困率下降。中国政府宣布提前实现了联合国设定的在2015年使贫困人口减少一半的千禧年减贫目标。面对这一惊人的减贫速度,人们不禁对到底是什么因素导致中国农村快速减贫有所疑问。

关于经济增长和贫困之间关系的争论由来已久。Kuznets(1955)认为:在经济

发展初期收入差距会扩大,经济增长对反贫困的作用会很小。到了20世纪70年代,Chenery et al. (1974)、Adelman & Morris (1973)、Fishlow (1972)以及Bardhan (1973)等均认为经济发展不是使贫困人口保持其贫困状况就是使他们的福利状况变得更差。然而到了20世纪80年代,关于经济增长和贫困之间关系的讨论开始转向另一面,即重新强调经济增长在减少贫困上的核心作用。根据对1960年以来一些国家经济增长和贫困数据的分析,Fields(2001)发现:平均而言,经济增长并没有对收入分配差距产生有规律的影响。根据大致相同的数据,Dollar & Kraay (2000)发现:经济增长会带来低收入者收入的增加。然而,这两个概括性的结论仅仅是建立在一些国家的平均数据基础之上,并没有形成"铁律"。实际上,正如巴西和东亚经济实体所表现出的截然相反的经验,某些国家的经验可能和以上结论相对立。

二、研究成果的主要内容和重要观点或对策建议

该研究项目的学术成果:

(1) 夏庆杰,L. Song,S. Appleton (2010),《经济增长与农村反贫困》,《经济学季刊》第9卷第3期,第851—870页。(论文被中国社会科学院工业经济研究所主办的英文学术刊物 China Economist(该刊物为美国经济学会 EconLit 学术期刊数据库刊物)翻译成英文发表。Qingjie Xia, L. Song, S. Appleton (2011), Economic Growth and Anti-Poverty in Rural China, China Economist, 6(2):52—63.)第一部分是问题的提出和文献综述;第二部分介绍了论文所使用的数据、贫困测算方法及其他研究方法;第三部分描述和分析了农村经济增长、收入差距、贫困及其在1988—2002年间的变化;第四部分首先用非参数分解方法考察了收入增长、收入分配及农户经济活动类别等因素的变化对绝对贫困率变化的影响,接下来使用由CHIP数据构造的以省为单位的面板数据和固定效应估计方法探讨了收入增长和收入分配变化对贫困变化的影响;第五部分给出了结论。

(2) 夏庆杰,L. Song,S. Appleton (2010),《经济转型期间中国农村贫困及收入决定因素的变化》,《社会科学战线》2010年第7期(总第181期),第42—56页。第一部分是简介和文献综述;第二部分介绍论文所使用的数据、对贫困测算的方法及计量经济学方法;第三部分使用 Probit 模型、普通最小二乘法和分位数回归等多元回归分析以在微观层次(即农户)上探究摆脱贫困和增加收入的决定因素及变化趋势;第四部分给出结论。

(3) 夏庆杰(2010),《劳动就业与反贫困问题研究》,北京:中国经济出版社,2010年3月版。在使用作者于1998年到辽宁省新民县对代表该县总体经济状况的九个村进行的450户农户入户随机抽样问卷调查数据的基础上,主要应用计量经济学方法考察了微观范围的劳动力就业选择、农户劳动经营回报、劳动力供给等问题。

三、主要结论

本研究利用 CHIP 调查数据,估计了 1988—2002 年间中国农村绝对贫困、收入差距的变化趋势及收入增长和收入分配变化对农村贫困的影响,考察了影响中国农户脱贫、增收的因素及其变化趋势。根据 CHIP 调查数据所绘制的贫困发生曲线表明,不论把绝对贫困线确定在哪里,在该时期内中国农村贫困都在显著下降。贫困指数分解和面板数据回归结果均显示收入增长是导致贫困下降的主要原因。多变量回归特别是分位数回归结果表明:农村劳动力教育水平的提高会增加处于各个收入水平上的农户的收入,而且这种重要性与日俱增;农户生产要素对农户减贫、增收的作用在不断缩减;农户企业家才能在增收上的作用逐年递增;在经济转型过程中,少数民族农户收入的增长速度快于汉族农户,少数民族农户特别是那些处于收入底层的少数民族农户分享到了中国经济增长的好处。

我国增值税转型对财政体系代际平衡状况的影响研究

项 目 名 称：我国增值税转型对财政体系代际平衡状况的影响研究
项 目 来 源：教育部人文社会科学研究项目（项目号：08JC790005）
项目起止时间：2009年1月—2011年12月
项 目 负 责 人：蒋云赟
项目组主要成员：袁诚、许云霄、崔巍
项目负责人所在系：财政学系
项 目 成 果 形 式：论文、研究报告

一、项目研究的目的和意义

增值税是我国的主体税种，30%以上的税收收入来自增值税，财政收入对增值税的依存度很高。另外，增值税转型对个人福利也有很大影响，作为第一大税种，增值税转型对城乡不同年龄、性别人群的税负有很大影响。2009年我国"增值税转型"在全国范围全面铺开后，允许企业购买的固定资产进行税前抵扣，但由于固定资产投资中的建筑安装等项目仍征收营业税无法进行税前抵扣，导致我国的增值税链条不完整，还无法实行真正的消费型增值税。因此，在增值税转型之后，增值税全面覆盖营业税的征税范围的"增值税扩围"改革是"十二五"财税体制改革的重点。因此我们需要一种科学的方法来定量地衡量不同的增值税转型和扩围方案对财政体系和对城乡不同年龄组、不同性别人群的影响。

本课题测算增值税和营业税城乡分年龄、性别人群的税负归属问题，并利用代际核算体系分析我国不同的增值税转型和增值税扩围方案对财政政策可持续性的影响。

二、研究成果的主要内容和重要观点或对策建议

本项目建立了中国的第一套代际核算体系,并用建立的代际核算体系来分析我国增值税转型和增值税扩围对财政政策的代际平衡状况和个人福利的影响。

本课题的核心内容包括:

(1) 当增值税由生产型转向消费型时,所有人群都将从转型中受益,但是城乡不同年龄和性别的人受益程度不同。核算结果表明城镇和农村人口的受益程度差异很大。40—50岁的城镇人口受益最大,例如48岁的城镇男性代际账户值会下降近25%,这说明如果增值税由生产型转为消费型,48岁的城镇男性在其剩余生命周期内净税支付额的现值会下降32%左右,从 -29 977元下降到 -39 757元。而60岁以上的农村人口受益最大,例如65岁的农村男性代际账户值会下降14.6%,从6 175元下降至5 273元,虽然下降的绝对数值会比对应年份的城镇人口小很多,但是下降的百分比与城镇老年人相比却很显著。这反映出我国农村人口承担的增值税比较难以被转嫁出去,这主要是由于农民消费的商品大多是生活必需品,这些生活必需品需求弹性较小,也较少地受到买方市场的影响,销售者很容易通过价格的提高将税收转嫁个农民,因此转为消费型的增值税后,农村老年人口受益程度会比较高。

(2) 我国增值税转型从东北地区开始,接着扩大到中部地区,采用逐步转型的方式就是担心过快的增值税转型对我国的财政体系有剧烈的影响,本课题用代际核算体系衡量增值税转型速度对财政政策的可持续性的影响。如果我们2005年立即允许所有缴纳增值税的行业进行固定资产抵扣,未来代与2005年出生一代的代际账户值的比率是2.3201,也就是未来代的负担将比现存代高132.01%;如果改革年份推迟一年,2006年再进行全面增值税转型,比率会下降到2.305,降低1.5个百分点;如果2007年进行改革,比率再下降2个百分点,到2.2849;如果我们拖到2040年再进行改革,比率会降至1.7653,与不改革的情形非常接近。因此我们发现增值税转型行业的选择对财政政策的代际平衡状况有较大的影响,而转型时间的早晚对财政政策的影响很微弱。

(3) 本课题模拟了增值税扩围后,原营业税应税行业分别采用10%、13%和17%的增值税税率对财政体系的影响。核算结果表明增值税扩围后,无论采用10%、13%还是17%的增值税税率,信息传输、计算机服务和软件业,住宿和餐饮业,租赁和商务服务业,居民服务和其他服务业,教育以及卫生,社会保险和社会福利业都不会对财政体系的代际平衡状况有太大影响。而建筑业、房地产业和金融业对财政体系的可持续性有较大影响。建筑业购入的原材料基本都是从增值税纳税人手中取得的,由于对建筑业课征营业税,就使得原材料中所含的已征增值税得不到抵扣而要全额缴纳营业税,破坏了增值税环环相扣的完整性,其内在制约机制

被明显削弱。增值税扩围后,建筑业由于抵扣项目的增加导致缴纳新增值税下降,会对财政体系的代际平衡状况有很大影响,我们可以看到未来代和2009年新出生一代代际账户值的比率从现状的1.4641上升至1.7125,提高了近25个百分点。我国目前金融业营业税税率为5%,加上城市建设维护费税(7%)和教育费附加(3%),名义税负为5.5%左右。但是金融业增值率高达63.33%,因此虽然增值税扩围后允许固定资产抵扣,但由于金融业固定资产投入低而增值率高,金融业的税负未必会下降,如果金融业采用17%的增值税税率,未来代与2009年新出生一代代际账户的比率会由当前的1.4641下降至1.2405,下降22个百分点。房地产业是所有行业里增值率最高的,高达70.41%,因此增值税扩围后,如果房地产业采用17%的增值税税率,会基本缓解我国财政体系目前的代际不平衡状况,未来代与2009年新出生一代代际账户的比率会由当前的1.4641下降至1.0792,代际平衡基本能够实现。

(4)本课题进一步比较建筑业、房地产业和金融业分别纳入增值税的征收范围,在17%的标准增值税税率下,对城乡分年龄、性别各代际账户值的影响。当建筑业的税负下降时,所有人的负担都将下降,但不同人群下降的程度不同。我们可以看到城镇和农村人口的税负增加差异很大。40—50岁的城镇人口税负提高最大,例如47岁的城镇男性代际账户值会下降近80%,而45岁的城镇女性代际账户值会下降20%,各年龄的农村人口代际账户值的下降较为平均,普遍在5%左右。而金融业和房地产业纳入增值税的征收范围会使所有人群的代际账户上升,总体来说房地产业使人们的代际账户值上升更快,并且房地产业使农村人口的代际账户值上升得更快,而金融业增加的大部分税负由城镇人口负担。

(5)我们在增值税扩围后可以在扩大征税范围的同时设计差别税率,以体现对不同行业的扶持策略。信息传输、计算机服务和软件业,住宿和餐饮业,租赁和商务服务业,教育,居民服务和其他服务业,卫生,社会保险和社会福利业对财政体系的可持续性不会有太大影响,我们可以考虑本着扶持服务业发展的轻税理念,对这些行业适用现行增值税税率或设定更低的税率水平。交通运输、仓储和邮政业对财政体系的代际平衡状况的影响也有限,如果采用10%的低税率,代际不平衡百分比会下降4个百分点,采用17%的增值税标准税率,可以使比率下降10个百分点,而为了使增值税扩围后交通运输、仓储和邮政业的负担不会增加太多,我们可以考虑采用13%的增值税优惠税率。而建筑业购入的原材料基本都是从增值税纳税人手中取得的,虽然把建筑业纳入增值税征税范围有利于增值税征税链条的完整,但是对财政体系的代际不平衡状况影响过大,应逐步推进。而金融业和房地产业纳入增值税的征收范围会缓和我国财政体系目前的代际不平衡状况,还有利于增值税抵扣链条的完整,可以考虑较早纳入增值税征税范围。

三、成果的学术价值、应用价值,以及社会影响和效益

本课题利用代际核算体系分析我国不同的增值税转型方案对财政政策可持续性的影响,以及增值税转型对城乡分年龄、性别人群的影响,课题设计了多种增值税转型方案,充分考虑了转型时的行业、时间和转嫁率的影响。我国目前还较少有增值税扩围对财政体系可持续性定量分析的研究,本课题模拟了各种可能的增值税扩围方案,重点考察了不同行业纳入增值税征收范围的影响。

全球化背景下人民币汇率政策与货币政策协调的微观基础理论与实证研究

项　目　名　称:	全球化背景下人民币汇率政策与货币政策协调的微观基础理论与实证研究
项　目　来　源:	教育部人文社会科学一般项目(项目号:10YJA790094)
项目起止时间:	2010—2013年
项　目　负　责　人:	李连发
项目组主要成员:	李连发、辛晓岱、李岳峰、张弛、修晶
项目负责人所在系:	金融学系
项目成果形式:	论文、研究报告、专著

一、项目研究的目的和意义

（1）理论意义:本课题在动态随机一般均衡(DSGE)模型中考虑不同企业定价方式(PCP和LCP)，分析汇率、贸易条件和利率等相对价格对通货膨胀和产出缺口之间关系(NKPC曲线)的影响。为有效地与数据分析相结合，理论研究将住户部门、企业部门、金融部门、政府部门的资产负债表联系在一起，运用合理的计量手段和其他数量分析方法，使得经验分析模型与我国实际经济情况尽可能地接近。

（2）实践意义:注重开放经济和经济发展阶段，与中国当前面临宏观调控的国内背景和国际背景结合是本项研究的特点。本项研究力图运用规范的经济学方法刻画和分析我国汇率与货币政策传导机制的方方面面，得出了具有参考价值的结论，有助于提高我国货币政策的科学性、有效性和针对性。

二、研究成果的主要内容和重要观点或对策建议

本课题为分析汇率政策和货币政策协调提供了一个建立在微观基础之上的分析框架。在这个框架内,本课题得出的关于汇率和货币政策协调及其政策传导机制最主要的结论包括:

(1) 在各国货币当局相互合作、履行承诺的条件下,如果产品采用生产者货币定价,不存在对本国产品的特别偏好,货币政策最终目标不包括汇率。在上述特定条件下,货币政策可不将汇率作为最终目标。这一结论在各国货币当局相互不合作条件下,或者在货币当局相机抉择条件下,或者在产品采用当地货币定价条件下,或者在对本国产品存在特别偏好的情况下,均有可能不再成立。在更为一般的条件下,使得社会福利实现最大化的货币政策最终目标需要考虑汇率指标。

(2) 在生产者货币定价条件下,假定存在中间产品贸易,一方面,汇率累计变化、外国中间产品价格和外国的产出缺口会影响本国通货膨胀;另一方面,本国的产出缺口将影响外国的通货膨胀。本国的产品缺口除了影响本国的通货膨胀以外,对外国具有溢出效应。外国中间产品价格和外国的产出缺口对本国也具有溢出效应。制定本国货币政策和汇率政策需要考虑这种溢出效应。

(3) 相机抉择条件下的货币当局应采取混合的最终目标。混合目标中包括的具体目标越多,在最优权重设定的情况下,越能够复制货币当局承诺条件下的货币政策惯性特征,与承诺条件下货币政策的状态最为接近。这意味着,汇率政策与货币政策的协调在货币当局相机抉择条件下比货币当局承诺条件下更加重要。

(4) 根据对最终消费、投资、进口和出口 GDP 平减价格指数的分别估算,估计出 1987 年以来的我国内部实际汇率。1994 年我国内部实际汇率较 1993 年大幅度提高了 298%,出口动机大幅度增强。1995—2004 年,我国内部实际汇率下降了 91%。2005 年汇率体制改革以后,名义汇率升值幅度明显,但我国内部实际汇率不仅没有下降,反而上升了,出口动机也有所增强。到 2008 年,根据内部实际汇率,贸易品价格相对非贸易品价格上升了 17%。

课题专著《中国货币政策与汇率政策微观基础研究》,分为两篇。理论篇包括七章。第一章考察国民账户体系、国际收支和国际投资头寸表、资金流量表、货币概览等宏观经济核算和金融规划体系的内容,涉及各部门资产负债相互关联。这种分析为课题的分析提供了背景和必要的框架准备。第二章抽象地假定只有一种商品,考察总量资源在各国之间的转移,而不考虑在某一时间点上相对价格的变动。这种假设有利于将分析的重点放在资源的跨期交易及其福利影响方面。第二章还从全球经济角度分析国际经常项目平衡的最新状况。第三章分析货币政策传导机制的目标端,讨论货币政策最终目标。假定各国货币当局相互合作,最大化共同加总的目标函数。第四章是针对货币政策传导机制的 DSGE 分析。依据企业黏

性定价的假定,推导出生产者货币定价条件下的新凯恩斯菲利普斯曲线。第五章分析中间产品国际贸易和新凯恩斯菲利普斯曲线 NKPC 之间的关系。第五章将各国通货膨胀和产出缺口联系起来,通过中间产品渠道考察各国相互之间的溢出效应。第六章分析我国经济发展阶段的多重目标,讨论我国货币政策和汇率政策协调的特殊背景。结论是,我国货币政策和汇率政策需要兼顾多重目标,要兼顾经济增长可持续性和稳健性目标。第七章构建了包含资产替代的世代交叠模型,考察资产替代条件下资产价格上涨和通货膨胀的形成条件及相互关系。

第二篇为实证篇,包括五章。第八章基于对国民账户体系各价格指数的计算,测量我国历年来内部实际汇率变化的状况。第九章分析外汇占款、银行资产负债与货币政策工具,给出了货币政策工具与银行资产负债的理论模型,还给出了各国货币政策工具对银行资产负债、资产价格、货币政策最终目标反应的实证分析,最后考察利率市场化。第十章和第十一章是货币政策传导机制微观基础的拓展。第十章分析货币政策与资本充足率管理的关系。第十一章通过构建动态银行部门模型,考察杠杆率、围绕正常水平波动的资产实际损失和资本对资产扩张的推动作用与金融危机之间的关系。第十二章给出的是货币当局承诺情况下的最终目标,通过模型和模拟分析,给出了央行在相机抉择的情况下选择混合最终目标的理由。

篇章结构如下:

前言

一、研究的出发点和方法

二、研究内容与主要结论

第一篇　理论篇

第一章　开放条件下国民经济和金融规划体系

一、国民账户体系

二、国际收支平衡和国际投资头寸表

三、资金流量表与货币概览

第二章　开放经济中的储蓄与投资

一、跨期交易的福利影响

二、世界利率水平的决定

三、全球各经济体经常项目的平衡状况

第三章　汇率与货币政策最终目标的理论分析

一、货币政策最终目标框架中的汇率

二、汇率、均衡数量与相对价格

三、汇率与货币政策最终目标福利分析

第四章　汇率与货币政策传导机制的理论分析

一、货币政策传导机制文献评述

二、汇率与货币政策传导机制分析的模型结构

三、生产者货币定价下的新凯恩斯菲利普斯曲线

第五章 汇率、货币政策传导与中间产品贸易

一、中间产品及最终产品

二、汇率、最终产品企业定价及新凯恩斯菲利普斯曲线

三、汇率、中间产品企业定价及新凯恩斯菲利普斯曲线

第六章 我国汇率政策与货币政策协调的特殊背景

一、我国经济发展新阶段的多元目标

二、多元经济目标统筹下的货币政策体系

三、多元经济目标统筹下的货币政策工具

第七章 世纪叠代模型中资产替代与通货膨胀

一、我国货币政策抉择的现实背景

二、资产替代框架内的通货膨胀和资产价格

三、资产替代条件下通货膨胀和资产价格过快上涨的风险

四、稳健货币政策的利弊权衡

第二篇 实证篇

第八章 实际汇率实证分析

一、外部实际汇率实证分析

二、基于数据的内部实际汇率分析方法

三、我国内部实际汇率的实证分析

四、汇率失调和贸易条件

第九章 外汇占款、银行与货币政策工具

一、外汇占款对货币政策工具操作的影响

二、银行资产负债与货币政策工具

三、货币政策短期利率对银行部门资产负债的反应

四、放开利率管制的影响分析

第十章 货币政策规则与资本充足率监管

一、文献和模型基本思路

二、关于利率规则和银行部门的静态模型分析

三、关于利率规则和银行部门的动态模拟分析

第十一章 银行资本与金融危机之间的关联分析

一、银行资本的功能

二、不完全预见性条件下银行资产过度扩张

三、均衡点之间调整路径的分析

四、政策建议

第十二章 相机抉择条件下的货币政策最终目标

一、相机抉择条件下不同最终目标的福利效果

二、相机抉择货币政策模型分析

三、承诺条件的货币政策与混合最终目标制

四、关于相机抉择最终目标制的模拟结果

附录一(第三章推导)

一、世界消费和产出的推导

二、相对消费、相对产出和汇率失调

三、消费与相对产出、总资产和汇率失调的关系

四、实际工资定价

五、资源有效配置时相对劳动(总劳动)和相对产出(总产出)的关系

六、价格波动、劳动和产出的关系

七、效用函数偏离状况的逼近

附录二(第四章推导)

一、替代弹性

二、消费支出权重和消费者价格指数

三、产品价格指数

四、工资指数和劳动需求

五、对数线性逼近初步

六、PCP 企业灵活调价

七、资源有效配置和最优补贴

八、PCP 企业和 LCP 企业黏性定价

九、关于市场均衡状态的推导

十、生产者价格定价与贸易平衡条件

十一、产出、消费和贸易条件

十二、生产者价格定价的 NKPC

附录三(第五章推导)

一、中间产品模型中企业产出之间的关系

二、最终产品企业黏性定价

三、基于最终产品黏性定价的 NKPC

四、中间产品企业黏性定价

五、基于中间产品黏性定价的 NKPC

附录四

一、关于经济体分类的说明

二、第七章第三节推导

三、第十章第三节推导

四、价格指数

三、成果的学术价值、应用价值,以及社会影响和效益

开放经济意味着一国资源能够借给其他国家使用。如果一国能从外部借到资源,这个国家的支出就可高于其所拥有的资源禀赋和生产能力;在随后的某个时间,这个国家需要偿还先前从其他国家所借的资源,导致其偿还时的支出低于其所拥有的资源。资源跨期跨境的使用和配置涉及利率、汇率、贸易条件等相对价格,与各国金融机构、货币当局、政府、住户部门、企业部门和国外部门的资产负债总量和结构密切相关。本课题考察利率、汇率、贸易条件等相对价格以及货币供应、信贷等数量与实体经济之间的相互影响,分析货币政策传导的规律,将理论分析与定量分析结合,使得结论的逻辑和实证支持较为可靠,为提高我国货币政策的科学性、有效性和针对性提供了参考。

新型医疗保障制度对农民工劳动地域选择的影响研究

项 目 名 称:新型医疗保障制度对农民工劳动地域选择的影响研究
项 目 来 源:教育部人文社会科学研究青年基金项目(项目号:10YJC790206)
项 目 起 止 时 间:2010年7月—2013年7月
项 目 负 责 人:秦雪征
项目组主要成员:李力行、锁凌燕、赵学民、洪波、郑直
项目负责人所在系:经济学系
项 目 成 果 形 式:论文

一、项目研究的目的和意义

(1)理论意义:作为西方经济学的重要分支,卫生经济学近几十年来在经济学领域日益受到重视。它以经济学的理论为基础,着重研究医疗卫生领域内的资源分配问题,并对卫生政策的建立和卫生体制的改革起着不可替代的指导作用。卫生经济学的一个重要研究命题是医疗保险与劳动力市场行为的关系,包括医疗保险与医疗保障对劳动者就业倾向的改变(Yelowitz,1995),对其劳动生产率的提升(Currie,2000),对其就医行为和健康状况的改善(Institute of Medicine,2000),对劳动力市场流动性的阻碍及"工作枷锁"效应(Madrian,1994),以及对其退休行为的影响(Rogowski,2000),等等。作为中国特有的农民工现象,大规模的流动人口离开户籍所在地前往工作城市就业并定期返乡,成为我国劳动力市场的一大特征。而新一轮医改把农民工群体正式纳入到医保范围内,其对劳动力市场流动行为的影响,将对卫生经济学理论研究带来新的挑战。迄今为止,国内外的专家尚未对此问题做出系统性的分析和研究。本课题将针对中国劳动力市场的特征,在卫生经

济学的"工作枷锁"模型和多重保险计划选择模型的基础上,提出自己的理论和实证模型,力争对这一领域的经济学理论有所突破,并为我国的相关政策制定提供理论基础。另外,在研究中所使用的数据(中国健康与营养调查,国务院城镇居民基本医疗保险试点评估入户调查数据,以及全国人口普查数据等)为最新的全国性的大型微观面板追踪调查数据,其所涵盖的信息囊括了农民工的个人及户籍所在地的重要变量信息。如此综合性的数据与前沿的计量经济学理论工具相结合,将使本课题的研究成果具备更深厚的理论价值。

(2) 实践意义:2009 年,党中央国务院颁布了《中共中央国务院关于深化医药卫生体制改革的意见》,为我国新一轮的医疗体制改革确定了总方针。《意见》重点强调了以推进基本医疗保障制度建设为首的五项重大改革。而改革所倡导的新型基本医疗保障体系主要是指以政府为主导的各类社会医疗保险形式,如城镇职工基本医疗保险、城镇居民基本医疗保险(简称"城居保")、新型农村合作医疗(简称"新农合")以及城乡医疗救助,分别覆盖城镇就业人口、城镇非就业人口、农村人口和城乡困难人群。对于广大离开家乡在城镇务工的农民工群体而言,此次医改及医疗保障制度的建立是一个巨大的福音。政策规定,对于广大参加城镇职工医保有困难的农民工,可以自愿选择参加城镇居民医保或户籍所在地的新型农村合作医疗。因此,在新型医疗保障体系之下,他们将第一次被正式纳入全国性的医疗保险计划中来,享受到医保所提供的种种服务。然而,农民工自身的双重参保资格必然会对其劳动就业地域的选择带来影响。一方面,自 2003 年开始逐步推行的新型农村合作医疗原则上要求农民工在原住地缴纳新型农村合作医疗保险费,并在原住地看病和报销。这种与户籍所在地绑定在一起的福利政策将可能对农民工的流动产生"拉回效应",促使一部分对医疗需求较高的农民工返乡。另一方面,自 2007 年起试行并在 2010 年即将开始普及的城镇居民基本医疗保险则规定农民工在城镇打工地即可享有医疗保障,从而对此流动群体形成了反向的"吸纳效应",促使更多的农村人口流向城镇。今后,当农民工可以在两种保险制度间进行选择甚至转换时,他们的劳动地域选择将受到收入、医保福利及其他多种复杂因素的影响,从而对我国的农民工政策和医疗保障政策的制定提出新的挑战。本研究将从理论与实证的角度,结合卫生经济学的分析模型与综合性的全国调研数据,着重探索新一轮医改对农民工的劳动力市场流动行为的影响,包括检测与度量新型农村合作医疗的"拉回效应"和城镇居民基本医疗保险的"吸纳效应",并从理论的高度探索两种医疗保险的双重参保资格将在多大程度上影响农民工的就业地域转换。相信本课题的定性与定量研究成果必将对我国推动新一轮医改及社会保障体系的建立起到重要的借鉴和启示作用。

二、研究成果的主要内容和重要观点或对策建议

1.《新农合对农村劳动力迁移的影响：基于全国性面板数据的分析》，发表于《中国农村经济》2011年第10期

内容摘要：自2003年开始逐步在中国农村地区推行的新型农村合作医疗制度为广大农村人口提供了基本的医疗保障。但是，由于该制度在异地参保与就诊方面的限制和歧视政策，使其对中国农村劳动力的跨城乡迁移产生了显著的影响。本文从新型农村合作医疗制度对劳动力流动的"枷锁效应"和对城镇农民工返乡的"拉回效应"出发，利用中国健康与营养调查数据，通过多种实证研究方法来检验该制度对农民就业地域选择的影响。结果显示，新型农村合作医疗制度的实施明显减弱了农村劳动力外出务工的倾向，农户参加新型农村合作医疗可使其外出务工的概率下降3.52%。同时，对于已经在城镇工作的农民工群体，新型农村合作医疗制度则显著增强了其返乡的意愿。因此，本文认为，该医疗保障制度在一定程度上阻碍了劳动力的自由流动，加速了"民工荒"现象的产生。

2.《医疗保险对我国农民工医疗与健康状况的影响》，发表于《经济研究工作论文》(WP221)

内容摘要：流动于城镇与农村之间的农民工群体一直是我国医疗保障覆盖的薄弱环节，他们的医疗与健康状况受到社会的日益关注。本文利用2007—2010年国务院城镇居民基本医疗保险试点评估入户调查数据，着重考察目前主要医疗保险政策在解决农民工"看病难、看病贵"问题上的实施效果。我们采用卫生经济学领域标准的3A(Accessibility, Affordability & Appropriateness)评估框架，尝试回答以下三个方面的问题：目前各主要医疗保险项目是否有助于减轻农民工的看病负担？是否有助于促进农民工对正规卫生服务资源的使用？是否有助于提高农民工群体的身体健康水平？结果显示，在控制参保行为的内生性后，城镇职工基本医疗保险和公费医疗在降低农民工门诊和住院费用自付比例、增加体检次数及改善健康状况等方面发挥了突出作用，而新型农村合作医疗、城镇居民基本医疗保险和商业健康保险则显著提高了农民工的健康意识和对预防性医疗服务的利用率。然而，由于门诊统筹机制的缺失和制度衔接的不完善，多数保险在减轻农民工实际就医负担以及引导其患病后合理就医等方面没有发挥应有的效果。我们由此对进一步深化医疗保障体制改革提出了政策建议。

3.《医疗保险对劳动力市场影响研究评述》，发表于《经济学动态》2011年第12期

内容摘要：逐步在城乡地区建立基本医疗保障制度是我国当前医疗体制改革的首要目标。随着医疗保险在我国的广泛推广，其对劳动力市场的供求双方将产生深远的影响。本文首次集中总结了近年来国外经济学文献中对医疗保险和劳动

力市场关系的研究,在劳动力流动、劳动力需求以及劳动者退休和储蓄行为等方面对相关学术观点进行梳理。我们总结发现,医疗保险与劳动就业的结合将对劳动力的横向与纵向流动、劳动者的退休和就业决策起到显著的干扰作用;同时,医疗保险有可能减少人们的预防性储蓄,并增加企业的生产成本,造成"工资—福利折中"等问题。结合我国实际,我们在帮助农民工参与社会保障、取消部门歧视、整合医疗保险平台等方面提出了政策建议。我们的综述分析将有助于读者更加全面地理解医疗保险的性质和作用,并将为我国社会保障制度的进一步完善提供理论基础。

4.《我国基本医疗保险制度的激励与监督机制:基于道德风险的分析》,发表于《技术经济与管理研究》2012年第4期

内容摘要:逐步在我国建立公平有效的基本医疗保障制度是当前医疗体制改革的首要目标。几年来,尽管我国在这方面取得了一定成绩,但为了防范广泛存在的道德风险,政府的不恰当措施却导致我国在医疗保险体制上出现了诸如门诊负担沉重、报销水平偏低、医疗成本控制过严和医疗保险基金挪用等严重问题。如何解决这些问题是本文研究的关键。我们从分析基本医疗保险的性质出发,集中论述了由共用资源和委托代理关系所引发的道德风险以及政府所面临的两难困境。最后,我们提出了相应的政策建议:政府应在放宽对参保人和医疗机构限制的基础上,通过构建合理的激励与监督机制来健全基本医疗保险体系。

5.《社会安全网、自我保险与商业保险:一个理论模型》,发表于《世界经济》2011年第10期

内容摘要:社会安全网作为现代社会保障体系的一部分,旨在为困难人口或受灾人群提供补偿性的救助,以缓解贫困、失业、疾病或灾难等对其造成的损失。然而,由于在风险承担功能上的近似性,社会安全网在一定条件下可能对私人的自我保险行为及商业保险需求产生"挤出效应"。本文在期望效用的分析框架下,将社会安全网、自我保险及商业保险引入统一的消费者保险需求模型,进而研究安全网对其他两种抗风险工具的需求影响。结果显示,"挤出效应"的存在条件与消费者面临的市场环境以及自我保险生产函数的特征等因素密切相关。在特定参数条件下,社会安全网的规模对个人保险需求可能产生"局部挤出"甚至"完全挤出"作用。本文在相关文献中首次采用综合探究三者关系的理论模型,我们的研究结果填补了相关领域的理论空缺,并为进一步评估社会安全网制度提供了新的方向。

三、成果的学术价值、应用价值,以及社会影响和效益

本项研究在经济学的分析框架下建立了包含城乡二元医疗保障制度和农民工劳动地域选择的理论和实证模型。在归纳梳理已有文献的基础上,系统性地研究了包括新型农村合作医疗和城镇居民基本医疗保险在内的新型医疗保障制度对农

民工城乡流动行为的影响。本研究填补了相关领域的理论空白,并为我国新一轮的医疗体制改革提供了理论基础。本研究表明,现行体制中与户籍所在地绑定的医疗福利政策将对农民工的流动产生显著的影响:农村地区新型农村合作医疗制度的推广和深化将对城镇农民工的返乡行为产生促进作用,而城镇地区城镇居民基本医疗保险和城镇居民基本医疗保险的普及又将加速农民工的市民化过程。本研究从理论与实证的角度,结合卫生经济学的分析模型与综合性的全国调研数据,验证了相应的"拉回效应"和"吸纳效应",并且论证了其对我国劳动力市场的影响及相应的政策解决方案。相信本课题的定性与定量研究成果必将对我国推动新一轮医改及社会保障体系的建立起到重要的借鉴和启示作用。

全球化对我国收入分配的影响：
基于近代历史(1840—1936)的研究

项　目　名　称：全球化对我国收入分配的影响：基于近代历史(1840—1936)的研究
项　目　来　源：教育部人文社会科学基金青年项目(项目号：09YJC790010)
项目起止时间：2010年1月—2012年12月
项　目　负　责　人：管汉晖
项目组主要成员：毛捷、张学勇
项目负责人所在系：经济学系
项　目　成　果　形　式：论文、专著

一、项目研究的目的和意义

　　利用长时段历史数据描述1840年前后我国劳动力工资和土地租金的演变趋势，通过研究全球化对我国近代要素相对价格的作用分析其对我国近代收入分配的效应。着眼于广泛查找历史资料，构建我国1840年以前及1840—1936年劳动力工资和土地租金比例的长时段数据，进而分析全球化对我国近代收入分配所起的作用。

　　构建时间序列回归方程分析全球化影响我国收入分配的机制。利用劳动力工资和土地租金、可耕地面积和劳动力(或人口)数量、农业劳动生产率、工业生产率、农产品和工业品的相对价格等数据，以1840年为界，分别研究1840年以前和1840年以后影响工资—租金比例(Wage/Rent)的各种因素，分析全球化对我国近代收入分配的影响机制。

　　利用中国近代从相对封闭到开放的经历作为历史试验，通过分析全球化对我国要素相对价格的影响，对新古典贸易理论的基本定理进行直接检验。

基于以上研究结论,系统论述和定量分析全球化对我国近代收入分配的影响,并结合 1978 年改革开放后我国再次融入全球化的经历,从历史中总结出全球化对我国收入分配的效应,为今天的政策选择提供借鉴和启示。

二、研究成果的主要内容

本课题着眼于广泛查找历史资料,构建我国 1840 年以前及 1840—1936 年劳动力工资和土地租金比例的长时段数据,进而分析全球化对我国近代收入分配所起的作用。例如,Wage/Rent 在鸦片战争之前的封闭时期和鸦片战争之后的开放时期是否如理论所预期的那样发生逆转?如果逆转,有哪些因素导致其发生?如果没有逆转,其背后的原因是什么?中国近代熟练劳动力和非熟练劳动力的工资差别有多大,其中有多少是因为全球化而导致的?

利用中国近代从相对封闭到开放的经历作为历史试验,通过分析全球化对我国要素相对价格的影响,对新古典贸易理论的基本定理进行直接检验。鸦片战争前我国是劳动力丰裕而土地相对稀缺的国家,Wage/Rent 长期应该呈现下降趋势。鸦片战争后,因为中国劳动力有比较优势,应该出口劳动密集型产品,且出口产品中密集使用的要素的均衡相对价格会上升,因而劳动力工资相对于其他要素的价格会上升。如果 Wage/Rent 在鸦片战争后发生逆转,则新古典贸易理论的基本结论,特别是 Heckscher-Ohlin 定理和 Stolper-Samuelson 定理在中国的情形中可以得到直接检验。

三、成果的学术价值

通过长时段历史数据研究收入分配格局的演变,是经济学的一个重要研究领域,也是国际学术界目前最前沿的研究领域之一,美国经济学家 Saez 因为对美国 1913—1998 年收入分配长期趋势及各种影响收入分配因素的研究获得 2009 年克拉克奖,Lindert and Williamson 对 15 世纪末哥伦布发现新大陆以来全球化对各国收入不平等的效应进行了较系统的研究。本课题结合上述两方面的研究趋势,系统收集和整理我国鸦片战争前后的工资、物价(包括地价)、收入等数据,利用历史数据研究我国长期收入分配的变化趋势及影响因素。

本课题的理论价值在于通过描述 1840 年前及 1840—1936 年 Wage/Rent 的长期演变趋势,第一次利用长时段历史数据研究 1840—1936 年全球化对我国收入分配的效应,并深入分析全球化影响我国收入分配的内在机制。在上述对 1840 年前后要素相对价格变化趋势研究的基础上,以鸦片战争前后我国从相对封闭的经济到被迫完全开放的历史作为自然试验,对新古典贸易理论的基本定理进行直接检验。本课题的实际应用价值在于研究全球化对我国历史上收入分配的效应和作用机制,为今天的收入分配政策调整提供借鉴。

北京市哲学社会科学基金项目

上市公司增资扩股机制及风险控制研究

项　目　名　称：上市公司增资扩股机制及风险控制研究
项　目　来　源：北京市哲学社会科学"十五"规划重点项目（项目号：01BJBJG006）
项目起止时间：2001—2003 年
项　目　负　责　人：李心愉
项目组主要成员：李心愉、曹杰存
项目负责人所在系：风险管理与保险学系
项　目　成　果　形　式：研究报告
项　目　获　奖　情　况：北京市哲学社会科学"十五"规划优秀成果奖

一、项目研究的目的和意义

（1）理论意义：本课题对于中国证券二级市场的融资机制及资金使用效率、上市企业及投资者的风险和收益的研究，丰富了公司融资理论。

（2）实践意义：本课题的研究结论对于如何更好地发挥证券市场的融资和再融资功能，进一步促进中国证券市场及上市公司的发展具有很好的借鉴意义。

二、研究成果的主要内容和重要观点或对策建议

1. 中国证券市场完善了资本市场的融资和再融资结构，促进了现代企业制度的发展

中国的证券市场起始于改革开放的试点。在深圳和上海最先建立两个地方性的证券交易所时，上市的大多是一些当地的公司。经过十年的发展，这两个市场已

经成为全国性的证券市场,成为中国现代经济生活中不可或缺的组成部分。中国政策证券市场的建立和发展可以说是中国改革开放的一个转折点,标志着中国真正进入了以股份制为特征的现代企业制度的时代。虽然中国的股份制改造和证券市场的发展是在一个渐进的过程中进行的,但从总体上看,这是一次非常成功的运作。它既发挥了证券市场在中国建立现代企业制度中的积极作用,又完善了资本市场的融资和再融资结构,这种积极作用主要体现在以下三个方面:

其一,证券市场的发展促进了以股份制为特征的现代企业制度在中国的发展,为股份制企业的迅速发展壮大提供了可能。改革开放以前,国营企业是中国经济的主体。改革开放的一大特征,就是使以股份制为特征的现代企业制度成为中国当代经济的主流,因而使中国经济发生了翻天覆地的巨变。

其二,证券市场的融资机制为优秀上市公司的发展提供资金,为企业形成合理的资本结构创造了条件。按照现代资本结构理论,企业融资结构包括内部融资、债券融资和股票融资。中国的上市公司大多数是由计划经济时代的国营企业经股份制改造而成的。在计划经济体制下,企业利润上缴,使用资金靠财政拨款。改革开放后,融资方式经历了从国家财政拨款到银行贷款的变化过程。证券市场的开放和发展则为企业融资提供了一条新的融通股权资本的渠道,有了证券市场,中国的企业才开始真正形成现代意义上的融资结构,为企业的发展提供了大量资金。

其三,证券市场的融资机制为上市公司的发展、转型提供了市场导向,促进了整个国民经济产业结构的自然调整。合乎理性的投资者进行股票投资的直接目的有两个,一是期望通过分红获得投资收益,二是期望通过股价上升获取资本利得。导致公司股票价格上升有多方面的原因,但是从根本上说,主要还是上市公司的业绩和成长性,而上市公司的业绩和成长性则又与行业的成长性密切相关。那些具有高成长的行业,自然受到投资者的青睐,资金在市场上的不断流动,客观上为上市公司转型提供了市场导向,驱使企业为了追求价值增长而进行主营业务的调整。

其四,证券市场使大批企业成为公众公司,资金在市场上的自由流动加速了企业优胜劣汰的过程。资金在证券市场上的不断流动,客观上为市场价值较大的公司利用二级市场配股融资创造了有利条件,依靠市场上投资者的支持使公司价值不断增加。而那些经营业绩不好的企业得不到投资者的支持,不可能通过证券市场再融资获得经营所需要的资金,最终只有两个出路,一是退市,二是重组。重组避免了淘汰出局,但却是有代价的,如果重组不能给参与重组的公司带来利益,不能使未来的现金流量有较大的增加,不能提升公司的价值,重组就没有意义,也没有公司愿意参与重组,最终只能被淘汰出局。

2. 中国证券市场融资资金使用效率有待提高

上市公司通过配股融资的最终目的是要提高公司的价值,上市公司经过配股获取资本后,无论是投资于新项目还是用于改善公司财务状况,都应该对公司的经营业绩、财务状况和股价产生积极的影响。那么,中国证券二级市场上配股增资在事实上对企业产生了哪些影响呢?

我们选择了 127 个 1998 年在深圳和上海证券交易所进行配股的上市公司,以反映配股资金使用效率的股东权益增长率为被解释变量,以分别反映配股后公司经营业绩、财务状况、股价变动以及配股融资规模的 8 个财务指标为解释变量。作为解释变量的 8 个财务指标是:主营业务收入增长率 X_1、主营业务利润增长率 X_2、每股利润增长率 X_3、每股净资产变化率 X_4、资产负债率变化率 X_5、主营业务利润率变化率 X_6、净资产收益率变化率 X_7、股价变化率 X_8,根据以上变量建立多元回归模型如下:

$$Y = \beta_0 + \beta_1 X_1 + \beta_2 X_2 + \beta_3 X_3 + \beta_4 X_4 + \beta_5 X_5 + \beta_6 X_6 + \beta_7 X_7 + \beta_8 X_8 \quad (1)$$

选取统计分析软件 Eviews 2.0 及 Excel 用 127 个上市公司的数据对上述模型进行回归分析和检验,以反映配股融资规模与各项财务指标之间的关系。

对回归方程(1)进行回归分析的结果表明,回归方程通过了显著性水平为 95% 的 F 检验,从杜宾统计值看,8 个作为自变量的财务指标间并不存在明显的自相关关系。这说明从总体上看,配股融资对上市公司的财务状况是有影响的。然而,并不是每一个财务指标与配股都是显著相关的。为了进一步分析配股融资的影响,我们将未通过检验的变量剔除,仅选取已通过检验的 4 个解释变量重新建立回归模型如下:

$$Y = \beta_0 + \beta_1 X_1 + \beta_3 X_3 + \beta_4 X_4 + \beta_7 X_7 \quad (2)$$

为方便与回归模型(1)检验结果对比,模型(2)中的参数和变量都保持模型(1)中的表述和定义。对回归模型(2)进行回归分析和检验的结果表明回归方程和 4 个变量都分别通过了 F 检验、T 检验、杜宾检验等多项检验。

通过对回归方程(1)和回归方程(2)的对比,可以得到结论,我国上市公司配股融资对促进主营业务收入增长、每股净资产的增加产生了积极的作用,但对于每股收益和净资产收益率所产生的影响并不理想,每股收益和净资产收益率并没有随着配股融资的规模增加而增长,而是表现出一种随着配股融资规模增加而下降的负相关关系。

从回归系数看,4 个解释变量中,主营业务收入与配股融资规模的关系最密切,即随着配股融资规模的扩大,主营业务收入也相应增长。这反映出配股融资的资金流向主要还是用于扩大生产规模,增加主业。但配股融资的资金使用效率究竟怎样,还要进一步通过其他的 7 个变量的表现来说明。变量 X_3(每股收益增长率)和 X_7(净资产收益率变化率)是反映经营业绩的重要财务指标,可以很好地说明配股资金的使用效率,这两个指标都通过了回归检验,说明配股融资的规模对经营业绩是产生影响的。但从回归系数看,这两个变量与配股融资呈现出的却是负相关关系,即随着配股融资规模的增加,每股收益增长率和净资产收益率变化率逐渐下降。很显然,这两个财务指标与配股之间的关系说明配股融资资金的使用效率有问题。

从没有通过检验的变量看:主营业务利润增长率、主营业务利润率变动率和平均股价变动率都与公司的配股融资没有必然的联系。这也从另一个角度说明,配股融资的资金对于改善上市公司的经营业绩没有起到应有的作用。

直观上看,回归结果中与上述分析发生矛盾的唯一变量是 X_4 ——每股净资产变化率。每股净资产变化率不仅通过了显著性检验,而且从回归系数看,配股融资对每股净资产的影响是正向的,即每股净资产随着配股融资规模的扩大而增加。解释这个问题,需要对每股净资产进行更加深入的剖析。

影响每股净资产高低的因素除了反映经营业绩的利润率外,还有一个很重要的因素,就是股利分配政策的变化。在生产规模扩大,主营业务收入增加,主营业务利润并没有同步增加,甚至可能下降的情况下,如果公司改变了股利分配政策,减少了股利发放,那么,每股净资产仍有可能增长。在我国,上市公司普遍存在不分红、少分红的情况。表1中1999年上市公司分配状况及表2中上市公司股利发放率的统计数据可以证明这一状况。

表1 1999年度上市公司分配状况

分配方式	公司数量	比例(%)
不分配(其中:配股)	174(46)	54.89(14.51)
送股、转增股本(其中:配股)	43(12)	13.57(3.79)
派现+配、送、转	100	31.54
其中:派现	61	19.24
配股	24	7.57
送股	4	1.26
送股、转增股本	6	1.89
送股、转增股本、配股	5	1.58
合计	317	100

表2 中国上市公司股利发放率统计表(1994—1999)

年份	1994	1995	1996	1997	1998	1999
股利发放率(D/EPS)	38.1%	27.03%	9.26%	40.54%	27.7%	26.42%

上述所有检验和分析结果都使我们得出一个结论:总体上看,我国上市公司配股资金并没有发挥应有的效益,配股资金使用效率着实堪忧。

根据上述实证分析的结果,联系我国上市公司在配股增资过程中所出现的种种反常现象,通过进一步深入研究,我们得出如下几点结论:

第一,配股是我国上市公司融资的主要形式。我国的上市公司大多数是由计划经济时代的国有企业经股份制改造而成,由于历史的原因,这些公司在上市前,融资方式经历了从国家财政拨款到银行贷款的变化过程,因此一般都具有较高的资产负债率。虽然公司为了获得上市资格,资产负债率较未上市的同行业国有企业有所降低,但利用债务融资的空间已很有限,在这种状况下,公司上市后再融资的主要方式就必然在很大程度上依靠配股及增发新股。本研究开始所列举的数据足以说明配股作为一种重要的筹资方式在上市公司融资中所起的重要作用。

第二,规模大、成本低是上市公司偏好配股融资的直接原因。根据公司财务理论,各种融资方式中,发行普通股融资的成本最高,发行债务的资本成本最低,再考虑资本市场上公司融资行为的信息传递效应后,企业融资的顺序一般是:内部融资—债券融资—股票融资,然而在我国,由于种种原因,配股融资的成本却低于债务融资的成本。有研究表明,综合考虑股利支付状况、股票发行费用以及配股融资对公司控制权的影响等因素后,在我国配股融资的成本仅为 2.42% 左右;而目前债务融资的成本如下:三年期、五年期企业债券的利率最高限分别是 3.78% 和 4.032%,一年期借款的年利率为 5.85%,三年期借款的年利率为 5.94%,五年期借款的年利率为 6.03%,再考虑债务融资带来的破产成本、预算硬约束等,公司理性的选择显然是配股再融资。

第三,放弃配股权是配股融资中大股东侵犯中小股东利益的"合法途径"。在大股东的操纵下,一些上市公司一方面通过操纵盈余、制造虚假财务报表来满足配股条件,另一方面又在通过配股方案后,放弃配股权或通过转配股无偿合法地从中小股东手中转移了资金。因为当股价被严重高估时,可能出现即使配股价低于市场价,但仍高于实际价值的情况。这时倘若有部分人不参加配股,那么参加配股的股东将蒙受损失。我国股市股价居高,国家股的大股东同意配股,又不参加配股,或者出让配股权,这实际上是在侵害其他股东的利益。据统计,1998 年上半年应配股 20.82 亿股,实际只配售 15.69 亿股,仅占应配股份的 75.36%。1999 年上半年有 32 家公司配股,应配股 22.71 亿股,实际只配售 15.2 亿股,占应配股份的 66.93%。2000 年上半年应配股份 47.75 亿股,但是实际只配售 19.34 亿股,占应配股份的 40.50%。大股东们一方面放弃配股,另一方面通过关联交易将配股资金转移到自己手里。事实上,配股机制已经成为这些大股东合法圈钱的途径。

第四,任意更改募集资金投向是上市公司重筹资轻使用的表现。上市公司在募集资金后更改资金用途的现象在配股融资中十分普遍。上海证券信息有限公司统计资料显示,2000 年以来,已有 220 家左右的上市公司变更了募集资金投向,其中近 90 家上市公司是配股融资的公司。而 2001 年以来上市公司变更募资投向的浪潮更是一浪高过一浪。据不完全统计,上半年有 122 家上市公司变更了募资投向,其中变更配股资金投向的公司比例达 36%,募资变更超过 1 亿元的有 47 家,3 亿元以上的有 5 家,其中变更资金额最高的达 7.36 亿元,平均每家变更募资量为 1.09 亿元,约占筹资额的 20% 以上。在两年内改变募资资金投向的达 40%,一年内改变的也在 10% 以上,变更速度最快的是在上市前 3 天。而募集资金投向一般改变为或用于补充公司流动资金,或用于委托理财,或干脆作为现金闲置不用。上市公司如此轻易更改资金用途的现象,说明配股融资的目的并不像公司配股说明那样是为了技术更新改造,为了投资于有发展前景的项目,而仅仅是为了"圈钱"。为"圈钱"而筹资,当然谈不上重视资金的使用效率。

第五,制度和体制缺陷是上市公司配股资金使用效率低的最根本原因。我国上市公司企业制度和内部治理结构的缺陷以及宏观经济制度、市场环境的不完善是引起上述种种现象,导致配股资金使用效率低下的最根本原因。虽然我国上市公司在上市前都完成了股份制改造,但大多数脱胎于国有大中型企业,改制后仍存在一股独大、所有者缺位、公司法人产权不明晰的问题。因此,虽然表面上完成了改制,但是公司的治理结构、经营思想、管理机制和企业文化等都没有发生真正的变化。企业内部和外部的、历史的和现实的种种原因,导致资金短缺成为制约企业发展的瓶颈,也导致公司上市的主要目的就是利用股市圈钱,以暂时解决公司面临的各种困境。而公司获取资金后,又由于缺乏对于融资资金使用效率的约束机制,缺乏有效使用资金的经营机制,自然很容易地就走上了"重融资,轻使用"的轨道。而当市场环境不成熟,制度不健全时,这种"重融资,轻使用"的利益驱动进一步得到充分的发挥。

目前我国的配股制度和监管制度缺乏对配股资金使用效率的约束。1999年以前,我国对上市公司的配股几乎没有限制,1999年以后,配股制度有所健全,对上市公司过去的经营业绩、两次配股的时间间隔做了规定,但从整体上看,各项规定仍属于软约束,上市公司可以很轻易地避开这些规定,使得这些规定形同虚设。而对配股融资后资金的使用几乎没有硬约束。因此,上市公司为了获得配股资金,虚构项目,在获取资金后,又轻易地通过股东大会决议或董事会决议来更改投资方向。另外,由于控股的国有股和法人股不能流通,没有明确的市场价值,二级市场上股票价格的涨跌对公司的大股东和经营决策者没有直接利益影响,所以他们并不重视配股后市场上股价的表现。既然通过配股进行融资,一方面大股东可以通过实物交纳配股资金,或通过放弃配股权、转配股,避免了缴纳大量的资金却又不丧失控股权;另一方面又通过中小股东交纳的配股资金满足了融资需求,而且无须担心股价在股市的表现,所以在大股东的操纵下,上市公司有获取配股资金的动力,却没有用好资金的能力和约束力,最终导致配股机制扭曲,配股资金使用效率低下。

3. 政策建议

(1)证券市场不应该是为不良企业提供解困资金的场所,而应该是为有前景的企业提供更好的发展条件的平台;

(2)配股制度和监管制度仍应强化对配股资金使用效率的约束;

(3)应加强对配股融资中大股东通过种种途径侵犯中小股东利益的监管;

(4)应该进一步加强上市公司制度和体制的改革及建设,企业的产权关系应该明晰,股权结构应该合理;

(5)控制风险和增加收益应成为证券市场的主题;

(6)应重视证券市场对国民经济的推动作用。

加入 WTO 对首都保险业的影响及风险管理研究

项　目　名　称：加入 WTO 对首都保险业的影响及风险管理研究
项　目　来　源：北京市哲学社会科学"十五"规划项目（项目号：01BJBJG002）
项 目 起 止 时 间：2001—2004 年
项　目　负　责　人：刘新立
项 目 组 主 要 成 员：刘新立
项目负责人所在系：风险管理与保险学系
项　目　成　果　形　式：专著

一、项目研究的目的和意义

在中国加入 WTO 以及五年过渡期结束后的几年内，尚处于初级发展阶段的中国保险业面临着前所未有的机遇与风险。保险业作为金融行业的一部分，其独特的风险分散和社会管理功能是完成经济转型的重要桥梁和纽带之一，它的发展对于中国经济的发展有着十分重要的意义。关于加入 WTO 对保险业的影响，以及过渡期结束后保险业面临的机遇与挑战，国内外绝大多数研究是针对整个中国的保险市场，但是，对一个城市，特别是北京这样一个正向一流国际大都市迈进的首都城市，对外开放对其保险业的影响的研究却非常少见。作为中国首都的北京，因其独特的政治、经济、文化特点，其保险业的发展在对外开放之后的变化不仅会影响到北京的经济发展，而且还会对整个中国保险业形成一定的影响。本研究针对北京保险市场的特点，研究了对外开放下北京保险业面临的风险与风险管理，具有很强的理论与现实意义。

二、研究成果的主要内容和重要观点或对策建议

本研究分为四部分。第一部分从对外开放下中国保险业的发展这个大背景入手进行了讨论,评述了对外开放背景下中国保险业的发展状况,对中国保险业的供需及其影响因素进行了分析。这一部分为后面针对北京市的研究做了很好的铺垫。第二部分集中于北京市保险业发展的背景以及市场供求。讨论了与保险业发展有关的北京市的各类经济指标,包括总量经济指标、居民收入与支出、居民消费价格指数等,并分别讨论了北京保险市场的供给与需求。在供给方面,从供给主体、业务总量、寿险公司业务和财险公司业务等方面阐述了北京保险市场的供给现状,对其发展特点进行了分析,并指出当前存在的问题。在需求方面,除了对北京市民消费的特点进行论述之外,主要分析了课题组对保险需求所做的调查,通过对第一手资料的分析,从基本情况、风险意识、保险购买情况等角度总结了北京市民保险需求的状况。第三部分在前面两部分的基础上,对北京寿险业、产险业以及保险中介面临的风险进行了深入分析。对北京寿险业,研究从竞争风险、信誉风险、经营风险、人力资源风险、技术风险、价格风险、政策风险以及消费行为影响因素的波动带来的风险这八个角度进行了剖析;对北京产险业,从竞争风险、价格风险、经营风险、法律风险以及政策风险这五个角度进行了分析;对北京保险中介,则从竞争风险、信誉风险和经营风险三个角度进行了讨论。寿险业、产险业和作为保险公司和消费者桥梁的保险中介,面临的风险有共同之处,也有各自不同的特点,这一部分对这些风险的分析充分结合了各自不同的业务特点和发展趋势。第四部分是风险管理措施。由于一个行业的风险管理需要各方面的力量共同配合完成,因此,这部分从微观和中观两方面进行了讨论,在微观层面上,对以营销为主的市级保险分公司的风险管理进行了探讨;在中观层面上,对监管者和行业协会的措施进行了探讨。最后,课题组还从比较分析的角度,完成了对台湾保险市场开放过程以及外资进入对台湾保险市场影响的研究,希望能为北京保险市场开放后的竞争理念带来一些启示。

篇章结构如下:
前言
第1章 对外开放与中国保险业的发展
一、入世规则的比较分析
二、中国保险业的发展现状
三、中国保险业的发展特点及存在的主要问题
第2章 对外开放背景下中国保险业的供需分析
一、保险需求的性质与决定因素
二、影响中国保险需求的现实因素

三、保险供给的性质与决定因素

四、对外开放下中国保险市场的供给特点

第3章　保险业与北京经济发展

一、概述

二、对北京各类经济指标的分析

第4章　北京保险市场供给分析

一、北京保险市场的供给现状

二、北京保险市场供给的发展特点

三、存在的问题

第5章　北京保险市场的需求分析——基于调查问卷的讨论

一、北京市民消费的主要特点

二、调查对象与问卷

三、调查结果

四、调查结果分析

第6章　开放背景下北京寿险业的风险分析

一、竞争风险

二、信誉风险

三、经营风险

四、人力资源风险

五、技术风险

六、价格风险

七、政策风险

八、消费行为影响因素的波动带来的风险

第7章　开放背景下北京产险业的风险分析

一、竞争风险

二、价格风险

三、经营风险

四、法律风险

五、政策风险

第8章　开放背景下北京保险中介的风险分析

一、北京市保险中介市场概况

二、竞争风险

三、信誉风险

四、经营风险

第9章　北京保险业的风险管理——保险公司视角

一、人力资源管理

二、营销模式管理
三、市场培育
第 10 章　北京保险业的风险管理——监管者和行业协会的视角
一、完善保险监管机制
二、保险行业协会的功能与模式
三、中国保险行业协会运作的特点与不足
四、北京保险行业协会的现状
五、发挥行业协会信息交流和自律职能
附录 1　服务贸易总协定
附录 2　台湾保险市场的开放历程及对大陆保险市场开放的启示
附录 3　政策因素对台湾保险市场规模的影响——保险费收入模型分析

三、成果的学术价值、应用价值，以及社会影响和效益

本课题研究的内容具有较高的学术水平、理论价值和实际应用价值。为了取得第一手资料，课题组设计了针对北京保险市场消费者的调查问卷，通过对调查结果的分析，得出了非常有价值的结论。由于研究对象具有很强的针对性，使得所提建议有很强的实用效果。

对外开放的背景将中国保险业置于一个新的境地，使之前所未有地受到国际、本国政府以及本国其他行业的影响，在"世界—中国—首都"这样一个近似"面、线、点"的结构中，处在"点"位置上的首都保险业将会面临世界与民族、多元与一元的融合，与之相伴随的是许多难以预测的风险，如何认清这些风险，如何对其进行科学的评估并及早制定应对措施，是北京保险业能否稳步渡过对外开放最初的几年并在未来蓬勃发展的关键所在。因此，在这样的国内国际大背景下，从风险与风险管理的角度，针对对外开放对一个首都城市目前尚不成熟的保险业的影响进行深入分析，认清其与国际同行的竞争力水平及在国内国际市场的位置，并在此基础上讨论发展战略，不仅具有重要的理论与实践意义，而且还是一项十分紧迫的任务。

北京市公共产品的供给短缺问题和
定价机制的实验研究

项 目 名 称：北京市公共产品的供给短缺问题和定价机制的实验研究
项 目 来 源：北京市哲学社会科学"十一五"规划项目（项目号：06BaJG125）
项目起止时间：2006—2010 年
项 目 负 责 人：刘文忻
项目组主要成员：张元鹏、胡涛、湛志伟、龚欣、刘鹏、胡翠
项目负责人所在系：经济学系
项 目 成 果 形 式：论文、研究报告

一、项目研究的目的和意义

现实经济生活中，人们普遍认为公共品的非排他性和非竞用性必然会造成"搭便车行为"的产生，进而导致私人对公共品提供的无效性和由政府来供给公共品的必然性。然而，实际情况却并非如此。在现实社会中，除了由政府提供公共品外，私人也会自愿（甚至是无偿）提供一定数量的公共品。那么，私人为什么会自愿提供公共品？或者说作为理性经济人的个人为什么在公共品提供问题上选择合作而不是"搭便车"？许多经济学家都对此进行了研究，并提出了诸如纯利他主义、光热效应以及个人的道德和社会责任感等方面的解释，但这些理论研究尚不能有效地解释现实中的许多疑问，比如，为什么在中国由私人提供公共品的比例不及美国等西方发达国家？其影响因素何在？为什么中国的私人自愿捐助往往需要政府或社会团体的号召和发动，而国外单纯自愿的程度却较高？这些问题传统理论分析无法解释，需要用来自中国的现实数据进行实证研究。

近年来，利用实验经济学方法来研究经济学问题已呈流行之势。在这之中，公

共品的自愿捐献实验是一项最典型也最为基础的实验。基于实验数据而进行的公共品实证研究已在国外得到广泛发展,并且形成了一些特征化的典型事实,尽管各方在理论解释上尚未达成一致。在中国,这方面的实验研究尚在起步阶段,相关研究文献更为缺乏。为此,本课题试图通过对实验数据的分析,研究我国私人自愿提供公共品的影响因素及其相互关系,并探讨如何通过激励机制的设计来提高我国公共品的私人供给水平,有效解决现实中我国公共品私人供给不足的问题。

二、研究成果的主要内容和重要观点或对策建议

(一)主要内容

本课题的研究重点主要集中在公共品自愿提供机制中的个体供给行为与集体合作供给程度的差异性的关系上进行实证分析,希望从自愿捐献机制实验中考察私人合作提供公共品的相关行为特征,并探究促成集体合作提供公共品,抑制"搭便车行为"的有效途径。本课题研究的主要内容如下:

1. 对公共品私人自愿提供的决策进行特征化事实的实验研究

这部分是本项研究的基础研究部分,其主要包括两个方面:

(1)延续传统文献所做的平均意义上的分析,采用数理统计方法和计量检验验证了重复自愿捐献机制(VCM)实验的多个常见的特征事实,譬如"非零捐献均衡"(公共品自愿供给的存在性)、"捐献率随重复捐献次数增加而下降的趋势"、"最后一期不捐献的效应",以及"公共品投资的私人回报率"(MPCR)与"允许交流"两个因素对于捐献程度的正效应。

(2)我们的研究还得到了一些新的发现,比如本次实验在第一阶段的首期平均捐献率(15.4%)低于传统的研究结果,小组的合作程度存在巨大的差异性,交流效应非常显著,经验分享存在积极作用,仅对数据进行平均意义上的考察可能掩盖小组内部不同个体之间的交互作用等。

2. 对公共品自愿提供中个人的社会偏好的差异性与合作供给程度的关系进行实验研究

这是本课题研究的重点和创新之处。

(1)首先针对实验结果中广泛存在的小组(集体)合作的差异性,我们尝试依据个体捐献策略的差别(从10期重复实验的捐献动态中推断得到)确定了参与者的4种类型,分别为:① 条件合作者 CC;② 积极合作者 PC;③ 非合作者 NC;④ 策略型合作者 SC。

(2)在此基础上,笔者提出了一个解释个体和集体捐献行为的假说。该假说认为,个体特征因素和实验环境因素共同影响个体和集体的合作捐献行为,其中最关键的个体因素是偏好。从该因素出发,我们总结了一条"从个体偏好的异质性出

发到集体合作程度"的路径,它包含两个逻辑链条:① 个体在偏好和预期上的异质性决定了个体的捐献策略存在差异性;② 个体具有异质性的策略通过重复捐献过程中的组内动态交互作用最终决定了集体的合作程度。

(3) 我们构建了一个模型,从异质性偏好出发,推导了四条不同的策略路径,并在实验中验证了我们的假说。

3. 对公共品私人提供过程中"搭便车问题"进行实验研究

本课题依据实验数据对导致"搭便车"的影响因素进行了实验检验与实证分析,最后提出了治理"搭便车行为"的政策建议。

(1) 依据被试者在实验中的策略和相关行为表现来划分"搭便车"的类型,并进行实验检验,比如,根据被试者与其他被试者的关系界定"搭便车"的度量标准。在本研究中,笔者选择测试者未捐献率来衡量"搭便车"的程度。

(2) 对"搭便车"影响因素进行整体分析,得出了诸如随着实验次数的增加,捐献率逐渐下降,即"搭便车"的程度逐渐加深;由于利他主义和光热效应以及互惠关系的影响而导致的"完全搭便车"不存在的观点。

(3) 对影响"搭便车"的因素进行定量分析,研究中首先考虑的就是捐献乘数以及沟通变量的作用,另外在测试者中还存在性别差异、地区差异以及国别差异,这些都可能会影响"搭便车"的行为选择。

4. 对我国大城市的公用事业型企业的价格机制与补贴问题的研究

这不仅是一个重要的理论课题,同时也是一个非常重要的实践课题。从理论上讲,政府为什么要管制公用事业企业,以及如何补贴价格管制下发生的企业运营亏损,现在仍然处在争议和研究探讨的阶段。从实践上看,世界各国诸如电力、自来水、城市公交以及城市轨道交通等公用事业型企业的价格都或多或少地处于政府的价格管制之下,同时也有相应的政府补贴。在我国,很多城市,比如北京的电力、自来水以及城市轨道交通等公用事业企业的产品的价格都是由国家发改委来管制的,相应的如果在国家的价格管制下这些企业出现了亏损,国家财政部门就会对亏损进行补贴。本课题在探讨为什么要管制公用事业型的企业的基础上阐述政府进行补贴的理由,然后再探讨补贴的三种方式以及这些方式的利弊,最后,根据中国的实际情况,特别是城市轨道交通的情况,对我国公用事业型企业的价格管制和补贴问题进行研究,并提出建议。

(二) 主要观点和政策建议

1. 通过公德教育和榜样示范,培养人们良好的社会偏好和合作意识

从实验结果来看,"上期其他组员平均捐献水平"的显著正效应,说明很多被试者都会参照上一期该组成员的决策做出自己本期的捐献决策,这就是所谓的"榜样的力量"所导致的个体合作倾向的"社会偏好"。同样,前述的公共产品自愿提供的存在性也验证了社会偏好的存在性,这说明,公德教育可以帮助人们强化其固

有的社会偏好。考虑到条件合作者的大量存在(人们一般希望自己的行为与其他社会成员保持较小的差距),榜样示范的作用也不可忽略。在实施具体的公共品捐献机制时,可以考虑将某些积极合作者安排在集体内,这样可能使最后的合作承诺得到落实。

2. 建立长效机制,固化自愿捐献者的"荣誉感"和"利益归属感",以此克服随时可能发生的"搭便车"现象

实验中的数据尽管支持了公共产品自愿捐献的"现实存在性",但毕竟还存在诸如"捐献率随重复捐献次数的增加而下降"、"最后一期不合作效应"等现象。另外,由于不确定性的广泛存在,随着捐献经验的积累和自利型参与者行为的暴露,对他人行为的预期可能发生向下的调整,从而也会导致合作程度的降低。

为了强化人们的合作意愿,避免人们可能产生的"不合作行为"的发生,在具有"俱乐部"公共品的供给机制选择上,充分体现个人的利益相关性。通过设计出与参与者未来收益挂钩的奖励机制来让人们认识到以后的合作机会很多,以提高大家的合作意愿。

基于前面的分析,效率系数(或 MPCR)对个人的类型和策略有一定程度的正影响,有时甚至可以将非合作者转变成条件合作者。对于特定的公共品,我们可以通过直接提高其边际收益来促进集体合作。对应的做法是降低公共品的供给成本,或者更为实际的方式是扩大参与者对这种公共品收益的认知。

3. 创造条件,促进公共品潜在供给者的正式或非正式的交流,增强其合作的倾向,有效抑制现实中的"搭便车行为"欲望的产生

本项课题所设计的实验项目中的第三阶段的合作说明了交流与沟通的意义。签订口头的或书面的合约对于防止合作破裂起着重要作用。另外,为防止口头协议破裂(实验中已经出现这样类似的情况),还需要有一些保证措施,比如让参与者预期到公共品提供后可享有收益的长期性(相当于无限次)有助于减少"最后一期效应"。1978 年安徽凤阳小岗村 17 户居民签订契约书的例子非常形象地说明了合约约束力的重要性。在集体合作中,很有必要通过交流和契约给参与者施加一定的约束。

需要注意的是,如果交流是无成本的(Cheap Talk),就像本项实验设计的那样,交流的正效应是比较有保证的。然而,现实生活中交流可能遇到各种问题,比如集体规模太大,协调困难,即交流是有成本的。这就需要通过各种方式降低交流的成本(比如公开承诺、视频会议),群策群力促进公共品的有效提供。

4. 公开参与者的捐献信息,尤其是正面的信息,提高社会成员的捐献水平

同样是鉴于具有互惠偏好的条件合作者的大量存在,公开良好信息的作用非常显著。有些实验者已经发现,信息不完全及预期出错可能导致达成"低水平均衡"。对捐献者的合作程度排序也是一个较好的办法(Gunnthorsdottir,2007)。例如,定期公布人们在各种慈善募捐中的捐款数额(包括个人捐款和企业捐款),对

于引导人们的爱心合作也是非常有益的。

5. 加强不同集体之间的信息分享与交流,传播合作经验或教训

我们通过研究实验数据发现,下午样本的合作程度明显高于上午,这主要体现了信息分享的作用。并不是所有人都非常清楚合作捐献所包含的集体理性与个人理性的冲突,其他集体的合作尝试有助于本集体成员更好地认识这个问题,并由此激发合作意愿。比如,各地的资金互助社可以互相借鉴,吸取好的经验。

本研究报告的目录如下:

第一章 公共品提供的相关理论

一、公共品的定义、性质和分类

二、公共品供给的效率条件

三、公共品提供面临的主要问题:"搭便车问题"

四、公共品的提供方式及其评价

第二章 公共品自愿供给的实验模型及其理论预测

一、公共品实验:动因、发展及基本类型

二、VCM实验的基本形式和预测结果

三、现有的实验研究发现和三种理论视角

第三章 公共品自愿提供决策的实验研究

一、实验描述与参数设置

二、对公共品自愿提供实验的经典特征事实的检验

三、新的发现和启示

四、结论与建议

第四章 公共品自愿提供中"搭便车问题"的实验研究

一、公共品"搭便车问题"的理论综述

二、实验规则与操作程序

三、实验结果及其实证分析

四、实验结论和政策含义

第五章 社会偏好的异质性、个体理性与合作捐献行为

一、问题的提出

二、实验过程与参数设计

三、个体的社会偏好异质性及其经验分布

四、实验证据:从个体偏好的异质性到集体合作捐献

五、结论与展望

第六章 我国公用事业型企业的价格管制与补贴问题研究——以北京市城市轨道交通企业为例

一、为什么要实行价格管制和补贴

二、价格管制的方式和利弊

三、以北京市城市轨道交通为例
四、结语
附录一　公共品实验补充问卷
附录二　公共品实验导语与实验程序介绍

三、成果的学术价值、应用价值,以及社会影响和效益

从学术价值角度看,本课题是国内为数不多的开展公共品实验研究的项目,通过我们的课题研究,不但检验了目前国际学术界的一些经典的特征事实,而且还有我们自己的一些新发现。从这些新发现出发,从微观层面探讨个体社会偏好差异性与合作捐献的关系的研究在国内尚属首次,为研究我国公共品有效供给问题提供了新的文献资料和研究成果。从应用价值角度看,本课题的研究也为有效解决现实中我国公共品私人供给不足的问题提供了新的思路和途径。

关于建立执行威慑机制的调研

项　目　名　称：关于建立执行威慑机制的调研
项　目　来　源：最高人民法院（重点调研课题）
项目起止时间：2006—2007 年
项　目　负　责　人：王一鸣
项目组主要成员：李敏波
项目负责人所在系：金融学系
项目成果形式：研究报告

一、项目研究的目的和意义

　　自 1978 年改革开放以来，我国市场经济得到了快速的发展，人们的经济活动也日益频繁。作为交易活动中一种重要的协调机制，合约安排在人们的经济生活中发挥着越来越突出的作用。但由于目前尚未具备健全的信用体系，交易者在制定和执行合约的过程中缺乏充分的法律和经济意识，我国出现了大量的合同违约现象，即所谓的"合约有限可执行性"，合约纠纷屡见报纸、电视等媒体，合同违约成为严重的经济和社会问题。据有关数据统计，每年在我国各级法院里立案诉讼的有关案件就达上百万起，更不用说还有大量的案件在法庭以外协调解决。然而，更值得注意的问题是法院的判决往往难以执行。[①] 一起案件本来就耗时、费力，但

[①] 仅以 2005 年为例，全年共新收申请执行案件 2 052 835 件，旧存 360 445 件，执结 2 036 717 件，执行标的金额 3 120 亿元。其中当事人自动履行及达成和解协议的 1 007 432 件，采取强制措施执行的 431 803 件，因当事人确无财产或下落不明而终结执行的 597 482 件。由此可见，在各级人民法院执结的案件中，只有约 50% 是当事人自动履行及达成和解协议的，而强制执行和无法执行的案件分别占到约 20% 和 30%，说明在我国当前的司法过程中，经济案件判决的"执行难"问题十分严重。（见肖扬，2006）

是当事人经过千辛万苦得到了判决结果,却由于最后的执行环节难以落实,结果等于是拿到了一纸无法兑现的法律白条。这种状况几乎成为一种社会公害,严重损害了有关当事人的权益,同时也给司法机关的权威和公信力造成了负面影响。

"执行难"是多年来人民群众反映较为强烈也是人民法院下大气力解决的重点问题之一。

为了解决当务之急,加大"执行难"的治理力度,国家最高人民法院正在运用现代电子信息技术手段,开发"全国法院执行案件信息管理系统",试图探索建立一种国家执行威慑机制。

该信息管理系统的建立就是把全国各级法院每年200多万件执行案件,从立案到终结的每一个步骤、程序、措施都及时录入到执行案件信息管理系统的数据库中,这些数据包括案号、执行法院、执行法官、执行依据、执行当事人、执行标的额、执行进程和委托执行、中止执行、暂缓执行、结案方式、实际执行到位款项、债权凭证发放等内容。在该系统提供客观、全面、权威信息的基础上,将通过与银行的征信系统相链接,并借助于与工商登记、房地产管理、工程招投标管理、出入境管理、车辆管理等部门建立联动机制,最终形成一种执行威慑机制。

这套信息管理系统能够在多大程度上对那些欠债不还的人形成一种威慑?它能够解决"执行难"问题或者能使"执行难"的状况得到缓解吗?如能,其作用机理是什么?本课题对之进行理论上的探讨和分析,同时设计利用信息管理系统开发合同可执行程度指数,并对我国省市合同可执行指数进行构造。

二、研究成果的主要内容和重要观点或对策建议

第一部分 对全国法院执行案件信息管理系统的威慑效应进行经济学理论分析

从理论上探讨为什么我国经济活动中出现较高的合约违约现象?新近建立的全国法院执行信息管理系统对违约或"执行难"问题能起到作用吗?我们的研究表明,在缺乏完善的个人信用体系环境和信息搜集成本较高的条件下,所有合约是有限界期的或有限界期的简单延展,前后期合约之间分割而缺乏内在联系,因此导致违约比较可能发生。执行案件信息管理系统建立了一种有效的信息披露机制或减少了信息搜寻成本,起着将合约的有限界期延展成无限界期的作用,从而前后期合约之间产生内在联系,因此将对违约产生制约效应,表现出事前威慑效应。

第二部分 我国省市合同可执行指数构造

该部分提出对我国合约可执行程度的度量方法,尝试利用全国法院执行案件信息管理系统数据和通过其他多种渠道而获取的有关地方经济基础、信用环境等数据,构造我国省市的合约可执行性指数(在信息管理系统具备可用数据条件下)。合约可执行程度在很大程度上反映一个地方的投资环境和信用度,指数较小

的地方势必将影响当地的外部投资者信心和投资,也影响当地的声誉,给地方政府造成一定的压力,从而可以减少"执行难"的政治因素。对于这个问题,我们设计出两个指数:一是合同可执行指数,即根据各种合同实际执行状况而形成的执行程度指数;二是合同可执行环境评价指数,即由影响合同执行程度的各种社会环境因素而形成的执行程度评价指数。

北京市高科技企业的资本结构和投资绩效的实证研究

项 目 名 称：北京市高科技企业的资本结构和投资绩效的实证研究
项 目 来 源：北京市哲学社会科学基金项目（项目号：06BaJG042）
项目起止时间：2006年12月—2011年8月
项 目 负 责 人：郭研
项目组主要成员：孟祥轶、刘一博、冯颖杰、李云海
项目负责人所在系：经济学系
项 目 成 果 形 式：论文、研究报告

一、项目研究的目的和意义

高新技术产业的发展直接影响到一个地区推进科技进步和创新的能力，进而影响该地区的持续竞争力。近年来，国家提出"科技兴国"和"推进科技进步和创新，提高持续发展能力"等规划以来，政府推出了一系列鼓励和支持基础科学研究以及高新技术产业化的政策和法律法规，以建设一整套系统的国家创新体系。但是，这些制度是否真正地推动了高科技企业原创技术开发的发展，带动了传统产业的技术升级，还缺少真正翔实的实证研究和分析。

我们以北京市高科技企业为研究对象，试图在微观层面检验北京市高科技政策对企业创新能力的影响，并检验企业的融资结构和研发绩效的关系，以实证结果对北京市的高科技政策给出客观的评价，并提出改进的建议和方向。

北京市在高科技产业的发展上一直走在全国的前列，在过去的20年中北京市高新技术企业的发展模式一直成为全国的典范。因此，北京市高科技企业的生存状况、北京市高科技政策的效果评价不仅将为北京市而且还将为全国发展高新技

术产业,迎接国际竞争及提高产业竞争力,提供一定的理论参考价值与现实指导意义。

二、研究成果的主要内容和重要观点或政策建议

北京市高科技企业在过去的 20 年间有了巨大的发展,1988—2008 年,中关村国家自主创新示范区企业数从 527 家增加到 18 437 家,总收入从 14 亿元增加到 10 222.4 亿元,利润总产值从 4.8 亿元增加到 3 805.1 亿元,创造的利润从 0.5 亿元增加到 726.3 亿元。高科技园区的企业总收入占北京市全市生产总值的比例从 1988 年的 2% 上升到 2008 年的 97%,这一比例的巨大变化反映了北京市在过去 20 年中顺利完成了产业的升级和转换,已经确确实实成为一个以高科技产业为主的现代化城市,而依托高校和科研院所的海淀区高科技园区则成了中国的"硅谷"。

那么北京市高科技企业在过去 20 年间的巨大发展,是否得益于北京市的高科技政策?高科技企业自身在研发行为上和传统制造业企业有哪些不同?不同所有权结构的企业在研发投入和研发绩效上是否不同?针对以上问题,我们利用从不同渠道获得的北京市高科技企业微观层面的数据,分别检验了以下问题:

(1)北京市高科技企业的资本构成与研发投入和绩效的关系;
(2)被认定的高科技企业在认定前后其研发投入和绩效的关系;
(3)中关村高科技园区内企业的研发投入和绩效的关系;
(4)什么因素影响高科技企业的研发投入?
(5)高科技产业政策对企业的研发投入是否起到了应有的推动作用?

1. 高新技术企业资格认定与研发行为研究

改革开放以来,我国高度重视技术进步对于推动经济长期发展的重要意义,中央和地方各级政府均颁布和施行了一系列科技政策,力图从税收、融资、土地、人力资源等各个方面为企业提供支持与帮助,鼓励企业的研发行为。那么,这些鼓励政策在实践中是否有效?它们是否促进了企业的研发投入,提升了研发绩效?这些问题的回答对于我国科技政策的制定有着重大意义。然而,长期以来,国内学术界在这方面的研究相对缺乏,为数不多的文献或是从宏观层面做描述性的分析,或是从行业水平考察政府拨款资助、税收减免对研发行为的影响,很少有基于企业层面的政策研究。这主要是受到了数据条件的限制,例如,政府对单个企业的资金补贴数据往往很难获得,各个企业在政策支持下获得的税收优惠往往难以确定,这就为微观层面的研究增添了困难。

那么,是否有一种研究方法能够避开数据条件的阻碍,从另一个角度刻画政府科技政策对企业研发的影响?国家高新技术企业认定制度恰为我们提供了这样一条分析路径,使我们有可能"间接"地考察政府科技政策在微观层面的有效性。经认定的高新技术企业可以享受国家及地方规定的各项优惠政策。因此,是否拥有

经认定的高新技术企业资格可以被视为反映该企业是否更有可能享受政府科技政策支持的一个近似指标。理论上，经过认定的高新技术企业可能会得到政府更多的支持，这种支持不仅包括法律法规中的"显性"政策，如资金补贴、税收优惠等，可能还包括企业实际经营中的"隐性"优势，例如更加便捷的审批程序、更加有利的企业社会关系等。因此，在其他条件一定的情况下，如果资格认定所反映的政策支持有效，那么经认定的高新技术企业应该会有更多的研发投入与更好的研发绩效，否则，这些政策在实际中可能并未发挥显著作用。

基于从北京市科委获得的2004—2008年取得认定资格的高科技企业数据，我们的实证分析分两步进行：第一步，检验认定资格对企业研发密度的影响；第二步，检验认定资格对研发绩效的影响。

关于研发投入的回归结果如下：

（1）高新技术企业认定资格对研发投入的影响不显著。在讨论认定资格变量时必须谨慎考虑它与时间趋势的关系。在现有的资格认定制度下，企业仅在第一次申请时需要经过严格审查，而之后的复审要求相对宽松，这就导致样本内的企业资格变量只存在唯一一种随时间推移的变动方式，即由未经认定到经过认定，而不存在反向变化。这种变动形式十分类似于时间趋势，在时间跨度短的面板数据中尤为明显。因此，如果不加以适当控制，政策变量的影响与年份效应的影响可能混同起来，从而无法观察到政府政策的真实影响。回归结果显示，不论是否控制年度效应，企业的认定资格变量都非常不显著，这说明我们的结论是比较稳健的。政府目前针对高新技术企业实施的税收优惠等扶持政策并没有明显刺激企业的研发投入。需要注意的是，资格变量系数的符号为负，这一点不符合预期。但总的来看，认定资格变量系数绝对值都非常小，应当可以认为它接近于0，即政府政策支持未对企业研发投入造成明显的正影响。

（2）企业规模与研发投入存在负向关系，但在统计上并不显著。市场竞争有助于刺激企业的研发投入。广告费密度代表着企业面临的竞争压力，它的符号为正，且显著。这说明一定程度的市场竞争能够明显地促进企业研发投入。这支持了Arrow(1962)的理论。

（3）企业的资金约束是影响研发投入的重要因素。回归结果显示企业滞后一期的利润率系数显著为正，说明企业在前期的利润率越高，积累的利润越多，在下一期中就更有动力对研发活动投资。相应地，借债越多的企业对研发的投入越少。

关于研发绩效的回归结果：

（1）政府政策支持对企业研发绩效没有显著影响。同样，我们必须考虑认定资格与时间趋势的关系。回归结果显示，不论是否控制年度效应，高新技术企业认定资格变量为正，但是仍然不显著。这与前一部分的结论结合起来说明，现有的税收优惠等政策支持没有明显促进企业的研发投入，也没有明显改善企业的研发绩效。

(2) 企业的前期研发投入对企业研发绩效有显著影响。这说明企业研发从投入到产出的确需要一个传导过程,前期投入的研发经费越多,所产生的新产品产值也就越大。

(3) 企业产权结构对研发绩效的影响复杂。国有控股虚拟变量显著为正,说明国有控股企业比非国有控股企业有更好的研发绩效。但是,当我们使用不同类型资本金比例来控制企业产权结构时,国有资本比例对企业研发绩效的提升作用并不显著,而私人资本的作用达到了 0.10 的显著性水平,且变量系数要比国有资本的系数更大。令人惊奇的是,外商及港澳台资本金比例的系数显著为负。对这一结果需要小心地加以解释。考虑到共线性问题,我们并没有控制集体与法人资本金比例。当国有、私人资本金比例一定,外资投入较多时,另外两类资本的比例就较小,如果它们对研发绩效存在正的影响而外资的提升作用不明显甚至作用为负,那么外资比例就会显现出对研发绩效的负影响。因此,外资比例变量的负号很可能反映了另两类资本对研发绩效的提升作用,而外资本身可能对企业研发绩效没有明显影响。

(4) 企业规模对研发绩效有显著的非线性影响。从回归结果上看,企业研发绩效与企业规模之间存在显著的 U 形关系,说明规模较小的高新技术企业可以产生更多的研发成果,随规模扩大会经历一个研发的瓶颈期,当企业规模达到一定水平时,资金、技术、管理实力可以使它们进一步提升研发绩效。

(5) 企业的资产负债率的影响仍然为负,但是作用并不显著。这与前一部分的分析结合起来说明,资金约束主要影响企业的研发投入密度,而不会明显影响研发的绩效。

2. 高新技术企业研发投入与研发绩效的实证分析:来自中关村的证据

我们进一步利用中关村高科技园区的 92 家高科技企业 2005—2007 年的平衡面板数据,通过 Tobit 随机效应模型研究高科技企业的研发行为,重点检验:高科技企业研发投入主要受哪些因素影响? 研发投入的绩效如何? 政府的直接资助是否有助于研发投入的进一步提高,并提高研发的绩效? 这一数据的优势在于我们有更具体的资本结构和研发资金来源的信息,但缺点是数据规模较小,而且仅仅局限于中关村科技园区内。

在前面结果的基础上,我们认为简单的线性回归模型无法真实反映企业研发投入与规模之间的关系,所以采用边际调整模型检验高科技企业的研发投入的影响因素,我们将规模作为主自变量,其他自变量作为调整因素。

实证结果如下:

(1) 规模越大的高科技企业,研发投入占收入的比例越低,规模对高技术企业的研发密度存在显著的反向激励。这一结果支持了我们前面的结论,但与之前的一些基于制造业的研究结果不同。造成这一结果的原因可能与高科技企业的特点有关。与传统制造工业企业不同,高科技企业通常是以研发为主的企业,在创业期规模较小,但研发投入大,随着规模的扩大,研发进一步投入的边际回报下降,或者在获得一定研发成果后,受社会整体技术水平限制,存在进一步研发的瓶颈。对于本研究采用的中关村高科技企业面板数据而言,在控制住其他调整因素变量之后,企业规模与企业研发投入密度存在显著负相关关系,基本可以证明中关村科技园区内中小规模企业更具有研发投入动力。

(2) 高科技企业面临的市场压力越大,企业的研发密度越小。阿罗(Arrow, 1962)认为,激烈的市场竞争会促进企业加大研发密度,从而超越对手以减轻市场压力。然而创新本身是一个长期过程,当高科技企业面临当前的市场压力时,与同类替代产品相比,技术已经相对领先,因此,高科技企业缓解市场压力的方式是将企业内部资金更多地投入在市场拓展等能够带来短期收益的活动中,从而造成企业的研发投入密度相对较小。从系数上看市场压力成为高科技企业研发投入的较强阻力。如果随着规模的扩张企业面临的市场压力下降,将部分地减轻研发密度随规模下降的程度。

(3) 企业的资产负债率越高,利息支出越多,企业的研发投入密度越小。资产负债率和利息支出代表着企业总的负债水平和债务负担。资产负债率越高,企业面临的资金约束越强,企业的研发投入也受到越大的影响。企业的总负债水平越高,企业研发密度随规模下降的速度越快。相对于利息负担,较高的资产负债率更严重地限制了企业的研发投入。在中关村高科技园区的中小创业企业,投资者主要是看重了其高成长性才愿意出钱供其进行研究开发。因此中小企业主要通过外部股权融资获得研发资金。一旦企业已经形成规模,在较高负债水平下试图通过外部融资获得研发支持将更加困难。因此,在规模扩大来自自我经营效率提高的前提下,研发投入的密度才能得以持续,否则的话将进一步降低研发投入密度。

(4) 企业的相对科技水平越高,企业的研发投入密度越小。对于高科技企业而言,相对技术水平代表企业累积的前期研发投入存量,大多数高科技企业都是依托某一项专利技术而成立的,因此对于科技存量与收入的比值较高的企业,由于投入周期、成本回收等原因,当期的研发投入密度会较小。此外,由于全社会整体科技水平的限制,研发投入在短期内存在一定"瓶颈效应",即企业相对科技水平达到一定高度后,仅仅依靠企业内部持续的研发投入已经无法满足相对科技水平进一步提高的要求。因此,对于相对科技水平较高的企业,同期的研发投入密度相对较小。

(5) 企业的内部资金越充裕,企业能够获得的贸易融资越多,企业的研发投入密度越大。前面的描述性分析说明企业的研发资金来源主要是企业内部资金,因此,企业净现金流量越大,企业间的贸易信贷越多,内部资金越充裕,企业能够用于研发的资金也越多,研发投入密度越大。在边际影响方面,随着企业规模的扩大,内部资金越充裕的企业经营状况越好,各方面的压力越小,从而企业研发投入密度随规模下降的速度也会相应放慢。虽然贸易信贷和流动性对研发具有同样的激励作用,但其作用程度较企业内部流动性低。以上结果说明只有当企业真正摆脱现金流的约束时才能够进行较多的自主研发和创新。

(6) 关于企业的研发绩效的检验,我们选择以新产品产值(New Product)占总产值(Income)的比例来衡量企业研发的绩效(Nratio = New Product/Income)。选择的理由:首先,新产品产值能够直接反映企业研发的绩效。其次,短期滞后的新产品产值比利润率能够更加准确地体现企业研发的滞后效应。对于滞后利润率(常用的绩效指标),要经历从研发到产品再到利润的传导,而滞后新产品产值比率,仅仅经历从研发到产品的传导,传导周期短,受外生因素的影响相对小。最后,按照新产品产值的统计要求[①],企业的新产品产值比率会去除部分研发存量的影响。由于只有最新的研发成果才能被称为新产品(1—2期内),而较早研发的成果就不再计入新产品,这样就避免了通常以利润作为绩效指标所带来的内生性问题。

我们的目的是检验企业研发投入对新产品产值的影响,同时因为政府的直接资助多给予了国有企业,我们想知道不同的资本金和股权结构对高科技企业的研发投入向绩效的传导有何影响。也就是说在控制了企业的规模、行业和研发投入的密度后,我们将检验不同的资本构成对研发绩效的作用,以及不同控股权对研发绩效的作用。结果显示高科技企业的研发投入对滞后两期的新产品产值比率的影响更加显著,各种类型的资本中除外国资本不显著外,其他类型的资本金都对研发绩效有显著的促进作用,其中非国有资本对研发绩效的促进作用明显高于国有资本。私人控股企业在促进研发投入向研发绩效的转化上作用大于国有控股企业。

3. 政府直接资助与企业研发投入:来自中关村高科技园区的数据

各国政府为了刺激企业的研发投入,通常会给予企业直接的研发支持。北京市高科技园区也设立了专门针对中小企业技术创新的专项基金。我们所获得的600家中关村高科技企业的数据中,共有92家企业的研发资金中有政府资金的介入。那么到底是什么样的企业能够获得政府的公共资金?这些政府资金对企业的研发投入是否起到了有效的激励作用?以上两个问题的回答有助于我们检验北京市高科技政策中政府资金的去向及其绩效。

我们采用 Hussinger(2008)的方法,即 Heckman 分步方法(Heckman Two Step Method)。第一步我们分析公共研发投入对企业研发密度的影响,第二步分析什么因素决定了企业能够得到政府的资助。

回归结果如下:

(1) 相对于集体和私人控股企业,国有控股企业有更多的机会获得政府的研发资助;

(2) 专利存量对于非国有控股企业而言是决定其能否获得政府资助的一个显

---

① 既包括政府有关部门认定并在有效期内的新产品,也包括企业自行研制开发,未经政府有关部门认定,从投产之日起一年之内的新产品。

著因素,但对于国有控股企业,这个变量并不显著;

(3) 无形资产的大小在决定企业能否获得政府研发资助方面具有显著的正效应,但是我们的数据缺乏无形资产分类的具体信息;

(4) 政府的直接资助并没有对企业的研发密度有显著正作用。

政府的直接资助并不能对企业的研发投入产生有效的激励作用,而且政府在选择对哪些企业给予研发资助时评判的标准并不一致。政府将大部分研发资助给予了国有控股企业,尽管政策的设计是为了鼓励中小民营企业的创新。对于非国有控股企业,政府倾向于将资助给予那些有一定研究创新能力的企业。

4. 政策建议

基于以上结论,我们对北京市高科技政策给出如下建议:

(1) 在中关村高科技园区中小企业是研发的活跃力量,而且非国有资本在促进研发成果的转换上具有更重要的作用,因此高科技园区的政策和政府的资金支持应该向私营中小企业倾斜,而非大规模的国有控股企业和外资企业,只有这样才能保持活跃的研发强度。对于那些已经形成规模的企业,只有依靠自身的经营效率,摆脱了现金流的约束后才会有进一步的激励创新。

(2) 不论在研发投入还是在研发产出的环节上,政府的政策支持都并没有能够起到显著的促进作用。这说明我国目前以税收优惠为主体的高新技术企业扶持政策在实际中所能发挥的作用有限,而真正能够影响企业研发活动的是企业规模、竞争程度、产权结构、利润、融资条件等因素。

(3) 目前我国高新技术产业扶持政策需要有所调整,税收减免等优惠待遇并没有对微观企业形成明显的创新激励。政府政策应当更多地注重对中小企业的扶持、培养,鼓励个人资本进入高新技术行业,适当推行规模化、集团化发展模式,但要严格限制垄断力量的增长,努力维护一个良好的市场竞争环境,利用市场自发的力量推动企业的研发创新活动。

中国都市经济研究报告2008——改革开放以来北京市产业结构高度演化的现状、问题和对策

项　目　名　称：中国都市经济研究报告2008——改革开放以来北京市产业结构高度演化的现状、问题和对策
项　目　来　源：北京市哲学社会科学"十一五"规划重点项目（项目号：08AbJG228）
项目起止时间：2008年6月—2009年12月
项　目　负　责　人：张辉
项目组主要成员：盖文启、冯科、王雪松、刘涛、黄泽华、袁锐、任抒杨
项目负责人所在系：发展经济学系
项　目　成　果　形　式：论文、研究报告、专著

一、项目研究的目的和意义

（1）理论意义：本研究加深了我们对产业结构推动经济发展的理论和具体机制的了解。关于产业结构与经济发展关系的研究文献已经相当丰富，虽然这些研究都认为产业结构优化确实促进了经济增长，但由于数据和计量方法的差异，对于产业结构对经济增长的影响程度没有一致的结论，产业结构推动经济发展的内在经济机理也没有被深入探讨。与过去国内的相关研究不同，本研究试图在劳动生产率的分解式中解析改革开放以来中国经济增长中的结构效应，在得出产业结构确实推动经济增长的这一早已被证明的结论的同时，本研究更着重研究了产业结构变迁在经济增长中的相对影响程度。在细致而深入地研究三次产业的产值结构和就业结构变化对经济总体的劳动生产率的影响之后，我们发现，在非均衡的中国经济中，经济结构的异常—资源的非效率配置—在市场机制的推动下走向更有效

率的配置,这样的结构变迁正是经济增长的有力推动因素。从这个角度来说,本研究在理论上是对产业结构推动经济发展理论的深化和补充。

(2)实践意义:在实践上,本研究有着直接的政策意义。改革开放以来,北京市的经济发展无论在量的层面还是在质的层面都取得了显著的成就。过去的31年中,北京市的产业结构高度在一个上升的大趋势下稳步前进,由于其带动的资源配置效率的显著提升,经济发展的质和量都在同步推进。尽管人均GDP已经达到相当高的水平,工业化也几近完成,但是本研究发现产业结构高度所体现的产业结构变迁对资源配置效率的提升效应正在减弱。本研究的实践意义正在于就如何进一步提升北京市经济发展的质量,如何恰当地转变北京市的经济发展方式提出直接的政策建议。

二、研究成果的主要内容和重要观点或对策建议

本研究以新古典经济学的经典理论为基础,将理论阐述和实证分析相结合,深入挖掘北京市产业结构高度演进的现状和问题,提出北京市产业结构高度演进的合理政策建议。

本研究的核心内容包括:

(1)建构准确、合理的度量指标,测度北京市产业结构演进的历史轨迹和现有高度。在从理论上清楚地界定产业结构高度的内涵和外延的基础上,本研究基于结构主义经济学泰斗钱纳里的经典模型和标准的指标构建方法,建构了一套科学、准确并与现实相符的产业结构高度指标。在这一指标的基础上,本研究分析了北京市产业结构高度的演进轨迹,并据此探索北京市的经济发展在"质"的层面——产业结构高度上取得了哪些进展,以及产业结构高度演进的深度和广度。

(2)采用规范的新古典经济学方法,分析北京市产业结构高度演进对经济发展的推动作用,挖掘北京市产业结构高度演进的潜在问题。利用新古典生产函数的对数线性回归模型、劳动生产率分解式、全要素生产率分解式等新古典的数量研究方法,分析北京市产业结构高度演进和经济发展的相互关系,着重挖掘产业结构高度演进在资源配置效率层面上对经济发展的推动作用和这种推动作用的未来趋势,并得出产业结构高度演进对经济发展的重要作用将逐步减弱的结论,由此引申出北京市在产业结构高度演进和经济发展方式转变方面的对策研究。

(3)探索北京市产业结构高度演进和经济发展方式转变的未来路径,提出合理的宏观经济政策建议和产业政策建议。本研究在分析北京市产业结构高度演进的潜在问题和发展趋势的基础上,探索未来北京市产业结构高度演进的可能路径和发展空间,并从宏、微观两个层面分析北京市产业结构高度在技术进步和产业更替两个层面上进行进一步突破和深化的意义及可能性,并据此为北京市在技术进步和产业更替两个角度上推动产业结构高度演进的合理政策制定提供有价值的借

鉴和参考。

篇章结构如下：

前言

第1章 中国经济增长中的结构变迁——基于劳动生产率的部门分解

1.1 引言

1.2 经济增长中的结构效应

1.3 库兹涅茨的局部分解

1.4 全面分解中的结构效应

1.5 结构效应的波动性及其原因

1.6 结构效应的贡献度及其趋势

1.7 细分产业的结构效应

1.8 结论

第2章 中国经济增长中的结构变迁——基于全要素生产率的解析

2.1 引言

2.1.1 文献综述

2.1.2 结构变迁和经济增长

2.2 结构效应的推导和演算

2.2.1 全要素生产率分解式中的结构效应

2.2.2 数据说明

2.2.3 结构效应的演算

2.2.4 结构变迁和经济增长的分解

2.3 中国经济增长中的要素结构变迁

2.3.1 资本要素的结构变迁

2.3.2 劳动要素的结构变迁

2.3.3 资本劳动比、资本产出比和劳动生产率的比较

2.4 结论

第3章 北京市产业结构变迁对经济增长贡献的实证研究

3.1 产业结构变迁对经济增长的影响的新古典理论模型

3.2 产业结构变迁对劳动生产率的贡献

3.3 产业结构变迁对全要素生产率的贡献

3.3.1 全要素生产率中的结构效应

3.3.2 数据说明

3.3.3 结构效应的测算

3.4 有关结构效应的争论

3.5 结论

第4章 北京市产业结构高度与工业化进程

4.1 引言:产业结构高度的内涵

4.1.1 产业结构高度与"虚高度"

4.1.2 产业结构高度的指标及比较

4.2 横截面数据下产业结构高度的比较——国际和国内比较

4.2.1 国际比较

4.2.2 国内比较

4.3 时间序列下产业结构高度的比较

4.4 北京市产业结构高度的测度和比较

4.4.1 北京市的产业结构和产业结构高度

4.4.2 产业结构高度的横向比较

4.5 结论

第5章 北京市产业结构高度化进程中产业专业化演变趋势

5.1 地区生产专业化

5.1.1 改革开放以来北京产业区位熵和集中系数演化轨迹

5.1.2 产业集中度

5.1.3 部门内贸易指数

5.1.4 地区结构差异

5.2 产业结构趋同与专业化

5.3 地区多样化

5.3.1 GM指数(吉布斯—马丁多样化指数)

5.3.2 赫芬达尔多样化指数

5.4 京津区域一体化策略

5.4.1 区域整合联动发展趋势

5.4.2 改革开放以来长江三角洲和珠江三角洲区域一体化优势

5.4.3 区域一体化与城乡统筹发展

5.4.4 区域一体化与行政割据

5.4.5 全国五大中心城市所带来的历史机遇

第6章 北京市产业结构高度化进程中主导产业的变迁

6.1 主导产业选择的原则

6.1.1 主导产业选择指标体系

6.1.2 全国指标

6.1.3 北京指标

6.2 主导产业选择的模型

6.2.1 模型构建

6.2.2 模型论证

6.3 改革开放以来全国主导产业变迁

6.3.1 数据说明

6.3.2 五指标计算主导产业

6.3.3 四指标计算主导产业

6.3.4 主导产业按主导性排序

6.4 改革开放以来北京主导产业变迁

6.4.1 六指标计算主导产业

6.4.2 主导产业按主导性排序

6.5 修正指标后测算

6.5.1 标准界定

6.5.2 历年主导产业排序

6.5.3 小结

第7章 北京产业振兴研究

7.1 中国产业振兴计划

7.1.1 中国十大产业振兴计划比较

7.1.2 十大振兴产业关联行业分析

7.1.3 中国各地区的产业关联度比较

7.1.4 中国和美国、日本的产业关联度的比较

7.2 北京主导产业排序分析

7.2.1 北京 2007 年主导产业排序

7.2.2 北京 2006 年主导产业排序

7.2.3 北京 2005 年主导产业排序

7.2.4 北京 2004 年主导产业排序

7.2.5 北京 2003 年主导产业排序

7.3 小结

第8章 结论

参考文献

三、成果的学术价值、应用价值,以及社会影响和效益

本研究第一章和第二章的内容作为阶段性成果《中国经济增长中的产业结构变迁和技术进步》发表于《经济研究》2008 年第 11 期,该成果转载于《中国经济学年鉴 2009》,而且获得 2010 年北京市第十一届哲学社会科学优秀成果一等奖。

本研究的其他成果作为阶段性成果发表于《经济学动态》和《经济科学》等核心期刊,也获得很好的学术引用和影响。

其他省部级项目

"十一五"时期中国保险业对外开放：
环境分析与战略构想

项 目 名 称:"十一五"时期中国保险业对外开放:环境分析与战略构想
项 目 来 源:中国保险监督管理委员会"十一五及保险业中长期发展规划"
　　　　　　　课题
项目起止时间:2004—2005 年
项 目 负 责 人:孙祁祥
项目组主要成员:孙祁祥、李心愉、郑伟、朱南军、锁凌燕、刘涛、雏庆举、寇锦玮、
　　　　　　　刘杰
项目负责人所在系:风险管理与保险学系
项 目 成 果 形 式:研究报告

一、项目研究的目的和意义

2004 年 12 月 11 日,按照"入世"协议,保险业的"入世"过渡期宣告结束。面对势不可挡的经济全球化潮流,中国保险业应当如何应对新的国际国内形势,把握机遇、迎接挑战,在确保国家金融安全的前提下高效率运作,保证持续、快速、健康的发展,并迅速成长为整个国民经济中的重要行业,以满足经济进步和社会发展对它的要求,从而增进社会公众福利,是中国保险业发展所面临的一个重大课题。

本研究全面审视了"十五"期间中国保险业对外开放和参与国际市场所取得的成就、经验与教训,深入分析了"十一五"期间中国保险业将会面临的国际环境,并在深入分析的基础上提出了中国保险业在"十一五"期间乃至今后的中长期内对外开放和参与国际市场的战略以及相应的政策措施,对中国保险业发展特别是对外开放政策制定提供了战略指导。

二、研究成果的主要内容和重要观点或对策建议

本研究全面审视了"十五"期间中国保险业对外开放和参与国际市场所取得的成就、经验与教训,深入分析了"十一五"期间中国保险业将会面临的国际环境,指出:在国际化的大背景下,竞争和发展仍会是未来保险业发展的主旋律,亚洲市场将成为世界保险业争夺的最重要的市场,创新将是保险公司在激烈竞争中制胜的重要手段。在这样的国际环境中,经营观念与模式落后、人才短缺和流失、市场冲击及风险因素增加将成为中国保险业在新形势下遇到的最直接的挑战;建设高度发达的资本市场,进一步推进市场化改革,培育高效运作的大型保险企业,提高信息技术的科技含量,提高保险监管的效率及立法质量,将是营造有利市场环境的重要方面。在占据大量事实并进行深入分析的基础上,本研究提出了中国保险业在"十一五"期间乃至今后的中长期内对外开放和参与国际市场的战略以及相应的政策措施。本研究的核心内容包括:

(1)"十五"期间中国保险业对外开放的分析。主要包括对开放格局的描述与分析、对外开放经验总结以及对外开放存在的问题,提出:市场化改革的积极推行可以为中资公司尽快发展壮大创造良好的外部环境;注重引进外资公司的专长经营领域,可以有效地提升资源配置效率;开放过程的可控性能避免外资对国内市场带来过多的负面冲击。

(2)"十一五"期间中国保险业对外开放所面临的国际环境研究。重点关注以下几个方面:国际保险业发展的重要特点;国际保险业发展的主要趋势;新形势下中国保险业对外开放面临的主要问题。研究发现,开放加快、国际保险资本从成熟市场向新兴市场流动将会带来严峻的市场冲击;中资保险公司人才短缺和人才流失的局面亟待扭转;保险企业面临的风险种类大大增加,处理这些风险的难度也将显著上升。这对中国保险业的经营环境提出了新的要求,包括高度发达的资本市场、高效运作的大型企业、高科技含量的信息技术、高效率的保险监管等。

(3)"十一五"期间中国保险业对外开放的战略构想。在对"十一五"期间中国保险业对外开放面临的基本背景进行深入分析的基础上,针对未来中长期内保险业对外开放的基本原则和总体思路,给出了相关政策建议。

篇章结构如下:

引言

第一部分 "十五"期间中国保险业对外开放的分析

一、中国保险业对外开放的基本状况

(一)外资介入中国保险业的主要形式

(二)外资公司的经营业务范围和区域分布

(三)外资公司的经营业绩

二、中国保险业对外开放的成就与经验
(一)对外开放所取得的成绩
1. 开放提高了发展的质量
2. 开放推动改革,由此大大推进了保险业体制改革的进程
(二)保险业对外开放的重要经验
三、中国保险业对外开放中存在的问题
(一)从实施既有开放政策所带来的客观效应来分析
1. 保险业区域开放的路径加深了保险业发展的区域不平衡
2. 对外开放促使高端市场竞争加剧,低端市场发展相对缓慢
(二)从对外开放过程中中资市场主体的行为方式来分析
1. 注重"模仿"和"输血",对"创新"和"造血"重视不够
2. 核心竞争力的培育等问题没有得到应有的重视

第二部分 "十一五"期间中国保险业对外开放所面临的国际环境
一、国际保险业的发展特点
(一)世界保险业发展迅速,作用显著
(二)新兴市场成为新的增长极,但全球保险业的空间格局并未改变
1. 新兴保险市场自由化进程加速,成为全球保险业新的增长极
2. 全球保险业的空间格局并未改变
(三)资本市场日益成为保险业创新发展的重要依托
1. 资本市场为保险产品创新提供了现实条件
2. 资本市场成为保险业重要的创新型风险转移渠道
(四)全球保险业的经营方式分化,资本运营成为发达市场的主流
(五)监管重点更为突出,国际合作不断加强
二、国际保险业的发展趋势
(一)世界保险业将随着全球经济增长继续快速发展
(二)亚洲新兴市场将继续保持高增长,并成为国际资本的首选投资地
(三)创新仍将是保险企业提高核心竞争力的主要手段
1. 日趋频繁的控制权交易将是组织创新的主要形式
2. 非传统风险转移(ART)将在业务经营中发挥不可替代的作用
3. 从事第三方管理将愈加成为保险公司专业化经营的一大特色
4. 信息技术将成为保险公司技术创新的主要手段
(四)新兴市场国家与发达国家监管的国际合作将进一步加强
三、新形势下中国保险业对外开放面临的主要问题
(一)世界保险业的发展状况对中国保险市场的直接影响
1. 市场冲击
2. 人才的短缺和流失

3．风险因素增加
（二）世界保险业发展的状况对中国保险业的经营环境提出了新的要求
1．高度发达的资本市场
2．高效运作的大型企业
3．高科技含量的信息技术
4．高效率的保险监管
第三部分 "十一五"期间中国保险业对外开放的战略构想
一、"十一五"期间中国保险业对外开放的基本背景
二、"十一五"期间中国保险业对外开放风险是否可控的判断
三、"十一五"期间中国保险业对外开放的基本原则
（一）以"服务国民经济和社会发展"为宗旨
（二）以"提高保险产业国际竞争力"为主题
（三）以"利用开放促进改革与发展"为主线
四、"十一五"期间中国保险业对外开放的基本策略
（一）内外发展和谐化
1．内资公司和外资公司之间的和谐
2．国内资本和国外资本之间的和谐
（二）区域政策差异化
1．中西部地区
2．东北老工业基地
（三）风险防范长效化
1．一个"偿付能力监控核心"
2．两面"金融风险防火墙"
3．"三位一体"的多维监管模式
（四）监管合作制度化
1．深化国内部际合作
2．加强国际监管合作
3．加快国际化监管人才培养

三、成果的学术价值、应用价值，以及社会影响和效益

本研究在总结"十五"期间中国保险业对外开放所取得的成就、经验与教训，占据了大量事实资料的基础上，深入分析了"十一五"期间中国保险业将会面临的国际环境，提出了中国保险业在"十一五"期间乃至今后的中长期内对外开放和参与国际市场的战略以及相应的政策措施，研究成果被吸收到《中国保险业发展"十一五"规划纲要》中，为中国保险业改革、发展与监管提供了战略指导和决策参考。

加快发展我国服务业的总体构想与政策研究

项 目 名 称:加快发展我国服务业的总体构想与政策研究
项 目 来 源:商务部委托项目
项 目 起 止 时 间:2005—2006 年
项 目 负 责 人:刘文忻
项目组主要成员:祝荣富、黄志刚、吴国华、何亚东
项目负责人所在系:经济学系
项 目 成 果 形 式:研究报告

一、项目研究的目的和意义

在我国经济快速发展、经济结构深刻变化以及经济改革不断深化的过程中,服务业在国民经济中的地位日益凸现。本课题组在收集整理相关文献资料、数据以及调查研究的基础上,客观描述了我国服务业发展的历史、现状和取得的成就,强调了加快发展我国服务业的重要意义。本课题从理论与实践相结合的角度,从宏观层面探讨了加快发展我国服务业的总体目标和具体构想;在总体目标和具体构想的前提下,从行业和企业的层面对我国服务业的重点领域展开了研究,提出了促进服务业重点领域发展的政策建议。

二、研究成果的主要内容和重要观点或对策建议

本研究报告由三部分构成。第一部分主要是考察我国服务业发展的现状和加快发展我国服务业的重要意义,论述了加快我国服务业发展将有利于国民经济持续快速发展,有利于产业结构升级优化,有利于缓解就业压力,有利于促进经济和

人的全面发展,有利于建设一个和谐社会。第二部分探讨了加快发展我国服务业的总体目标和具体构想。总体目标可以概括为:以生产性服务业和生活性服务业为重点,以促进生产、扩大消费为主线,积极推进服务业的规范化、产业化和现代化,稳步提高我国服务业在国民经济中的比重。具体构想涉及规制行业垄断、促进市场竞争,培养市场主体、提高竞争能力,加快体制改革、加强政府扶持力度,以及以加快服务业的发展来促进国民经济结构的调整和优化等重要方面。第三部分以较大的篇幅对加快我国服务业发展的若干重点领域展开了研究,阐述了服务业重点领域的发展现状、所面临的主要问题,并提出相应的政策建议。这些重点领域包括物流业、会展业、商业服务业、电影产业、电信业、金融服务业、保险业、旅游业、信息服务业、法律服务业。

本研究报告的框架结构如下:
第一章　我国服务业发展的总体情况及加快发展的重要意义
第一节　我国服务业发展的总体情况
一、服务业总体规模不断扩大
二、服务业固定资产投资稳定增长
三、服务业吸纳劳动力就业能力稳步增强
四、服务业内部结构不断优化
五、服务业发展的城乡差距进一步缩小
六、服务业对外开放步伐加快
第二节　我国服务业发展中存在的问题
一、服务业在三大产业中所占比重偏低、发展滞后
二、部分服务行业仍存在限制进入和垄断现象
三、服务业吸纳就业人数比重偏低
四、服务业行业管理尚待加强
五、人才相对缺乏,行业研究相对滞后
第三节　加快我国服务业发展的重要意义
一、有利于国民经济的持续快速发展
二、有利于缓解当前的就业压力
三、有利于产业结构的优化升级
四、有利于我国经济的可持续发展
五、有利于提升国民经济素质和运行质量
六、有利于促进经济和人的全面发展,建设和谐社会
第二章　新形势下我国服务业发展的总体构想
第一节　推动我国服务业发展的总体目标
一、大力发展我国服务业的总体构想
二、大力发展我国服务业的总体目标

第二节 推动我国服务业发展的具体构想
一、促进市场竞争,放松行业垄断
二、大力培育市场主体,提高竞争能力
三、加快体制改革,加大政府扶持力度
四、加快服务业的发展,促进国民经济结构的调整和优化
五、促进服务业的对外开放,增强服务业的国际竞争力
第三章 加快推进我国服务业重点领域的发展
第一节 物流业
一、我国物流业的发展现状
二、我国物流业存在的主要问题
三、发展我国物流业的政策建议
第二节 会展业
一、我国会展业的发展现状
二、我国会展业现存的主要问题
三、发展我国会展业的政策建议
第三节 商业服务业
一、我国商业服务业的发展现状
二、我国商业服务业面临的主要问题
三、发展我国商业服务业的对策
第四节 电影产业
一、我国电影产业的发展现状
二、我国电影产业存在的主要问题
三、发展我国电影产业的政策建议
第五节 电信业
一、我国电信业的发展现状
二、我国电信业存在的主要问题
三、发展我国电信业的政策建议
第六节 金融服务业
一、金融发展对于经济发展的作用
二、我国金融业发展现状分析
三、我国金融业发展中面临的主要问题
四、发展我国金融业的政策建议
第七节 保险业
一、我国保险业的发展现状
二、我国保险业存在的主要问题
三、发展我国保险业的政策建议

第八节　旅游业

一、我国旅游业的发展现状

二、我国旅游业存在的主要问题

三、发展我国旅游业的对策

第九节　信息服务业

一、我国信息服务业的发展现状

二、我国信息服务业存在的主要问题

三、发展我国信息服务业的政策建议

第十节　法律服务业

一、我国法律服务业的发展现状

二、我国法律服务业存在的主要问题

三、发展我国法律服务业的政策建议

三、成果的学术价值、应用价值，以及社会影响和效益

本研究报告从总体上描述了我国服务业的发展现状，强调了我国服务业的发展在整个国民经济发展中的重要作用，探讨了推动我国服务业发展的总体目标和具体构想，并据此分析了我国服务业发展的重点领域的发展现状、存在的问题，并提出了政策建议。这些研究的主要内容、基本观点和政策建议具有一定的现实意义，可供我国有关的政府经济管理部门参考。

"信用风险转移"咨询项目研究

项 目 名 称:"信用风险转移"咨询项目研究
项 目 来 源:国家开发银行
项 目 起 止 时 间:2007年1—8月
项 目 负 责 人:王一鸣
项目组主要成员:郑仁福
项目负责人所在系:金融学系
项 目 成 果 形 式:研究报告

一、项目研究的目的和意义

国家开发银行"信用风险转移"项目是在陈元行长的亲自批示下,由风险管理局方法处落实的行业重大项目。国家开发银行聘请北京大学王一鸣教授作为外部专家,辅助其实现"信用风险向市场风险转移"。课题组主要完成了两大块工作,一是根据国家开发银行的具体情形,为其提出信用风险转移的框架性解决方案,提出试点建议;二是辅助其进行相关产品的试点,主要是高等级单债项 CDS 试点,为其提供技术咨询和服务,包含客户谈判、合同判断和设计、CDS 定价和后期的 CDS 试点总结。

本课题的主要意义,是为国家开发银行设计信用衍生产品来转移其企业贷款信用风险而做出首次尝试。本课题为国家开发银行设计了 CDS 并给出具体科学的定价,我们的定价与该产品购买者/投资者(巴克莱银行)出价很接近,致使该项交易成功,这说明我们的研究是可靠的,得到了市场的检验。该成果开创了我国信用衍生产品设计与定价的研究与实践的先河,并为将来信用风险衍生产品提供了标准。该产品交易将有力地推动开创我国信用衍生品市场,从而极大地完善和发展中国金融市场。

二、研究成果的主要内容和重要观点或对策建议

在经过与国家开发银行的充分沟通后,我们根据国家开发银行的资产负债等特点,在充分分析和总结国际信用风险实践和国内信用风险转移实践的基础上,提出了信用风险转移的解决方案,并且根据国家开发银行的贷款质量和贷款集中度情形,提出了四个试点方案。结合中国的实际情形,为落实以上试点方案,我们分析了中国的法律环境和监管环境,主要讨论信用衍生产品在中国的适用性;为了提高国家开发银行的信用风险转移试点成功概率,我们分析了各主要产品在中国目前的市场中的潜在投资者群体,使得试点工作更具有针对性。此外,我们辅助国家开发银行进行CDS试点,以及在试点中对各主要问题进行总结,包含银行从事CDS交易的意义、CDS基础债项的选择标准、CDS合约的主要条款、CDS产品的定价以及CDS之后的后续管理。

第一部分,综合国际和国内的信用风险转移实践,设计出国家开发银行试点的产品框架,并且考察产品实施的法律和监管环境和产品的潜在投资者。

第一,阐释信用风险转移的概念,对信用风险原理、方法等基本概况做一些介绍,重点阐述信用风险转移对于银行的经营和风险管理的五大意义,包含转移信用风险、节省资本金、腾出贷款规模、维护客户关系和实施成本,这五点对于我们以后确定国家开发银行的试点产品具有至关重要的意义。

第二,我们对全球的信用风险转移实践做了一个系统分析,透彻阐述信用风险转移的全球发展现状以及未来的发展趋势,为国家开发银行进行信用风险转移试点提供了一个参照坐标,总结全球主要信用风险产品,形成我们研究的产品库。

第三,总结国内目前存在的信用风险转移实践、现状以及目前的特点,重点分析具有中国特色的信用风险转移产品,在国际实践的基础上,丰富我们研究的产品库,并且为国家开发银行的金融创新提供了一个基准和视角。

第四,设计国家开发银行进行信用风险转移的产品框架。在第2节和第3节,形成了国家开发银行进行信用风险转移的产品库。我们是从以下两个纬度来确定试点产品和方案的:产品的功能综合得分和产品的国内实施难度。如果产品的得分高(即转移风险、节约资本金、腾出贷款规模、维护客户关系和成本低)并且实施难度比较小,就会成为我们重点推荐的试点产品。我们通过打分的形式来确定每种产品的功能得分,信用风险转移产品具有五大功能,但并不是每种具体产品都具备这五个功能,不同产品有不同的侧重点,有些产品能完全转移风险但是并不能实现融资以腾出贷款规模,有些产品能腾出贷款规模并且实现风险转移,但是会损害客户关系。系统分析和阐述每种信用风险转移产品的交易结构和特点,根据交易结构和特点确定每种产品在每个功能上的得分。如果从以信用的打分卡评级来进

行类比的话,那么,五个功能就是公司客户的五个不同的财务指标,任务就是把每个公司(每种信用风险转移产品)的五个财务指标进行分档,如果产品能够完全满足这个功能的话,那么就可以打 100 分,如果完全不能实现这个功能的话,那么就打 0 分,如果能部分实现这个功能的话酌情给出 0 到 100 之间的分数。

我们根据国家开发银行的资产的实际情形,把国家开发银行欲进行风险转移的资产分成三个大类,即高等级债项、中等级债项和低等级债项。在选择信用风险转移产品时,不同的债项在不同功能上的侧重点是不一样的,比如高等级债项,主要侧重于维护客户关系,从而风险相对较小,因此给予客户关系维护的权重会较大,而转移风险的权重会较小;而对于低等级债项而言,客户关系已经不重要,权重很小,而转移风险的权重较大。为了确定每类资产的最优产品,需要确定这个功能的权重,我们通过专家判断法来确定每类资产的功能权重。这样,对于每类资产,根据功能得分和该功能对这类资产的权重就可以得到这个产品针对这类资产的综合得分,得分越高表明这个产品越可能成为试点产品。功能权重类似于客户评级中的财务指标的权重,综合得分相当于打分卡打出的财务指标分数。仅仅考虑产品的功能得分是不够的,如果这个产品在中国目前的环境下实施的难度很高,那么再好的产品也没有实用性,这里需要考虑评级产品的第二个纬度——实施难度,只有产品在功能综合得分和实施难度上得分都比较高时才有可能成为我们的风险转移方案。这样就设计出了信用风险转移的框架性产品。

第五,在提出可能的产品框架后,分析国内的法律环境和监管条件。

第六,针对产品框架,分析这些产品的潜在投资者构成和未来的发展前景。

第二部分,高等级单债项 CDS 试点——与巴克莱关于紫金矿业的 CDS 试点。

在国家开发银行风险管理局的积极推动下,国家开发银行主要推行了高等级单债项 CDS 试点。6 个月的过程中,我们参与辅助国家开发银行进行客户(巴克莱银行)沟通、选择债项、合约谈判、CDS 定价等全过程,提出国家开发银行的 CDS 的后续管理方法。第一节阐述银行从事 CDS 交易的意义;第二节制定了国家开发银行选择基础债项的标准;第三节总结了在 CDS 标准交易合约中的主要条款,为以后从事 CDS 交易提供蓝本;第四节提出了 CDS 定价的各种方法,指出适用于中国国情的 CDS 定价方法,并计算出该债项 CDS 的具体定价;第五节规定了 CDS 交易后银行的后续管理事项。

目录

第一部分　国家开发银行信用风险转移产品框架性设计

1.1　信用风险转移概述和意义

1.1.1　信用风险转移概述

1.1.2　信用风险转移的功能

1.2　国际信用风险转移实践

1.2.1　国际市场中信用风险转移产品

1.2.2　国际信用风险转移产品市场现状和未来的发展方向
1.3　国内信用风险转移实践
1.3.1　贷款出售
1.3.2　银团贷款
1.3.3　贷款保险
1.3.4　资产证券化
1.3.6　准市政债——中国特色的地方政府融资方式
1.4　各主要信用风险转移产品分析
1.4.1　评价体系和评价标准
1.4.2　指标权重
1.4.3　信用风险转移产品评分
1.5　开行信用风险转移产品设计
1.6　国内信用风险转移实践的法律环境和监管环境分析
1.6.1　国内信用风险转移的法律环境分析
1.6.2　国内信用风险转移监管环境研究
1.7　信用风险转移试点潜在投资者分析

第二部分　紫金矿业单债项 CDS 试点总结
2.1　银行从事 CDS 交易的意义
2.2　CDS 标的债项的选择标准
2.3　CDS 合同主要条款
2.3.1　违约事件的定义
2.3.2　结算条款
2.3.3　现金结算
2.3.4　额外条款(提前终止条款)
2.3.5　声明
2.4　CDS 定价
2.4.1　定价方法及其评估
2.4.2　基于评级的市场化定价方法
2.4.3　现金流贴现法
2.4.4　附注
2.4.5　一个值得关注的问题
2.5　CDS 后续管理
2.6　与信用连接联合贷款比较
附录　中国相关重要法律条文

新形势下企业博士后工作站在企业成为创新主体中的作用研究

项 目 名 称：新形势下企业博士后工作站在企业成为创新主体中的作用研究
项 目 来 源：人力资源和社会保障部
项目起止时间：2007年1月—2008年12月
项 目 负 责 人：张辉
项目组主要成员：钟耕深、潘涛、徐大伟、刘畅、刘保奎、刘涛、黄泽华、张琼妹
项目负责人所在系：发展经济学系
项 目 成 果 形 式：论文、研究报告

一、项目研究的目的和意义

长期以来，我国的科技活动主要集中在高校和科研院所，企业被边缘化。而今天在国际上展现国家竞争实力的恰恰是企业，建立企业博士后科研工作站，正是使企业真正成为技术创新主体的一个重要举措。但是，当前博士后科研工作站建设普遍存在着一些问题，例如联合招收合作机制有待改进，发展水平参差不齐，工作站范围广、急需分类管理等问题。本研究的目的和意义就在于根据变化的国内外环境，针对目前我国博士后科研工作站存在的问题和新时期工作站发展定位，借鉴国际经验和成功的案例，提出新形势下切实可行的完善我国博士后科研工作站运作机制的政策建议。

二、研究成果的主要内容和重要观点或对策建议

本研究在借鉴国内外博士后工作站发展经验和总结我国博士后工作站十多年发展得失基础上,突出问卷反馈信息的渠道,着重分析和研究在落实科学发展观、转变国家经济增长方式进程中,企业博士后工作站新的功能定位和与此相对应的改革路径、实施发展机制等。

核心内容包括:

1. 博士后科研工作站发展现状分析

从博士后科研工作站的发展概况、运作机制、管理制度、现有科研工作站的区域、产业及学科分布、建设水平、管理水平等方面对博士后科研工作站的发展现状进行全景式描述,以使我们首先对企业博士后工作有一个清晰而全面的认识。

2. 博士后科研工作站存在的主要问题分析

针对目前博士后科研工作站中的突出问题进行深入分析,找到问题的根源所在。第一,博士后科研工作站是否有效实现了高校和企业之间的互动发展;第二,博士后科研工作站原有管理体制能否满足新的发展需要;第三,在完善原有联合培养机制基础上,是不是需要另辟蹊径;第四,如何进一步完善和规范工作站博士后的招收、培养和出站工作;第五,如何建立健全博士后出站跟踪评估反馈机制。

3. 国外企业博士后科研运作模式和典型案例比较研究

考察世界发达地区(主要是欧美各国)的博士后科研工作站制度,从管理方式、招收和运作模式、培养和使用等方面对博士后科研工作站进行国际比较,并对各种博士后制度的运作效果进行分析评价,为我国博士后科研工作站提供有益的借鉴。根据世界各国博士后科研工作站的现状,讨论其优缺点,进而提出可以引以为戒的内容和需要注意的问题。其中主要国家和地区包括美国、欧洲、日本、印度这四个。在讨论了上述国家和地区的博士后科研工作站现状以后,总结其成功的经验,归纳其存在的问题,以为我用。

4. 问卷分析

在讨论目前国内博士后科研工作站的一般情况的基础上,根据调查数据及访谈资料,对国内几个具有较强特色的高新技术园区的现行博士后科研工作站进行分析,总结有益的经验,并提出可能存在的问题。调研的博士后科研工作站包括沿海发达地区和中西部欠发达地区,涉及的企业有外资企业、合资企业、国有企业、私营企业和事业单位。分析得出了十条结论:第一,企业博士后工作站的设立充分体现了企业短期和中长期发展战略;第二,企业博士后制度具有可持续发展的基础条件;第三,适合招收企业博士后的行业;第四,联合招收模式下企业博士后产学研沟通效能受限原因;第五,企业博士后工作站发展瓶颈;第六,企业博士后培养周期和质量问题;第七,家庭和收入水平成为约束企业博士后发展的重要因素;第八,企业

博士后培养和使用偏离了企业人才储备战略方向;第九,企业博士后缺乏企业同等待遇;第十,合作导师重要性不容忽视。

5. 政策建议

当前深化科技体制改革的指导思想是:以服务国家目标和调动广大科技人员的积极性和创造性为出发点,以促进全社会科技资源高效配置和综合集成为重点,以建立企业为主体、产学研结合的技术创新体系为突破口,全面推进中国特色国家创新体系建设,大幅度提高国家自主创新能力。

当前和今后一段时期,科技体制改革的重点任务首先是支持、鼓励企业成为技术创新主体;其次是深化科研机构改革,建立现代科研院所制度;再次是推进科技管理体制改革;最后是全面推进中国特色国家创新体系建设。作为博士后工作站也应当与此紧密结合,找准自己的定位。

博士后工作站首先应当在国家创新体系中定位为科技创新前沿高端专家人才队伍培养和选拔的重要一环,成为产学研有效结合中的重要黏合剂;其次,工作站应当成为企业研究开发投入主体中的一个重要实施载体;最后,工作站应当成为连接企业与高等院校、科研院所之间的一个重要桥梁。

未来博士后工作站建设,应该不断完善博士后工作站在产学研结合中的抓手功能,优化企业博士后工作站联合培养效能,强化工作站的产学研桥梁功能。企业博士后工作站十多年的发展经历,突出显示了其是企业的一个吸引人才、发现人才、产学研相结合的成功机制,一个沟通产业界与知识界的有效抓手,所以未来一定要在不断完善企业博士后工作站各项工作中使之大力发展。

我国未来很长一段时间会处于工业化加速发展阶段,基本可以肯定,2020年之前我国企业博士后招收应该以制造业为主;此外,企业博士后也应该优先配置给那些处于技术生命周期高速增长阶段的企业。

进一步提升企业博士后联合招收模式下各个行为主体的积极性,特别是要提升流动站和合作导师的积极性;进一步拓展企业博士后的招收渠道,保证企业招收的规模和质量。

进一步强化企业博士后在转化高校科研成果中的桥梁作用;将企业博士后的培养与企业发展更加紧密地结合起来,使更多的企业博士后能够真正融入企业的创新发展中。

进一步多渠道提升企业博士后的收入水平,努力保证企业博士后获得所在单位同等员工的同等待遇,使企业博士后能够更好地、更快地进入本职的工作状态。

篇章结构如下:

序言

第1章 博士后科研工作站发展现状

1.1 企业博士后设立渊源

1.2 博士后科研工作站发展概况

1.3 博士后科研工作站的运作机制
1.4 博士后科研工作站的管理制度
1.5 博士后科研工作站的区域、产业及学科分布分析
1.6 博士后科研工作站的建设水平分析

第2章 博士后科研工作站存在的主要问题
2.1 博士后工作站沟通高校、科研院所与企业之间的桥梁作用
2.2 联合培养机制下企业和高校、科研院所的参与度
2.3 企业博士后培养和使用的质量水平
2.4 博士后出站跟踪评估反馈机制

第3章 国外企业博士后科研运作模式和典型案例比较研究
3.1 企业博士后招收和运作模式的国际比较
3.1.1 美国博士后的基本情况
3.1.2 博士后的薪酬与福利待遇
3.1.3 教育训练、职业期望与满意度
3.1.4 中美博士后招收管理的比较
3.2 企业博士后培养和使用的国际比较
3.2.1 共同的基本特征
3.2.2 主要差异
3.3 美国、欧盟各国、日本和印度等国企业博士后制度的运作效果评价
3.3.1 日本特别研究员制度
3.3.2 德国博士后制度
3.3.3 法国博士后制度
3.3.4 瑞典有关博士后资助项目情况
3.4 国外企业博士后典型案例分析和比较研究
3.5 小结

第4章 问卷分析结果
4.1 企业博士后工作站调查问卷
4.1.1 企业博士后工作站调研概况
4.1.2 问卷分析小结
4.2 企业博士后合作导师调查问卷
4.2.1 合作导师问卷调研情况
4.2.2 问卷分析小结
4.3 企业博士后调查问卷
4.3.1 企业博士后问卷调研情况
4.3.2 问卷分析小结

第5章 结论

5.1　企业博士后工作站的设立充分体现了企业短期和中长期发展战略
5.2　企业博士后制度具有可持续发展的基础条件
5.3　适合招收企业博士后的行业
5.4　联合招收模式下企业博士后产学研沟通效能受限原因
5.5　企业博士后工作站发展瓶颈
5.6　企业博士后培养周期和质量问题
5.7　家庭和收入水平成为约束企业博士后发展的重要因素
5.8　企业博士后培养和使用偏离了企业人才储备战略方向
5.9　企业博士后缺乏企业同等待遇
5.10　合作导师的重要性不容忽视

第6章　政策建议

附录：问卷分析报告

附录1.1　企业博士后工作站调查问卷
1.1.1　企业博士后工作站概况
1.1.2　企业博士后招收和培养使用分析
1.1.3　企业博士后与企业发展的相关性分析
1.1.4　企业博士后工作站运作和管理情况分析
1.1.5　企业博士后出站情况分析

附录1.2　企业博士后合作导师调查问卷
1.2.1　合作导师基本情况
1.2.2　合作导师招收博士后情况分析
1.2.3　合作导师指导博士后情况分析

附录1.3　企业博士后调查问卷
1.3.1　企业博士后基本情况
1.3.2　企业博士后在站工作学习情况分析
1.3.3　企业博士后出站情况分析

三、成果的学术价值、应用价值，以及社会影响和效益

本研究将博士后科研工作站的发展置于中国建立市场经济体制、进行社会整体转型背景中，通过对1983—2007年发展状况的分析，探讨在历史和现实这些约束条件下该制度的内部机制"去向何处"的问题，具有极强的应用价值。同时借鉴国际经验和成功的案例，提出新形势下切实可行的完善我国博士后科研工作站运作机制的政策建议。通过问卷调查、反馈信息的渠道，总结了博士后科研工作站的十大结论。提出我国企业博士后工作站新的功能定位和与此相对应的改革路径、实施发展机制等具有很强的应用价值。

中国保险业区域发展比较研究

项　目　名　称:中国保险业区域发展比较研究
项　目　来　源:中国保监会部级课题(项目号:QNA200812)
项目起止时间:2008—2010年
项　目　负　责　人:郑伟
项目组主要成员:郑伟、刘永东、锁凌燕、孙立明、罗朝晖、桑强
项目负责人所在系:风险管理与保险学系
项　目　成　果　形　式:研究报告

一、项目研究的目的和意义

《国务院关于保险业改革发展的若干意见》提出了一系列值得研究的重要课题,"统筹保险业区域发展"即是其中之一。欲做好统筹保险业区域发展的工作,有一项最基础的研究工作,就是必须对中国保险业区域发展程度做出一个准确判断,只有这样,才能为相关政策制定奠定一个良好的基础,以免发生偏差。

在有关中国保险业区域发展方面,存在许多值得研究的重要问题,比如,中国保险业在区域间的发展程度是否真的是不平衡的?在广东、江苏等保费收入和保险密度已经很大、保险市场竞争已经相对激烈的省份,保险公司为何仍愿意"扎堆"开设经营机构?相关保险产业政策导向是否应明显向中西部倾斜?本研究将对这些问题进行研究和回答。

二、研究成果的主要内容和重要观点或对策建议

对保险业区域发展进行衡量比较的传统方法有保费收入法、保险密度法和保险深度法,这些方法各具优点,同时也存在明显的局限性。"保费收入法"的优点是,它反映了各地区保险市场的总体规模,即反映了市场发展的总体水平,但它也存在明显的局限性,即未考虑区域的人口因素、人均水平,从而未能更加真实地反映各地区保险市场发展的实际水平。"保险密度法"的优点是,它在保费收入法的基础上增加了对人口因素的考虑,考虑了人均水平,比保费收入法更能真实地反映各地区保险市场发展的实际水平,但它也存在一定的局限性,即只是单纯地考虑保险业发展,而未同时考虑经济发展,未考虑保险与经济发展的相对关系。"保险深度法"的优点是,它不是单纯地考虑保险业的发展,而是同时考虑了经济发展,即考虑了保险与经济发展的相对关系,但它仍存在一定的局限性,即未能考虑"不同经济发展阶段具有不同保险深度"这一重要规律,这一规律通常表现为,在人均 GDP 较高的阶段,保险深度往往也相应较大。

在上述分析的基础上,我们提出一种新的比较方法——"保险基准深度比"法。"保险基准深度比"(Benchmark Ratio of Insurance Penetration, BRIP)反映一个地区保险业的相对增长水平,具体而言,它衡量的是一地区的保险深度与相应经济发展阶段(此处指相同人均 GDP 水平阶段)上世界平均保险深度的相对关系。"保险基准深度比"实际上是对保险深度的一个基准化的调整,基准深度比等于 1 意味着该年该地区实际保险深度等于相应经济发展阶段上的世界平均保险深度,基准深度比小于 1 意味着该深度低于世界平均保险深度,基准深度比大于 1 意味着该深度高于世界平均保险深度。

我们提出"保险基准深度比"的一个基本考虑是,保险业是国民经济的一个部门,保险业的发展与经济发展之间存在一定的"内生"关系,保险业的发展不可能无限超越经济发展,所以,谈保险业的发展水平不能脱离经济发展水平,比较保险业的区域发展程度,也只有建立在可比的"相对于经济发展的保险业发展水平"之上,才具有真正的可比性,才有意义。

"保险基准深度比"特别适用于一国之内保险业区域发展程度的比较研究。因为在一国(特别是中国)之内的各地区之间,虽然不可避免地存在经济、社会、文化等方面的差异,但基本都不是质的差异。如在中国各地区,保险业的基本政策,以及与保险业相关的社会保障政策、税收政策、货币政策、财政政策和金融改革政策等,在本质上都是相同的。在大致相同的政策环境之下,各地区的保险基准深度比具有很强的可比性。一个地区的"保险基准深度比"越高,意味着该地区的"基准化的保险业相对发展水平"越高,也就是说,在综合考虑保费收入、人口、经济发展、保险与经济关系的规律等因素之后,该地区的保险业相对发展程度越高;反之

亦反。

在方法论讨论之后,本研究先后从横向和纵向两大视角对中国保险业区域发展进行了系统的比较分析。

首先,对中国保险业区域发展进行横向比较,即以2008年截面数据为基础,从寿险业、非寿险业和保险业总体三个方面,分别采用传统的保费收入法、保险密度法和保险深度法,以及保险基准深度比法,对中国保险业区域发展进行2008年截面的横向比较。基于横向比较,我们认为,基于传统方法做出的诸如"东、中、西依次明显递减"等有关中国寿险业、非寿险业和保险业总体区域发展的传统判断,是站不住脚的。我们提出的一组新的基本判断是:2008年,从可比意义的"相对于经济发展的保险业发展水平"(即保险基准深度比)的视角来看,中国寿险业发展呈现"中、西、东依次递减"的特征,非寿险业发展呈现"西、东、中依次递减"的特征,保险业总体发展呈现"中、西相当,东部稍逊"的特征。

其次,对中国保险业区域发展进行纵向比较,即在时间维度上进行扩展,考察1998—2008年间中国保险业的区域发展状况,以便对中国保险业区域发展有一个更加全面的认识和把握。基于纵向比较,我们有如下发现:

(1) 关于中国寿险业。第一,在1998—2008年间,东、中、西部的寿险基准深度比呈现前期明显上升、后期较为平稳的态势;第二,东、中、西部的寿险基准深度比呈现大致相同的波动趋势;第三,2003年之前,东部地区的寿险基准深度比大于中部和西部,2003年之后,东部地区的寿险基准深度比开始落后于中部,后又落后于西部。因此,从可比意义的"相对于经济发展的寿险业发展水平"(即"寿险基准深度比")的视角来看,近几年中国寿险业发展开始呈现"中、西、东依次递减"的趋势。

(2) 关于中国非寿险业。在1998—2008年间,东、中、西部的非寿险基准深度比波动较为平缓,相对稳定;而且,西部地区的非寿险基准深度比始终高于东部,东部又高于中部。因此,从可比意义的"相对于经济发展的非寿险业发展水平"(即非寿险基准深度比)的视角来看,中国非寿险业发展一直呈现"西、东、中依次递减"的态势。

(3) 关于中国保险业。第一,在1998—2008年间,东、中、西部的保险基准深度比呈现前期明显上升、后期较为平稳的态势;第二,东、中、西部的保险基准深度比呈现大致相同的波动趋势;第三,自2003年以来,东、中、西部的保险基准深度比十分接近,近一两年来东部地区的保险基准深度比略微落后于中部和西部。因此,从可比意义的"相对于经济发展的保险业发展水平"(即保险基准深度比)的视角来看,中国保险业在三大区域间的发展程度较为均衡,近一两年来开始呈现"中、西相当,东部稍逊"的趋势。

综上,在横向比较和纵向比较研究的基础上,我们可以得出有关中国保险业区域发展的一个新的总体判断、有关中国保险市场区域群聚现象的新解释、对保险公

司区域布局的新启示,以及对政府监管机构的保险业区域政策导向的新思路。具体而言,本研究的主要结论是:

第一,以可比意义的"相对于经济发展的保险业发展水平"来衡量,中国保险业在东、中、西三大区域间的发展程度实际上是较为均衡的。如果说近年来出现不均衡,则主要表现为东部地区相对落后,即相对于东部地区的经济发展,东部地区的保险业发展落后了。

第二,对于中国保险市场的区域群聚现象,与传统"市场共享效应"解释相比,"非饱和市场"是一种更具证据、更为合理的解释。在广东、江苏等相对发达的省份,虽然保费收入和保险密度已经很大,但以可比意义的"相对于经济发展的保险业发展水平"来衡量,这些地区的保险业发展程度实际相对较低,即这些地区的保险市场相对而言实际上远未饱和,尚具有很大的发展潜力和空间。因此,在这些市场竞争激烈的地区,保险公司"扎堆"开设经营机构,是正常和合理的。

第三,对于保险公司,可以有两个方面的启示:其一,区域布局不应是简单地优先考虑中西部地区,应当重视而不是放弃东部市场,因为东部市场明显仍具有很大的发展潜力和空间;其二,在东部地区应当实施差异化的市场竞争策略,即避免同质产品的价格战,针对市场细分需求开发差异化产品、提供差异化服务,将潜在市场转化为现实市场。

第四,对于政府监管机构,可以有三个方面的启示:其一,保险业区域政策导向不应是简单地向中西部倾斜,东部地区同样值得重视,而且近些年更值得重视,因为东部地区的保险业真实发展水平不仅没有表面上显示得那么高,而且还相对落后了;其二,应当高度重视东部地区的市场恶性竞争问题,否则将不利于中国保险业的健康发展;其三,应当大力加强保险偿付能力监管,特别是加强制度的执行力,对于偿付能力不足的保险公司,应当严格按照《保险法》、《保险公司管理规定》、《保险公司偿付能力管理规定》等相关法规采取相应监管措施,从而一方面规范和改善市场竞争秩序,另一方面从根本上保障保险消费者的利益。

篇章结构如下:

第一章　引言

第二章　传统比较方法及其局限

一、保费收入法

二、保险密度法

三、保险深度法

第三章　保险基准比:一个新视角

一、含义

二、适用性

三、计算说明

第四章　中国保险业区域发展的横向比较

一、寿险业

（一）传统指标及排名

（二）基准深度比及排名

（三）基准深度比与传统指标的比较

（四）东、中、西三大区域的比较

（五）小结

二、非寿险业

（一）传统指标及排名

（二）基准深度比及排名

（三）基准深度比与传统指标的比较

（四）东、中、西三大区域的比较

（五）小结

三、保险业

（一）传统指标及排名

（二）基准深度比及排名

（三）基准深度比与传统指标的比较

（四）东、中、西三大区域的比较

（五）小结

第五章　中国保险业区域发展的纵向比较

一、寿险业

（一）各省的纵向比较

（二）东、中、西三大区域的纵向比较

二、非寿险业

（一）各省的纵向比较

（二）东、中、西三大区域的纵向比较

三、保险业

（一）各省的纵向比较

（二）东、中、西三大区域的纵向比较

第六章　新解释和新启示

一、新解释

二、新启示

第七章　结论

三、成果的学术价值、应用价值，以及社会影响和效益

绝大多数传统研究文献认为，中国保险业区域发展存在明显的"东、中、西依次递减"的地区不平衡特征，保险业区域协调发展的重点应是向中西部倾斜。本研究的结论与传统研究结论完全不同。在梳理有关衡量中国保险业区域发展程度的传统比较方法及其局限的基础上，本研究提出了"保险基准深度比"这一新方法，在新的方法体系下，对有关中国寿险业、非寿险业以及保险业总体的区域发展的传统判断进行了重新审视，提出了一组新的判断，并在此基础上提出了有关中国保险业区域发展的若干新解释和新启示。

本研究提出的"保险基准深度比"方法在理论上具有原创贡献，在实践上对于中国保险业区域发展政策调整具有重要的决策参考价值。

中国政府公共资产管理机制创新研究
——中外比较的视角

项　目　名　称：中国政府公共资产管理机制创新研究——中外比较的视角（中国经济改革实施项目子项目）
项　目　来　源：世界银行、财政部
项目起止时间：2008年12月—2009年12月
项　目　负　责　人：林双林
项目组主要成员：林双林、刘怡、钱立、蒋云赟、周健等
项目负责人所在系：财政学系
项　目　成　果　形　式：研究报告

一、项目研究的目的和意义

随着改革的深入和公共财政体制的逐步建立，加强政府公共资产管理已显得日益迫切和重要。本项目通过对八个代表性国家公共资产管理经验的研究和对我国政府公共资产管理现状的研究，最终目的是完善中国政府公共资产管理制度，建立科学、合理、有效的政府公共资产管理新机制。

通过建立新的政府公共资产管理机制，可以合理地配置资产，提高资产使用效率，防止资产的浪费和流失，可以节约财政预算支出、减轻财政预算压力、增加政府非税收入。这对中国经济改革的实施将起到积极作用。

二、研究成果的主要内容和重要观点或对策建议

为促进我国政府公共资产管理机制创新,本研究在积极借鉴日本、韩国、美国、加拿大、英国、澳大利亚、德国、巴西八个国家政府公共资产管理有关的经验做法的基础上,通过对各国公共资产管理工作的基本理论、制度体系、管理模式、会计核算和预算编制体系、监督机制等方面的细致比较和深入研究,结合我国政府公共资产管理机制的发展现状,在比较和借鉴的基础上提出以下十大政策建议,作为我国政府公共资产管理机制创新的主要着力点。

核心内容包括:

1. 完善组织机构设置

科学合理的组织机构设置和权责明晰的管理职能划分对于政府公共资产管理具有十分重要的基础作用。在借鉴各国经验和尊重历史实际的基础上,我国政府公共资产管理机构设置应当按照"财政部门—主管部门—占有、使用资产的各行政事业单位"的模式进行科学设置。

2. 加快制度体系建设

应当尽快出台专门针对政府公共资产管理的法律,为资产管理目标的实现提供强有力的制度保障。同时,还应重视行政法规、部门规章等配套制度的建设,对有关法律中的原则性规定进行细致说明,并通过灵活的修订和完善机制,提升制度体系的可操作性。此外,除以行政单位和事业单位作为分类依据进行制度建设外,还应针对动产、不动产以及政府采购、公务用车、楼堂馆所等专项资产设定专门的制度规范,不断丰富与完善制度体系,为深化资产管理工作打牢基础。

3. 拓展预算管理深度

在资产管理工作中,应当促进预算管理与资产管理的深度结合。首先,政府公共资产购置等费用的发生必须事先进行预算申报,经批准后方可执行;其次,各部门在制定部门预算前应当事先将与政府公共资产有关的预算事项单独汇总并做好情况说明,提前交由本级政府财政部门审核后,方可纳入部门预算。此外,各部门计划外的公共资产临时支出应当及时事先向财政部门进行申报。通过上述机制,拓展预算管理深度,用好资产增量、盘活资产存量,促进国有资产管理目标的实现。

4. 规范资产配置处置

一方面,结合各行政事业单位的主要职能、机构设置和人员编制等情况,合理调配各单位的公共资产,解决不同地区与单位在政府公共资产占有上的"贫富不均"问题;另一方面,对于历史上形成的政府公共资产闲置、低价出租、无偿出借等现象,要充分调动各方面的积极性,明确时限积极加以整改,尽快还清"历史欠账",不断优化资源配置。

5. 优化管理流程设计

在管理流程中,应当积极落实生命周期理论中有关购置、使用、处置的基本原则,实现全过程管理的目标。在资产购置环节,应当建立专项预算初审机制、部门间调配机制、非资本化处置方式、集中采购机制、信息登记机制;在资产使用环节,应当区分动产和不动产进行分类管理,可以引入私营公司,利用市场化平台实现非资本化管理,还应当定期或不定期开展监督检查和绩效评估,有关资产增减及存量的登记应当定期进行并在一定范围内公开;在资产处置环节,可以考虑将某一层级的资产处置权限统一集中于综合管理部门,可以引入拍卖、招标等市场化处置方式,最大可能地回收资产剩余经济价值,对于非经营性国有资产转制为经营性国有资产的,要坚持严格审批和资产评估的原则,转制后的资产应当及时按照企业法人方式进行运作。

6. 改革会计核算方式

我国政府公共资产会计核算方式应尽快实现由以收付实现制为主要基础向以权责发生制为主要基础的根本性转变,改变收付实现制会计核算体系下只能反映政府公共资产的当期增减,无法全面反映政府公共资产的存量及折旧状况的缺陷。特别需要强调的是,对于因在会计核算中引入权责发生制而导致的会计核算的权责发生制计量基础和预算编制的收付实现制基础不一致所产生的一些问题,可以参照美国引入权责发生制的历史经验,通过在资产年度报告和预算之间进行对账处理、制作多年制滚动预算等方式加以克服。

7. 确立年度报告制度

在一个财政年度结束后,占有、使用国有资产,承担资产实物管理职责的行政事业单位按照一定的分类原则,尽快编制反映其所管国有资产在预算年度内的增减和预算年度末存量的报告书,并按照分级统筹的原则,及时上报相应层级的政府财政部门。经过逐级汇总,由各级政府提交人大审议,并以一定形式向社会公众公开,为决策机构、管理机构、监督机构以及社会各界参与政府公共资产的管理和监督工作提供科学可靠的信息基础。

8. 健全绩效评估机制

在我国政府公共资产管理中,应当及时建立起科学合理的绩效评估机制,完善政府公共资产管理的激励约束机制。综合管理部门应当及时与占有、使用资产的各部门沟通制订绩效计划,各部门应当及时提交绩效报告,作为综合管理部门开展资产管理工作绩效评估的基础。通过绩效预算制度,对于在绩效评估中反馈良好的单位,可以将节余的财政资金结转到下一年度继续使用,而预算绩效不佳的部门则将面临被问责或预算资金被削减等方面的约束。

9. 夯实监督检查制度

应当科学合理地建立"强化外部监督机制、促进内外监督有机结合"的全过程政府公共资产监督体系。应当加快监督制度建设、巩固内部监督机制、强化外部监督机制、发展社会监督机制,通过构建信息系统、引入社会中介、初审预算计划、审核资产购置、监理房产建设、定期和不定期抽查、审核资产处置、推行绩效评估、实行信息公开、鼓励社会舆论等手段,为实现政府公共资产全过程监督提供具体的操作手段。

10. 建立问责长效机制

在政府公共资产管理工作中,应当建立起问责长效机制,根据绩效评估的考核结果,对在资产管理和监督工作中未能完成绩效目标、存在重大失误、造成重大损失或带来恶劣影响的失职行为,依照有关问责规定,追究有关单位和官员的责任。通过建立问责长效机制,实现从应急性问责向制度化问责、封闭性问责向公开化问责的转变,将问责结果与部门预算、年度奖惩、官员任免等结合起来,提高各级行政事业单位和政府官员的行政责任意识,确保政府公共资产管理目标的妥善落实。在注重问责机制建设的同时,还应当注重预防机制的重建,对于问责过程中发现的制度缺陷和体制漏洞,应当及时进行分析总结,并抓紧对相关制度规范进行修订完善,为建立更加科学合理的预防机制提供现实依据。

篇章结构如下:

第一部分　中外政府公共资产管理理论比较研究

一、政府公共资产管理问题的由来

二、政府公共资产的定义

三、政府公共资产管理的目标

四、政府公共资产管理的理论依据

第二部分　中外政府公共资产管理制度体系比较研究

一、各主要国家现行政府公共资产管理制度体系概述

二、中国政府公共资产管理制度体系概述

三、各主要国家政府公共资产管理制度对我国的借鉴意义

第三部分　中外政府公共资产管理模式比较研究

一、各主要国家政府公共资产管理机构设置的概要介绍

二、各主要国家政府公共资产管理流程设计的概要介绍

三、中国政府公共资产管理模式的概要介绍

三、外国政府公共资产管理模式对我国的借鉴意义

第四部分　中外政府公共资产会计核算和预算编制体系比较研究

一、政府公共资产会计核算和预算编制体系计量基础的中外对比研究

二、政府公共资产预算管理与资产管理相结合的中外对比研究

三、政府公共资产绩效预算的中外对比研究

第五部分　中外政府公共资产监督机制比较研究

一、各主要国家政府公共资产监督体系的情况介绍

二、各主要国家政府公共资产监督机制的主要特点

三、我国政府公共资产监督机构的设置情况
四、我国政府公共资产监督机制的缺陷分析
第六部分　我国政府公共资产管理机制创新的政策建议
一、完善组织机构设置
二、加快制度体系建设
三、拓展预算管理深度
四、规范资产配置处置
五、优化管理流程设计
六、改革会计核算方式
七、确立年度报告制度
八、健全绩效评估机制
九、夯实监督检查制度
十、建立问责长效机制

三、成果的学术价值、应用价值,以及社会影响和效益

目前来说,国内关于外国政府公共资产管理方面的研究资料特别是一手的研究资料很少,基本是二手三手的,且不够全面准确,本项目报告正是填补了这方面的空白,具有较高的参考价值。报告体系完整、脉络清晰,所提建议对现有财政管理体制和资产管理体制有所突破,具有创新性,同时又符合中国实际情况,具有可行性。

项目报告不仅在技术层面上对我国今后行政事业单位国有资产管理机制创新提供了良好的政策建议,为制定我国行政事业单位国有资产管理规章制度、创新我国公共资产管理机制提供了政策支持和理论依据,并且在认识层面上推动了国内加强法制建设的理念,依法管理行政事业单位资产。

政府投资与农村发展

项　目　名　称:政府投资与农村发展
项　目　来　源:财政部、工信部、国资委
项目起止时间:2009年1—12月
项　目负责人:林双林
项目组主要成员:林双林、钱立、周健、李真男等
项目负责人所在系:财政学系
项目成果形式:研究报告

一、项目研究的目的和意义

（1）理论意义:本项研究致力于确立政府对农村的投资领域,即政府在建设新农村和构建和谐社会过程中应该向农村投资的领域,探讨政府各项投资的规模、顺序;构建政府对农村投资的"投入—效益"评估体系;确立政府对农村投资的资金来源渠道及保障机制;提出进一步完善政府对农村投资机制的政策建议,针对当前政府对农村投资中存在的一些问题,提出改进的思路和方案,供决策参考;通过研究政府对农村的投资,构建科学完整的公共财政支农理论,进一步完善中国公共财政理论体系。

（2）实践意义:本项研究有利于理清当前政府对农村投资的现状,理清政府对农村投资的责任边界、资金来源、使用机制及监督体系等问题,力求通过实证、模拟及定量分析等研究手段,将当前政府对农村投资的现状描绘清楚,弄清情况、摸透问题,为相关政策的制定实施提供切实有效的建议。有利于建立完善的政府对农村投资的投入效益评估机制;有利于建立政府投入和社会投入相协调的农村综合投资体系;有利于加快弥合城乡差距,实现新农村建设的各项目标。

二、研究成果的主要内容和重要观点或对策建议

本课题报告主要分为五大部分,第一部分对政府投资和农村发展进行宏观分析,主要包括四个方面,一是对中国农村和农业发展进行梳理,二是对劳动力转移、农业发展和城镇化之间的关系进行研究,三是就政府投资对农业发展的影响进行实证分析,四是对政府农村投资的机制进行研究,这部分的目的在于为我们进一步的研究提供理论背景和理论支撑。接下来主要从三个大的方面来说明政府农村投资的现状、问题和相应的政策建议:第二部分是政府投资和农业生产能力发展,包括农业基础设施投资、农业科技投资、农业生产补贴投入,对应于前面提出的政府对现代物质生产要素的投资;第三部分是政府投资和农民人力资本发展,包括农村义务教育投资和农村医疗卫生投资;第四部分是政府投资和农村生活保障发展,包括农村生活设施投资和农村养老保障投资。对中国的实际情况研究之后,在第五部分总结了国际上主要国家的农业政策的演变、现状以及效果,尤其对韩国的新村运动进行了详细的分析和阐述,以期为我国政府农村投资提供借鉴。

(一) 针对政府投资和农村发展的宏观问题提出的建议

1. 促进农村劳动力转移的建议

推行农村土地私有化,按土地用途征收累进财产税;改革以户籍制度为基础的城镇福利体系:① 将农民工纳入城镇住房保障体系,以廉租房为主要解决方式;② 多层次解决农民工社保,建立全国统一的农民工养老保险体系,实行个人积累模式;③ 保障农民工子女与城镇居民子女享受同等的义务教育权利,其经费主要由中央政府负责,并推行教育券。

2. 改革政府农村投资机制的建议

(1) 深化财政管理体制改革:① 完善中央与地方的财权事权划分机制;② 完善省以下财政管理体制;③ 完善转移支付制度。

(2) 推进基层行政事业单位机构改革:① 推进部分涉农机构市场化改革;② 推进部分涉农机构公立化改革;③ 推进行政事业单位人员转置分流。

(二) 针对政府农村投资和农业生产能力发展中的问题提出的建议

(1) 加大土地整理投入,规范土地流转市场,刺激土地流转积极性。

(2) 建立稳定的设施农业财政支持制度,提高设施农业的研发水平。

(3) 加大农业科技投资强度,调整农业基础科研体系建设。

(4) 完善投资机制,推动基层农技服务体系改革:① 理顺财政体制,鼓励企业和私人资本进入基层农业科研生产领域;② 拓宽投资渠道,逐步推动基层农业科研机构企业化运作;③ 引入新的农业科技推广体系责任机制,鼓励培养高素质推

广人员;④ 结合生产实践特点,建立长效有针对性的农业科技培训体系。

(5) 重视农业科技投资环境,积极培育、监管农业科技市场:① 完善融资渠道建设,鼓励农民利用农业科技成果;② 建立农业科技成果产权保护体系;③ 农业科技投资的重点向生态农业、循环农业倾斜,加强农业面源污染防控和农产品质量安全监管。

(6) 分阶段改革农业补贴计算方法:① 短期内实行面积补贴和产量补贴相结合的补贴方式;② 中期内建立差价补贴体系;③ 长期内实行对单一农户与耕地面积、农业产量不挂钩的直接补贴。

(7) 调整农业补贴发放模式。

(三) 针对政府农村投资和农民人力资本发展中的问题提出的建议

(1) 提升农村中小学的软件条件:① 城镇中小学教师支援农村;② 农村中小学校管理层培训与交流;③ 保证农村中小学教师的工资待遇与全国平衡。

(2) 加强农村中小学的硬件设施。

(3) 逐步推广十二年义务教育:第一步,结合中等职业教育;第二步,普及农村十二年义务教育;第三步,全国普及十二年义务教育。

(4) 推行中央政府、劳务输出地和输入地政府共同负担补贴、企业主导的农民工技术培训方式。

(5) 改善农村医疗卫生条件:① 加强对欠发达地区和农村地区的支持力度;② 加强医护人员培训,提高乡村医护水平;③ 加强对疾病预防的财政补助;④ 加强网络化建设,实现城乡一体化。

(6) 完善新型农村合作医疗制度:① 条件适当的地区可以引入商业保险管理医保资金;② 采取科学管理方式,简化新型农村合作医疗报销程序;③ 确立合理的新型农村合作医疗补贴目标;④ 规范医疗服务行为,严格审核机制。

(四) 针对政府农村投资和农村生活保障发展中的问题提出的建议

1. 逐步建立以全国统筹、个人账户为模式的社会养老保障体系

第一阶段:统一农村和农民工社会养老保险体系;

第二阶段:统一城乡养老保险体系;

第三阶段:形成完善的社会养老保险体系。

2. 改善农村生活基础设施条件

(1) 农村饮水安全工程:① 加大中央财政专项转移支付力度并重点向中西部倾斜,明确基层政府工作责任,强化对工程建设的监督约束;② 通过合理方式筹集管理运营资金,发展因地制宜、群众满意的管理运营机制,加强水源保护和水质监测,提高饮水安全工程质量效益;③ 通过转移饮水高危和极困难地区人口,扩大城镇自来水网覆盖范围,加快集中供水工程建设等措施,扩大饮水安全工程受益

范围。

（2）农村改厕工程：① 继续加大财政对该项工程的专项投入；② 资金投放有的放矢，适度因地制宜进行改厕。

（3）农村新民居建设：① 保障农民基本住房条件，摒弃过度建设新农居；② 加快城镇化进程，原有土地可专用土地流转。

（4）农村沼气池工程：① 财政补贴加大力度，尤其要向贫困农户倾斜；② 严格建造标准和工程监督，更新政绩观念，注重沼气池的建设质量；③ 建造集中供气的大型池站，推广新型沼气修建技术，提升工程质量，降低供气成本；④ 开展面向农民的使用技能培训，注重对沼气使用的监督检查，及时拆除病废气池，避免安全和污染隐患。

（5）农村道路建设：① 中央加大对"村村通公路"工程投资，并将后期维护资金纳入转移支付范围；② "村村通公路"应因地制宜，有效节约修建；③ 鼓励农民自主修建村内道路；④ 引进其他资金，鼓励有条件的村庄自行筹资。

（6）农村文化娱乐设施建设：① 继续投入"广播电视村村通"工程建设；② "送书下乡工程"需根据需求进行发放；③ 可以与学校图书馆进行挂钩；④ 文化娱乐的建设应该规划长远。

篇章结构如下：

前言

第一节　本课题的理论基础和理论框架

第二节　政府农村投资的必要性和重要性——文献综述的视角

第三节　政府农村投资存在的主要问题和改进建议——文献综述的视角

第四节　对现有研究成果的评价和本研究的主要创新点

第一篇　政府农村投资和农村发展的宏观分析

第一章　中国农村和农业发展

第一节　农村人口和农村就业

第二节　农村固定资产投资

第三节　农业产出

第四节　农村居民收入和消费

第五节　结论

第二章　农村劳动力转移、农业发展和城镇化

第一节　中国农村劳动力转移情况及影响因素

第二节　农村劳动力转移存在的问题

第三节　政策建议

第四节　结论

第三章　政府对农村投资的实证分析

第一节　国家财政对于农村地区的支出

第二节	政府投资与各省农村经济发展:实证分析
第四章	政府农村投资机制
第一节	政府农村投资机制现状
第二节	农村投资存在的问题及对策
第二篇	政府农村投资和农业生产能力发展
第五章	政府农业基础设施投资
第一节	农业基础设施现状
第二节	基础设施投资机制问题与建议
第三节	农业现代化与基础设施
第六章	农业科技投资
第一节	政府在农业科技投资中的作用
第二节	我国政府农业科技投资的近期实践
第三节	政府农业科技投资面临的问题
第四节	政策建议
第五节	结论
第七章	我国农业补贴政策的绩效分析
第一节	农业补贴政策现状
第二节	农业补贴政策作用
第三节	农业补贴政策中的主要问题
第四节	国际经验借鉴
第五节	关于农业补贴政策的几点建议
第三篇	政府农村投资和农民人力资本发展
第八章	农村义务教育投资
第一节	研究现状与研究意义
第二节	我国农村中小学教育现状
第三节	农村义务教育存在的问题
第四节	政策建议
第五节	普及十二年义务教育成本核算
第六节	结论
第九章	农村医疗卫生服务体系
第一节	农村医疗卫生服务体系的现状
第二节	新型农村合作医疗
第三节	农村医疗卫生服务体系的主要问题
第四节	完善农村医疗卫生服务体系的建议
附录一	国外农民医保模式与启示
附录二	美国距实现医保改革只有两步之遥

第四篇　政府农村投资和农村生活保障发展
第十章　农村社会养老保障研究
第一节　农村养老保障的现有形式
第二节　我国农村社会养老保险制度的建立与发展
第三节　农村社会养老保险制度存在的问题
第四节　农村社会养老保险制度的探索
第五节　结论
第十一章　农村生活基础设施建设
第一节　农村生活卫生基础设施建设
第二节　农村生活硬件基础设施建设
第三节　农村精神文明生活建设
第四节　结论
第五篇　政府农村投资的国际经验
第十二章　农业政策的国际经验及借鉴
第一节　中国农业现状
第二节　美国农业政策体系介绍
第三节　巴西农业政策研究
第四节　欧盟农业政策研究
第五节　日本农业政策研究
第六节　总结
第十三章　韩国新村运动
第一节　新村运动的背景
第二节　新村运动的内容
第三节　新村运动的过程
第四节　新村运动的成就
第五节　新村运动的借鉴意义
第六节　总结
第十四章　政府农村投资的政策建议
主要参考文献

三、成果的学术价值、应用价值，以及社会影响和效益

本课题研究不仅在技术层面上对政府今后进行农村投资方面提供了良好的政策建议，为促进农村劳动力转移、改革政府农村投资机制、促进农民人力资本积累的投资、改善农村生活保障的投资等方面提供了政策支持和理论依据，并且在认识层面上揭示了政府投资对农村发展的重要性。

社会保障改革与我国工业发展

项 目 名 称:社会保障改革与我国工业发展
项 目 来 源:财政部、工业和信息化部、国资委
项 目 起 止 时 间:2010年12月—2011年12月
项 目 负 责 人:林双林
项目组主要成员:林双林、蒋云赟、钱立、李时宇、郭永斌、李真男等
项目负责人所在系:财政学系
项 目 成 果 形 式:研究报告

一、项目研究的目的和意义

(1)理论意义:针对我国养老保障体制的个人账户缺口、隐性债务、公平性,国内的研究依然存在不足,我们的研究弥补了这些不足,这也正是本课题的理论意义所在。这里我们将当前研究的不足归纳为以下几点:第一,在是否做实个人账户方面,所有的文献都只是提出是否要做实个人账户,但并没有具体计算出我国现有个人账户的应有规模和个人账户存在多大缺口。第二,对我国养老金隐性债务的估计结果差异较大,估计年份较早,同时对养老金隐性债务的估计仅局限于对企业养老金隐性债务的估计,并且没有对未来隐性债务进行预测。第三,在养老保障体制的公平性方面,大部分研究仅仅依赖于当期收入,难以区分代内和代际之间的公平性,即使使用终生收入,其研究方法也比较简单,通常基于吉尼系数的比较,只能得到公平性的宏观认识,而且之前的研究没有分别对代内公平和代际公平进行详细分析。第四,在如何弥补个人账户缺口和未来养老金隐性债务上,相关文献只是指出了弥补的途径,没有分析这一途径会对社会福利造成的影响。

(2)实践意义:测算我国养老保障体制的个人账户缺口,有助于我们判断政府

当前做实个人账户的成本和难度;通过最新数据精确测算我国企业和机关事业单位的隐性债务并做出预测,有助于我们对政府财政的可持续性情况有更新的、更全面的、更前瞻性的了解;通过严格的理论模型分析人口老龄化和城镇化对养老保障体制的可持续性影响,并分析政策的福利影响,使得我们的未来改革有更充分、更可靠的依据;详细分析我国养老保障体制的代内公平和代际公平,有助于政府对体制的公平性有更精确的认识,从而采取改革措施以平抚民众对于体制不公平的日益不满。

二、研究成果的主要内容和重要观点或对策建议

本研究关注的是工业化背景下的养老保障体制改革,而上述工业化过程中人口结构的变迁和养老保障体制本身的特点就决定了我们至少需要对以下两个方面的问题进行研究:一是当前养老保障体制的可持续性,二是当前养老保障体制的公平性。本研究也正是从这两个大方面着手的。

对于前一个问题,我们分为以下几个方面来研究:一是对全国及各省的个人账户应有规模和缺口进行测算;二是基于精算模型对当前养老保障体制的隐性债务进行测算和预测;三是基于一般均衡模型就新农保制度、人口老龄化以及城镇化对我国城镇和农村养老保险体系的可持续性的影响进行模拟分析。

对于第二个问题,我们基于终生潜在收入的概念,通过微观数据分析了目前的养老保障体制整体上的累进性以及职业间的不平等,并且深入分析了造成不平等的原因。

我们得到的分析结论和政策性建议:

第一,个人账户应有规模巨大,缺口当前尚处于可控范围,但是长期内可能不可持续,需要尽快做实个人账户,同时改革个人账户基金管理模式,实现中央集中管理。

第二,现收现付制下的养老金承诺导致的隐性债务规模巨大,并且随着人口老龄化程度的不断加深,需要在做实个人账户的基础上逐渐做大个人账户,缓解政府的隐性债务压力。

第三,工业化和城镇化进程可能会使得养老金替代率大幅下降,为了避免因维持替代率不变而造成很大的养老金缺口,中国的养老保障体制应该逐渐做大个人账户。

第四,考虑到代际公平,机关事业单位的养老保障体制应该转为城镇企业养老保障体制,同时做实个人账户并提高"养老基金保值率"。政府还应该加快新农保覆盖面扩大的速度,并且在现有的财力水平下,提高基础养老金水平。

第五,从代内的公平性考虑,目前的城镇养老保障体制存在严重不平等,不但是因为机关事业单位的特殊待遇,更是因为缴费和受益规则本身的设计问题,我们

建议应该尽快统一养老保障体制,取消对于缴费下限的设置,并且做大个人账户。

篇章结构如下：

引言

第一章　我国养老保险概况

1.1　我国城镇企业基本养老保险概况

1.2　我国机关事业单位养老保险概况

1.3　我国私营企业、个体工商户和灵活就业人员养老保险概况

1.4　城镇居民养老保险制度

1.5　我国农村养老保险

1.6　我国农民工和失地农民养老保险

第二章　养老保险个人账户基金缺口与管理

2.1　文献综述

2.2　养老保险个人账户基金缺口

2.3　养老保险个人账户基金的管理

附表　分地区养老保险个人账户基金应有规模和缺口

第三章　养老保障、社会分层和不平等

3.1　引言

3.2　中国"分层式"养老保障体制的特点

3.3　数据和方法

3.4　终生潜在收入、终生收入和个人养老金收支预测

3.5　养老保障体制的平等性分析

3.6　敏感性分析

3.7　现行养老保障体制规则的累退性原因分析

3.8　结语

第四章　养老金隐性债务估计

4.1　引言

4.2　养老金隐性债务估计模型

4.3　养老金隐性债务预测数据来源

4.4　养老金隐性债务预测结果分析

4.5　养老金隐性债务的敏感性分析

4.6　现收现付制下未来养老金隐性债务预测

4.7　结论

第五章　代际核算体系的构建和我国社会保障改革研究

5.1　绪论

5.2　代际核算方法的基本原理和应用

5.3　我国代际核算体系的构建

5.4 我国养老保险缴费和养老金支付预测

5.5 代际核算体系中的生长率增长率和贴现率研究

5.6 我国代际核算体系构建和政策模拟

5.7 结论

第六章 人口老龄化与养老保险体系改革

6.1 问题的提出

6.2 模型

6.3 参数校准

6.4 模拟结果

6.5 结论与政策建议

第七章 总结

三、成果的学术价值、应用价值，以及社会影响和效益

基于对已有文献的梳理，针对现有研究的不足和空白，本研究着眼于未来老龄化情况下的养老保险制度的可持续发展，对我国现有养老保险制度的相关问题进行了研究。本研究的创新之处主要体现在以下几方面：

第一，利用养老保险基金累计结余弥补个人账户基金缺口，并由此对各地养老保险个人账户基金缺口进行了测算，同时对各省市的个人账户的应有规模和缺口进行了测算。研究这个问题不仅有利于社会各界正确认识个人账户的缺口问题，而且可以为做实个人账户提供一个可行性方案。

第二，在对我国养老金隐性债务的估计中，本研究结合最新的养老保险政策，根据世界银行PROST的研究方法，建立了动态的精算养老金估计模型，利用最新的数据，以2009年为测算时点，全面估计了我国企业、改制和未改制的机关事业单位的总养老金隐性债务。同时建立了人口估计模型，利用城市化率和城镇养老保险参保率估计出了未来各年城镇养老保险覆盖人口，利用养老保险覆盖人口和养老保险隐性债务精算估计模型，估计了未来90年间在现收现付制下每年养老保险隐性债务的规模。

第三，在代内公平性的测算中，我们利用微观数据对当前"分层式"的养老保障体制的平等性进行分析，发现目前的体制存在着严重的不平等性。因此，一是应统一机关事业单位和企业的养老保障规则，这方面目前已开始从事业单位进行试点，机关单位改革也需要提上议事日程；二是建议取消对于缴费下限的设置，缴费统一为工资的28%；而对于养老金领取方面，本研究的结果表明，累进性并不是很强，因此，可能在养老金发放规则上需要更进一步地体现平等性。

第四，本研究建立了中国的第一套代际核算体系，我们利用构建的代际核算体系对几种养老保障体制的改革措施对于代际平衡的影响进行了模拟分析，主要结

论是:① 推迟退休年龄会改善代际不平衡状况;② 机关和事业单位养老保障制度改为城镇企业养老保障制度也会改善代际不平衡状况;③ 应该尽快使个人账户成为实账,通过提高养老基金保值率来激励单位和个人参加养老保险改革。

第五,本研究构建了涵盖中国城镇和农村养老保险体系的两部门一般均衡模型,并用中国数据校准模型参数,采用 Auerbach and Kotlikoff(1987)中的迭代方法对模型进行数值模拟,分析了新农保制度、人口老龄化以及城镇化对我国城镇和农村养老保险体系的影响,发现养老金替代率会大幅下降,而如果要维持初始的养老金替代率,会带来很大的养老金缺口。我们分别考虑了三种改革措施来避免这种缺口的产生,同时比较了每项改革措施对于不同人群的福利的影响。

我国烟叶收购价格形成机制

项 目 名 称：我国烟叶收购价格形成机制
项 目 来 源：国家发展和改革委员会
项目起止时间：2012年迄今
项 目 负 责 人：董志勇
项目负责人所在系：经济学系
项 目 成 果 形 式：研究报告

一、项目研究的目的和意义

  烟叶是卷烟工业生产所需的重要基础原料,烟叶种植产量的多少与质量水平的高低,对烟草业自身的发展至关重要;烟草产业在中央及地方政府财政收入中举足轻重(2008年中国烟草总体税收约5 000亿元,占全国财政收入的8%左右),涉及几百万烟农的切身经济利益,烟叶价格直接影响广大烟农的种烟积极性,是按质按量圆满完成烟叶种植计划和收购计划的基础。在市场经济条件下,及时、准确、合理地制定烟叶价格,对加强烟叶种植宏观调控、科学有效地组织指导烟叶生产、优化烟叶生产结构、促进烟叶生产的稳步发展、维护国家利益和烟农利益、促进烟草企业的可持续发展,具有十分重要的战略意义。

  项目研究的目的,是通过对中国烟叶价格形成机制研究的系统分析,从现行烟叶计划价格体制入手,就宏观价格政策对烟叶种植生产、收购、调拨等流通环节的影响,以商品价格形成原理,研究烟叶价格形成机制,建立科学的烟叶价格形成机制,指导烟叶价格的合理定价,通过价格杠杆有效调节烟农、烟草公司、卷烟工业、中央与地方政府之间的利益关系,实现烟草种植、加工产业和市场流通等领域各个利益主体之间利益的动态平衡和协调发展。

二、研究成果的主要内容和重要观点或对策建议

（一）核心任务

（1）完善烟叶价格形成机制，理顺烟叶生产、流通等各利益主体之间的利益关系；

（2）解决经济发展过程中，产业结构调整变化对烟叶区划布局的管理要求，为如何调整区划布局提供依据和方法；

（3）科学制定烟叶收购价格和补贴性政策，引导烟农持续、稳定、科学发展烟叶种植生产。

（二）研究方向与内容

（1）建立烟叶种植的初始环节到市场终端的商品价格体系，即烟叶种植、收购、调拨、复烤加工、卷烟产品生产及市场销售等各个环节有机结合的价格体系。

（2）分析烟叶种植产业经济发展与产业结构调整形成的比较效益，研究提高烟农生产积极性的配套扶持政策。

（3）利用各种经济杠杆，研究烟叶种植产业与烟农、烟草企业、地方政府等各利益主体之间的利益平衡关系，推动烟叶产业持续、稳定、协调发展。

（4）统筹兼顾，优化产区布局和优化烟草种植品种结构，充分考虑各地经济发展水平的不平衡性、产业结构的差异性，从宏观政策上有效配置烟叶生产要素资源，保障烟叶产业发展的政策措施。

（5）分析研究烟草种植区域和烟叶质量差异性的适应政策，从客观反映烟叶生产成本和商品价值的角度，找准烟叶价格成本决定因素。

（6）研究收购价格制定和调整过程中，各政府职能部门、烟草企业的职责和工作程序，解决烟叶收购价格制定、调整滞后等问题，客观反映供求利益关系。

（7）研究现代烟草农业发展倾斜政策，加快烟草农业"一基四化"建设进程，建立规模化种植、集约化经营、专业化分工、信息化服务体系，创新烟叶种植生产组织模式和生产经营管理模式，推动烟草产业发展。

（8）研究科技创新鼓励政策，加大新型实用技术的推广应用，全面推进烟叶标准化生产，加快精细化和规模化种植的现代烟草生产进程，以中式卷烟品牌发展需求为导向，加大烟草农业科技投入，推动烟叶生产技术发展，不断增强烟叶生产技术科技含量和提高烟叶原料品质质量和安全性。

（三）具体措施计划

1. 烟草产业的需求与供给关系研究

在烟草专卖体制下，总体需求计划的制订和分解及下达：

（1）卷烟工业总量和结构需求，以宏观经济调控、指导，国家编制和下达总体计划；

（2）国家烟草局落实计划并分解到烟草工业和烟草商业；

（3）烟草商业对烟叶种植区域进行规划和下达计划任务；

（4）各级烟草公司实施计划种植与生产控制。

2. 烟草种植区域优化、布局与动态调整关系研究

烟草种植区域优化、布局总体指导思想，以中国主要烟叶产区为重点、南方烟区为核心，构建中式卷烟的战略性原料基地，特别是从支撑中式卷烟品牌发展需求的高度，把云南建成核心战略性原料基地。

（1）研究烟叶生产品种结构优化、中式卷烟品牌发展对烟叶品种和数量需求的关系，做好三个倾斜：倾斜于烟叶主产区，倾斜于优质烟叶种植区，倾斜于烟草种植比较效益优势烟区。

（2）调研各地区经济发展的水平、产业情况对烟农的影响。

（3）调研产业结构调整形成的比较效益对烟农利益与从业选择的影响。

3. 烟叶生产需求与供给非均衡性关系研究

（1）研究生产总量的平衡控制措施，防止烟叶生产的周期性波动和挫伤烟农种烟的积极性。

（2）通过宏观调控办法，研究管制性价格和补贴性政策及具体实施管理办法，通过预警系统的建立和健全，解决结构性的平衡与周期性波动问题。

（3）需求信息传递、收集和管理，购销合同管理的实施。

4. 社会经济发展内生变量和外生变量主要因素的关系研究

（1）中国城市化进程中土地使用价值与烟叶种植经济效益问题。

（2）烟叶生产资料价格变动对烟叶生产成本的影响。

（3）劳动力价格上涨对烟叶生产成本的影响。

（4）烟农可替代经济收入的选择模型。

（5）卷烟消费需求变化对卷烟工业的烟草加工、烟叶生产的影响。

（6）其他社会经济相关因素。

5. 市场经济条件下烟叶价格管理机制研究

（1）建立工业反哺的政策调节机制，有效解决利益冲突带来的不良博弈行为，确保烟农利益。

（2）以国家财政按税收比例返还地方政府，实行专项扶持基金，专款专用，建立有效的监督机制，引导和激励烟农提高烟叶生产种植水平。

（3）在宏观价格的管制体系下，研究烟叶产业政策、价格调整、补贴政策等配套措施，调节供需利益关系和烟草品种结构性矛盾。

（4）烟叶价格体系与比价体系（如替代烟叶生产的粮食及其他经济作物）、地

区差价、品质差价、指令性价格、指导性价格、补贴价值及其表现形式。

6. 烟叶生产成本分析与价格补贴关系研究

（1）建立烟叶生产成本的数学模型，对影响生产成本构成的主要因素进行回归分析和关联度分析，模型主要用于对各地收购价格的制定和调整，提供数据库和趋势预测分析。相关因素初步定为：① 土地成本：烟区土地租金，粮、烟补贴差异；② 劳动力成本：育苗、机耕、移栽、田间管理、烟叶采烤、交售等；③ 物资成本：地膜、肥料、农药、燃料、动力等；④ 设施成本：烟杆、线绳、喷雾器、烤表及易损物资、烤房等固定资产折旧；⑤ 资源成本：水利、电力、工作场地等；⑥ 管理成本：生产培训与技术服务；⑦ 信用社贷款利息：烟农用于烟叶生产的小额信贷资金成本。

（2）烟叶收购价格补贴和实现形式专题研究，对现行价格补贴和实现形式进行总结，保持切实可行的做法，如对烟叶生产资料的供给，以价格补贴形式给烟农，以确保烟叶生产的内在质量。

7. 价格补贴政策制定依据研究

（1）价格补贴政策与实施，确立地方政府（发展和改革委员会、物价、税收、财政等）部门、烟草工业、烟草商业、烟农各利益主体的职责和分工。

（2）收购价补贴制定与调整的工作指导原则、工作程序和流程梳理。

（3）烟草产业税收政策的制定与调整，重点研究与烟叶相关的税收政策。分成国家税种和地方税种，制定烟草工业反哺农业的税收政策，加大烟草商业的生产技术投入与服务、地方政府制定政策扶持烟农。

8. 烟叶收购价格和调拨价格的关系研究

（1）烟叶收购定价及调拨定价存在问题分析，对可能存在的问题进行实证和评价认定：① 烟叶收购价格制定中烟农没有话语权，烟叶收购价格偏低，烟叶种植成本又不断上升，农民种烟积极性下降；② 目前我国烟叶结构性供求矛盾明显也影响到烟叶价格，这种烟叶结构性供求矛盾体现在：上、中等烟叶供不应求，下、低等烟叶供过于求，随着人民生活水平的不断提高，对高、中档卷烟消费需求增加，对下、低档卷烟消费需求减少，这种矛盾还有扩大的趋势；③ 烟叶等级划分复杂，增加了收购定价的难度；④ 烟叶收购方具有强势地位，收购中损害烟农利益事件很容易发生；⑤ 地方政府过度依赖烟叶税收，但是往往忽略了烟农的利益诉求；⑥ 工商企业之间的烟叶调拨环节，容易发生等级认定上的冲突。

（2）完善烟叶价格定价对策研究：① 推行和优化目前实行的烟叶合同收购价格方式。② 进行烟叶税制配套改革，从根本上理顺烟叶收购价格，研究配套推行烟叶税制改革。③ 调整现行价区划分，优化烟叶价格等级，推行优质优价定价机制。④ 推行原烟交接，委托加工。⑤ 保护烟农利益，提高烟叶价格政策的公平性。在烟叶收购价格制定过程中，多听取烟农意见，提高烟叶价格政策制定的公平性和科学性。⑥ 加大对烟叶价格制定政策的监督检查力度。⑦ 建立宏观调控体系,积极推行国家储备调节和价格基金调节制度,以备在生产供应发生大的波动,价格水平畸高畸低时稳定供求、稳定价格。⑧ 开展价格信息服务和信息反馈控制。一方面为烟农生产提供信息服务,另一方面作为提高价格法规体系的执行力的重要手段。实行合同收购后,各地收购价格水平可能会出现较大的差异,畅通的信息流通是平衡各地价格水平的重要手段,同时,价格运行要有章可循,通过不断健全和完善价格法规来约束和强化生产者和经营者的经济行为。

9. 国内外烟叶价格政策比较研究

（1）国外烟草公司的战略规划与年度计划经营、预算管理体系。

（2）集团化和区域化公司的管控模式、管控方式研究。

（3）品牌与烟叶种植基地的关系。

（4）烟叶种植基地的规划。

（5）收购方与生产方经济关系（合同、补贴、税收、价格等）。

（6）烟叶种植基地的经营管理（规模化、集约化、科技化、标准化与烟叶科技、技术应用研究）。

三、成果的学术价值、应用价值,以及社会影响和效益

根据烟叶收购价格形成机制研究的要求,综合烟叶收购价格形成机制研究成果,充分考虑烟草行业发展状况、烟叶生产流通特点,兼顾烟草公司与烟农、消费者之间的利益关系,妥善处理好烟叶收购价格与烟叶生产投入补贴关系,充分借鉴国外有价值的经验和做法。提出:① 烟叶收购价格政策总体目标;② 烟叶收购价格的基本思路;③ 烟叶收购的定价原则;④ 建立烟叶生产成本分析预测模型、烟叶价格水平测算模型、烟农收益测算模型、烟叶差比价调整计算模型。

国际项目

奥运会总体影响

项　目　名　称：奥运会总体影响
项　目　来　源：国际奥组委
项目起止时间：2003年7月—2004年7月（董志勇参与时间）
项　目　负　责　人：董志勇（子课题"奥运会总体经济影响"）
项目负责人所在系：经济学系
项目成果形式：研究报告

一、项目研究的目的和意义

从1896年开始经过一百多年的发展，奥运会已经从默默无闻发展到备受全球瞩目，其对世界的影响也日渐广泛和深远。在北京奥运会上，国际奥委会要求主办城市评估其所主办奥运会的全面影响（包括在环境、社会—文化、经济三个领域的影响），并在该届奥运会结束后两年提交正式评估报告。

把奥运会全面影响的评估报告作为提交给国际奥委会的正式文件之一，一方面可以帮助国际奥委会了解奥运会的举办对主办城市乃至主办国的全面影响；另一方面也将为国际奥委会的正确决策提供更坚实的理论支持，并影响国际奥林匹克运动的发展方向。对奥运会全面影响的评估涉及社会的各个方面，需要多个部门的支持和参与，将对扩大国际奥林匹克运动的影响起到积极作用。北京作为第一个能够对奥运会整个阶段的全面影响进行评估的城市（由于评估奥运会全面影响所考察的时间跨度是从申办奥运开始到奥运会结束后两年，因此希腊和都灵都不能提供完整的报告），实施这项工作具有里程碑式的意义，将为以后各主办城市实施该项评估工作提供示范作用，并为国际奥林匹克运动留下一份遗产。

北京举办奥运会，是我国21世纪初期的一件大事，是北京加快经济社会全面发展的一次难得的历史性机遇,也是"和平、友谊、团结、拼搏"、促进人的全面发展的奥林匹克精神在世界人口最多的国家、在世界上最大的发展中国家得到弘扬的百年一遇的机遇,古老而博大精深的东方文化与"新北京、新奥运"有机地融合在一起,必将为奥林匹克精神赋予新的理念、新的内涵,为奥林匹克运动留下独特而珍贵的遗产。因此,北京奥运会的意义和影响远远超出了奥林匹克运动本身。北京举办奥运会,必将进一步促进世界各国人民之间的交流、友谊和贸易往来,从而进一步促进经济全球化;必将加快我国向社会主义市场经济转轨和全面建设小康社会的步伐;必将加快北京实现"新三步走"的战略目标,加快北京在全国率先基本实现现代化。北京举办奥运会,将会对北京及其周边地区的产业结构调整和经济发展产生广泛而深远的影响,将会对全国的经济发展和新型工业化进程产生重要的影响,还会对广大发展中国家的经济发展和世界经济的发展产生一定的影响。

中国目前正处于社会经济发展的转型期,情况变化较快,加之诸多影响错综复杂,这对正确评价奥运会的全面影响提出了挑战。为了更好地实施本项目,研究方法需要有所创新;在实施本项目的过程中,需要收集大量数据并建立数据库,并在科学分析和处理这些客观数据的基础上运用国际通行的研究方法进一步分析。因此,本项目的实施将可能改善中国社会科学研究的状况,促进国内社会科学研究的发展,使之更好地为政策决策提供支持并指导社会实践。

1. 项目的性质

(1) 从总体上讲,本项目是以人文社会科学为主的多学科交叉的研究;

(2) 本项目是对区域复杂社会经济系统及社会—经济—环境复合系统长时间演变的连续观测和分析;

(3) 所要观测和评价的奥运会影响是与其他驱动因子的影响共同发生作用的,识别和分离这些影响对于准确评价奥运会的影响十分重要;

(4) 本项目从涉及内容之广泛、持续时间之漫长、拟解决问题之复杂的角度讲,都可以被视为一项具有重要实践意义和理论意义的重大课题;

(5) 所评价的影响同时体现了国际普适性与本地特殊性,作为中国举办奥运会给国际奥林匹克运动留下的遗产,本项目所采用的研究方法和规范应当充分体现其国际普适性。

2. 项目的意义

(1) 为奥运会在未来的发展提供系统的理论支持和指导;

(2) 本项目是奥运会历史上首次对其影响有组织地进行长时间系统、连续的观测和评价,将为奥林匹克运动创造并保留一种新的文化与科学遗产,具有里程碑式意义;

(3) 为科学评价举办奥运会对北京、中国和世界的积极影响提供研究支持;

(4) 为向国际社会宣传中国、宣传北京提供系统的数据与研究支持;

(5) 促进并引导各界将奥运会积极影响最大化、风险和潜在负面影响最小化;

（6）加强北京乃至全国对社会、经济、环境信息系统综合发掘与分析的能力，进而系统提高支持政府进行社会决策的能力；

（7）本课题需要综合处理大量环境、社会—文化和经济方面的信息，在此过程中所发展起来的信息搜集、储存、处理、传递和支持决策的程序与方法可望对促进北京等地区的社会信息化、建立"数字北京"作出贡献；

（8）此类对社会、经济与环境持续系统观测和研究的项目，在人文社会科学领域中尚不多见，有助于提升中国社会科学界整体的实证分析能力和信息化程度，促进社会科学现代化、国际化，借此提高中国社会科学在国际社会的话语权与影响力。

二、研究成果的主要内容和重要观点或对策建议

北京是一座具有三千多年建城史、八百多年建都史的文明古都。北京奥运会在特殊市情和国情下所产生的特殊影响将会放大奥运会的影响范围和影响深度，将会大大丰富本项目的内容。研究北京奥运会的经济影响，必须把北京特色纳入研究视野。因此，这个分项目既要研究奥运会对经济的一般影响，也要研究奥运会对北京和中国经济的特殊影响。

概括地说，北京举办奥运会，将会对北京及其周边地区的产业结构调整和经济发展产生广泛而深远的影响，将会对中国经济的市场化、开放度、新型工业化和可持续发展产生重要的影响，还会对广大发展中国家的经济发展和世界经济的发展产生一定的影响。

我们认为，研究奥运会的经济影响不能仅仅局限于奥运会能够给举办城市带来多少经济效益（赚多少钱），不能仅仅局限于奥运会及其相关活动能够拉动多少投资、消费和出口，能够把经济增长率提高几个百分点。奥运会的这些经济影响当然要研究，但是我们应当更多地关注奥运会对一个经济体所产生的深层次的、根本性的影响。只有确立这样的指导思想，本项目的研究才不会陷入表象化和一般化。基于这样的思路，我们这个分项目将以"市场化水平、开放度、新型工业化进程和可持续发展"为主题来研究奥运会对北京区域经济的影响（见图1）。

本项目在研究奥运会对北京经济的市场化水平、开放度、新型工业化进程和可持续发展的同时，还研究"奥运会对北京建立现代化国际大都市的影响"、"奥运会对首都经济圈的形成与发展的影响"。

我们认为，奥运会对经济的影响包括两个方面：一般影响（在一般国家举办奥运会都可能产生的经济影响）和特殊影响（在北京和中国这种特殊的市情和国情下举办奥运会所产生的特殊的经济影响）。这两个方面都是我们要研究的对象。本项目围绕这两个方面设计了8个课题，每个课题又包含若干个子课题。本项目结构参见图2。

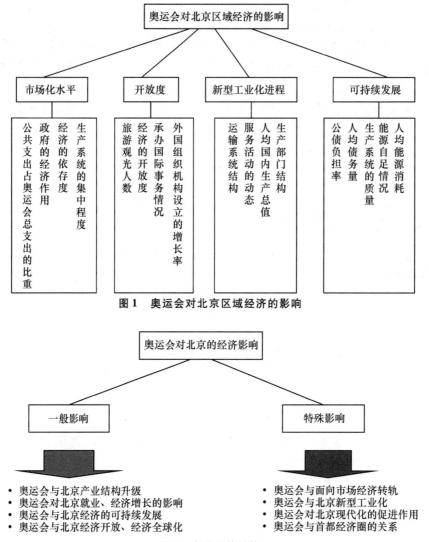

图1 奥运会对北京区域经济的影响

图2 本项目的结构

通过与国际奥委会有关部门和专家的反复讨论,课题组与国际奥委会在研究指标方面基本达成共识。课题组根据国际奥委会来函精神和北京奥委会的建议,将研究指标做了最新调整和统计,形成一新的指标文件。文件按各分课题顺序以统一格式制作,每个分课题包括说明、接受指标、修改指标、新增指标和指标分类列表五个部分(删除指标的信息反映在指标列表中)。如表1所示,根据文件,指标总数为179个,其中社会—文化分课题66个,环境分课题48个,经济分课题65个。未经国际奥委会同意删除但确实难以执行的指标仍然保留在"接受指标"内,留待与国际奥委会进一步协商。课题组以文件中的绝大部分指标为基础,开展下一阶段的数据采集工作。

表 1 指标一览表

编号	指标中文名称	指标英文名称
Ec1	生产部门的结构	structure of productive sector
Ec2	生产系统的集中程度	concentration of the productive system
Ec3	生产系统的质量	quality of the productive system
Ec4	社会经济指标	socio-economic indicators
Ec9	建筑物存量分析	breakdown of building stock
Ec11	运输系统结构	structure of transport system
Ec12	旅馆基本设施	hotel infrastructure
Ec13	旅馆入住率	hotel occupancy rate
Ec14	机场登记的旅客人数	registered passengers at airports
Ec15	旅游观光情况	tourists visits
Ec16	外国组织机构建立的年增长率	rate of establishment of foreign organizations
Ec17	承办国际事务的增长率	hosting of international events
Ec18	经济产品的结构	structure of economic product
Ec19	人均 GDP	per capita gross domestic product
Ec20	经济依存度	dependence of the economy
Ec21	工资	wages
Ec22	北京市低保人口	low social insurance population
Ec23	基尼系数	Gini income distribution index
Ec24	消费价格指数	consumer price index
Ec25	一般价格指数	price indexes
Ec26	经济的开放度	openness of the economy
Ec27	服务的净出口	dynamics of service activities
Ec28	汇率	exchange rate
Ec29	投资风险	investment risks
Ec30	政府的经济作用	economic role of the state
Ec31	公共开支结构	structure of public spending
Ec32	财政收入结构	structure of fiscal revenue
Ec33	人均债务量	per capita gross debt
Ec34	公债的负担率	weight of the public debt
Ec35	奥组委部门委员会的组成情况	composition of committees by sector

(续表)

编号	指标中文名称	指标英文名称
Ec36	（赛事活动）按来源和部门分类	breakdown by origin and sector（olympic activities）
Ec37	（相关活动）按来源和部门分类	breakdown by origin and sector（context activities）
Ec38	赛事活动的规模和质量	size and quality（olympic activities）
Ec39	相关活动的规模和质量	size and quality（context activities）
Ec40	赛事及相关活动创造的就业机会	jobs created in olympic and context activities
Ec43	OCOG 的收入结构	structure of OCOG revenue
Ec44	OCOG 的支出结构	structure of OCOG spending
Ec45	奥运会的促进作用	catalyst effect of the games
Ec46	奥运活动的专门支出比率	ratios specific to olympic activities
Ec47	（赛事活动）经营支出分类	breakdown of operating expenditure（olympic activities）
Ec48	（赛事活动）资本支出分类	breakdown of capital expenditure（olympic activities）
Ec49	（相关活动）经营支出分类	breakdown of operating expenditure（context activities）
Ec50	（相关活动）资本支出分类	breakdown of capital expenditure（context activities）
Ec51	（赛事活动）直接收入	directly induced earnings（olympic activities）
Ec52	（相关活动）间接收入	indirectly induced earnings（context activities）
Ec53	旅游者支出分类	breakdown of visitor spending
Ec54	（赛事活动）总支出中公共支出份额	public share of expenditure（olympic activities）
Ec55	（相关活动）总支出中公共支出份额	public share of expenditure（context activities）
Ec56	赛会的总支出	revenue from olympic activities
Ec57	相关活动的总收入	revenue from context activities
Ec-n1	城镇居民人均可支配收入	urban disposable personal income（DPI）per head
Ec-n2	农村居民人均净收入	rural disposable personal income（DPI）per head
Ec-n3	生活水平指数	life quality index
Ec-n4	城镇居民支出结构变化	urban expenditure structure
Ec-n5	恩格尔系数	engle coefficient
Ec-n6	农村居民支出结构变化	rural expenditure structure

(续表)

编号	指标中文名称	指标英文名称
Ec-n7	非北京籍劳动力在京就业人数和就业率	employment rate of the non-Beijing-resident
Ec-n8	中国企业在国外建立的年增长率	rate of establishment overseas of domestic enterprises
Ec-n9	人均住房面积	dwelling area per head
Ec-n10	GDP 年增长率	GDP growth rate per year
Ec-n11	私营经济在经济结构中所占的比重	the private economy (ratio and proportion: including investment, revenue & taxes)
Ec-n12	贸易进出口	export and import
Ec-n13	非农化水平	urbanization level
Ec-n14	资本输出输入	capital inflow and outflow
Ec-n15	三次产业结构变化	industrial structure changes

三、成果的学术价值、应用价值，以及社会影响和效益

本项目的社会影响和效益如表 2 所示。

表 2　社会影响和效益

潜在受益者	受益表现
国际奥委会	获得科学与文化遗产，进一步充实奥林匹克理论与思想基础，更好地知道未来奥林匹克运动的发展
北京奥委会	直接从课题研究中获得启发，有助于更成功地完成奥运会的主办任务；通过建立奥运历史上的一个里程碑而千古流芳；完成了一项自己必须承诺完成的任务；研究成果有助于更令人信服地宣传奥组委的成绩
中国政府	圆满完成向国际奥委会承诺的任何任务，都有益于提高作为东道主的中国政府的声誉；研究成果将对更加令人信服地宣传中国政府的政绩提供直接支持；研究成果具有社会经济与环境管理的决策支持作用，可供中国政府长期利用
北京市及其他主办城市政府	圆满完成向国际奥委会承诺的任何任务，都有益于提高直接作为东道主的北京市政府的声誉；研究成果将对更加令人信服地宣传北京市政府的政绩提供直接支持；研究成果具有社会经济与环境管理的决策支持作用，而且成果是以北京当地的情况为主要背景产生的，可供北京市政府长期直接利用，有利于提高政府的决策与综合管理能力
今后承办奥运会的城市	由于今后的奥运会将长期要求进行类似的影响研究活动，因此本项目的成果及其执行中的经验教训可以供其借鉴

中国社会保障制度研究
——社会保险改革与商业保险发展

项　目　名　称：中国社会保障制度研究——社会保险改革与商业保险发展
项　目　来　源：韩国三星集团
项目起止时间：2004—2005年
项　目　负　责　人：孙祁祥、郑伟
项目组主要成员：孙祁祥、郑伟、王国军、朱俊生、锁凌燕、刘涛、寇锦玮、任杰、王子慧
项目负责人所在系：风险管理与保险学系
项目成果形式：专著
项目获奖情况：北京市第九届哲学社会科学优秀成果奖二等奖

一、项目研究的目的和意义

社会保障制度建设是过去20年中国经济和社会生活中的一件大事,近年来更是被提上日益重要的议事日程。2002年中共"十六大"提出全面建设小康社会的目标,健全的社会保障体系是其中的重要内容。《中华人民共和国宪法》明确规定:"中华人民共和国公民在年老、疾病或者丧失劳动能力的情况下,有从国家和社会获得物质帮助的权利。"这是对社会保障最简洁的概括。2004年十届全国人大二次会议修改《中华人民共和国宪法》,增加了建立健全社会保障制度的规定,明确提出"国家建立健全同经济发展水平相适应的社会保障制度"。这些都对中国社会保障制度改革提出了更高的要求。

本项目以"中国社会保障制度——社会保险制度改革与商业保险发展"为主题进行研究。在中国,"社会保障"是一个覆盖范围很广的概念。社会保障的核心

内容是社会保险,同时它又与商业保险有着不可分割的联系,所以本项目的研究对象是"社会保险"与"商业保险"并举,社会保险方面着重进行制度改革分析,商业保险方面着重进行发展分析。

二、研究成果的主要内容和重要观点或对策建议

社会保障制度的改革和建立是一个世界性的问题和难题,在中国,这个问题由于经济体制处于转轨过程当中、社会形态呈现"未富先老"、人口规模巨大等特征而变得更加突出。能否对传统的社会保障体系进行改革从而建立起一个有效的经济保障体系,是一个关系到中国经济能否实现顺利转轨的重要环节,是关乎国计民生和子孙后代的大事,也是中国实现全面建设小康社会目标的重要前提条件。

自20世纪80年代以来,我国的社会保障制度经过了多次重大的改革并且取得了很大的成效。但同时我们也应当承认,当前社会保障改革仍然面临很多问题,最突出的问题主要表现在以下三个方面:首先,社会保障的覆盖面依然较窄,其应有的保障功能远没有实现。更为严重的是,进一步扩大覆盖面似乎变得日益困难。其次,社会保障面临的财务压力巨大。养老保障的巨大资金缺口使得目前确定的"统账结合"的养老模式基本上不可能实现,其他几种社会保险制度的运行也面临着巨大的财务压力。最后,民众对政府承诺的社会保障信心不足。"社会保障"体系制度设计的价值观应当是社会公平、人道主义与人文关怀,目标应当是被保障人群的广覆盖。但实际上,我国社会保障制度的实践与制度设计初衷却相去甚远,理想与现实的巨大反差,导致民众对政府承诺的社会保障信心不足。

那么,究竟应当建立一个什么样的保障制度才能有效解决上述问题呢?我们的研究表明,中国应当建立起一个"凸显保障接受者、强调个体主体性、激发个人主动性的个人经济保障体系"。从其构成上来看,这个个人经济保障体系可以分为自我保障、单位保障(或雇主保障)、政府保障和其他保障安排。而政府保障则包括最低保障、社会保险和社会福利。建立这样一个保障体系具有以下几个方面的重要性和必要性:第一,有利于突出"以人为本"的科学发展观;第二,有利于增强居民个人的主体意识;第三,有利于重新界定政府、市场、社会和个人在保障体系中的角色;第四,有利于全面小康目标的实现和公众福利水平的提高。

根据分析我们得知,中国应当建立个人经济保障体系,这个保障体系的核心是要求政府、雇主和个人在个人的经济保障中都扮演相应的角色,都应当有所作为,而不能像传统体制那样,政府包揽居民"从摇篮到墓地"的所有一切,这就要求政府从某些领域部分退出。然而,风险是客观存在的,政府从某些原先承担风险的领域退出,不等于风险也从这些领域消失。而实际上,风险不仅不会消失,而且会由于中国的特殊国情而变得更加严峻。既然如此,需要回答的一个问题就是:谁来进入这些领域,谁来承担这些风险?

我们认为,保险业是承担上述诸多风险的最佳主体。它能够在很大程度上弥补在养老、医疗等领域由于政府部分退出所导致的经济保障的缺位。国际经验和历史经验表明,保险业在完善经济保障、优化经济发展、增进社会和谐等方面能够发挥重要而独特的作用。无疑,保险业在构建我国的个人经济保障体系中也将发挥重要作用,因此我国应当大力发展相应的商业保险。

篇章结构如下:

引言

一、中国社会保障制度概况

(一)中国"社会保障"概念的界定

(二)中国社会保障制度的发展历史

1. 新中国成立至20世纪80年代中期:"传统体制"阶段
2. 20世纪80年代中期至90年代中期:"社会统筹"阶段
3. 20世纪90年代中期至今:"统账结合"探索阶段
4. 近几年的试点工作

(三)中国社会保障管理体系

1. 劳动和社会保障部
2. 全国社会保障基金理事会
3. 民政部

二、社会养老保险制度

(一)历史沿革

1. 新中国成立至20世纪80年代中期:传统体制阶段
2. 20世纪80年代中期至90年代中期:社会统筹试点及实施阶段
3. 20世纪90年代中期至今:社会统筹与个人账户相结合阶段
4. 近几年的试点工作

(二)制度特征

1. 覆盖面及参与资格
2. 融资模式
3. 给付模式
4. 管理体制
5. 财税政策
6. 养老金关系的衔接处理
7. 基金入不敷出时的解决方式
8. 试点方案的主要变化
9. 基本养老保险覆盖范围之外其他人群适用的养老保险体制

(三)运行现状

1. 覆盖现状

2. 保费征缴情况及基金规模
3. 发放现状
(四) 现存问题
1. 有效覆盖面较窄
2. 财务压力巨大
3. 严重的区域不平衡
4. 民众信心不足
(五) 未来展望
1. 社会养老保险制度保持其二元特征
2. 基本养老保险制度进一步完善
3. 多层次社会养老保险制度给市场运作留出了广阔空间
三、社会医疗保险制度
(一) 历史沿革
1. 新中国成立后建立的福利型职工医疗保险制度
2. 20世纪80年代医疗保险制度改革探索
3. 1994年开始的医疗保险制度改革试点
4. 1998年以来的城镇职工医疗保险制度改革
(二) 制度特征
1. 参保基本规定
2. 给付模式
3. 基金管理
4. 同步推进医疗机构配套改革
(三) 运行现状
(四) 现存问题
1. 个人负担仍然较重
2. 广大农民的医疗保障不足
3. 医疗卫生费用上涨的趋势没有得到有效遏止
4. 医疗保险制度的成本效益较差
5. 给付模式的"通道式"与"板块式"难以抉择
6. 个人账户和统筹账户的支付比例难以确定
7. 筹资比例难以确定
(五) 未来展望
1. 政府职能向侧重监管转变
2. 发挥市场机制的作用
3. 进一步发挥商业医疗保险的作用
四、中国工伤保险制度

（一）历史沿革

1. 新中国成立至改革开放前——企业自管阶段
2. 改革开放后至 20 世纪 90 年代中期——探索阶段
3. 20 世纪 90 年代中期至今——社会化管理阶段

（二）制度特征

1. 工伤保险运营原则
2. 工伤保险基金融资与管理
3. 工伤认定
4. 工伤待遇及标准
5. 法律监督

（三）运行现状

1. 工伤保险加入现状
2. 缴费现状
3. 保险金领取者现状
4. 财政现状

（四）现存问题

1. 覆盖面窄、社会化程度低
2. 缺乏保障与工伤预防职业康复有机结合的机制
3. 工伤保险基金结余过多且管理混乱
4. 高风险行业在工伤保险制度外徘徊
5. 相关配套制度不健全

（五）未来展望

1. 讨论问题背景：中国工伤保险需求与日俱增
2. 中国工伤保险制度改革思路
3. 将商业保险引入高风险行业

附录 4-1　工伤保险行业基准费率和浮动档次表

附录 4-2　企业职工工伤保险待遇表

附录 4-3　相关案例

五、失业保险制度

（一）历史沿革

1. 从新中国成立到 1986 年：失业保险制度的空白时期
2. 1986—1993 年：失业保险制度的建立与探索时期
3. 1993—1999 年：失业保险制度的发展时期
4. 1999 年至今：失业保险制度的全面推行

（二）制度特征

1. 覆盖范围

2．筹资模式

3．给付模式

4．监督与管理模式

（三）运行现状

1．实际覆盖范围

2．资金筹集现状

3．保险金的实际给付

（四）现存问题

1．体制的先天缺陷

2．资金压力巨大

3．体制的管理漏洞

4．区域性的不平等

5．配套措施不足

6．管理部门缺乏协调

（五）未来展望

1．历史遗留问题的处理

2．实际覆盖人群的合理拓宽

3．资金压力短期难以缓解

4．配套措施的逐步完善

5．相关立法的完善与体制运行的规范化

六、社会保障基金运营

（一）社会保障基金的历史沿革

1．1984年以前：传统社会保障体制阶段

2．1984—1993年：养老保险基金社会统筹

3．1993—2000年：社会统筹与个人账户相结合

4．2000年以后：完善城镇社会保障体系的试点和全国社会保障基金的建立

（二）社会保障基金运营的制度特征

1．社会保障基金的构成

2．劳动和社会保障部对社会保险基金的管理

3．全国社会保障基金理事会对全国社会保障基金的管理

（三）社会保险基金的运营现状

1．社会保险基金的构成和覆盖情况

2．社会保险基金的收入情况

3．社会保险基金的支付情况

4．社会保险基金的累积规模

5．社会保险基金的投资和收益情况

（四）全国社会保障基金的运营现状
1. 全国社会保障基金的资金来源构成和增加情况
2. 全国社会保障基金的支出情况
3. 全国社会保障基金的累积规模
4. 全国社会保障基金的投资结构和收益情况

（五）社会保障基金运营存在的问题
1. 转制和人口老龄化引发的资金缺口和空账运行
2. 法规不健全问题
3. 社会保险基金被挪用问题
4. 筹资和支付中存在的问题
5. 全国社会保障基金运营存在的问题

（六）社会保障基金运营未来展望
1. 全国社会保障基金直接入市和海外投资的新情况
2. 全国社会保障基金入市对商业保险资金入市的影响

七、商业养老保险

（一）商业团体养老保险
1. 历史沿革
2. 发展现状
3. 运营体系
4. 现存问题
5. 前景展望

（二）企业年金
1. 概念界定
2. 运营体系
3. 现存问题
4. 未来展望
5. 设立专业养老保险公司的影响

（三）商业个人年金
1. 历史沿革
2. 运营现状与特征
3. 现存问题
4. 未来展望

附录 7-1　经营商业团体养老保险的公司及其主要险种
附录 7-2　上海市企业年金入市情况一览
附录 7-3　经营个人年金的公司及其主要险种

八、中国健康保险发展研究

（一）历史沿革
1．萌芽阶段(1994年以前)
2．初步发展阶段(1994—1997年)
3．快速发展阶段(1998年至今)
（二）市场状况
1．关于数据及其来源的说明
2．市场规模
3．市场结构
（三）现存问题
1．健康保险需求与供给之间的矛盾
2．市场潜力与市场风险之间的矛盾
3．基础数据缺乏、健康保险精算滞后
4．医疗保健市场的不规范与道德风险
5．政策法规环境不配套
（四）未来展望
1．发展潜力巨大
2．长期护理保险存在巨大的发展空间
3．不断推进商业健康保险的专业化经营
4．进一步探索补充医疗保险的商业化经营模式
5．完善健康保险风险管理方式
附录8-1　2001年部分公司经营健康保险情况汇总
附录8-2　2002年部分公司经营健康保险情况汇总
附录8-3　2001年、2002年部分公司健康保险经营情况对比
附录8-4　若干寿险公司健康保险业务经营情况
附录8-5　若干寿险公司健康保险业务理赔情况
九、意外伤害保险研究
（一）历史沿革
1．起步、停办的曲折发展阶段(1949—1978年)
2．恢复和初步发展阶段(1979—2001年)
3．开放与规范发展阶段(2002年以来)
（二）市场运行状况
1．市场规模
2．市场结构
3．业务理赔
（三）现存问题
1．对于意外伤害保险产品是否限定期限尚未界定清楚

2．公众对意外伤害保险的有效需求不足

3．保险公司对意外伤害保险的有效供给不足

4．销售渠道狭窄

(四) 未来展望

1．市场潜力巨大

2．对意外伤害保险的监管将逐步加强

3．公众的需求将创造意外伤害保险的供给

4．保险公司的供给将诱致意外伤害保险的需求

5．销售渠道将不断创新

6．意外伤害保险产品将不断创新

7．产、寿险公司竞争与合作并存

附录9-1　2003年年末经营意外伤害保险的寿险公司

附录9-2　2003年年末经营意外伤害保险的财险公司

附录9-3　某地区寿险公司意外伤害保险业务经营情况

附录9-4　某地区产险公司意外伤害保险业务经营情况

十、报告附录：社会保险参保职工保险待遇测算示例

(一) 基本假设

(二) 养老保险测算

1．附加假设

2．政策依据

3．测算结果

(三) 医疗保险测算

1．附加假设

2．政策依据

3．测算结果

(四) 工伤保险测算

1．附加假设

2．政策依据

3．测算结果

(五) 失业保险测算

1．附加假设

2．政策依据

3．假设情形及失业保险金领取额

三、成果的学术价值、应用价值,以及社会影响和效益

本项研究利用大量具体翔实的统计资料,针对中国社会保障改革与发展中出现的重大问题进行深入剖析,然后结合各种政策背景以及下一步的发展趋势对未来前景进行了展望,并从中得出对中国社会保险制度改革与商业保险发展具有政策含义的有用结论。比如,课题组提出的"中国应当建立起一个'凸显保障接受者、强调个体主体性、激发个人主动性'的'个人经济保障体系'"的观点经《中国证券报》、新浪网等新闻媒体刊载后引起国内学术界和社会有关方面的广泛关注。研究成果历史脉络清晰、文献资料翔实、定性定量并重、点面分析兼顾,具有很高的学术研究和决策参考价值。

本项研究成果正式出版以后,得到国内学术界以及韩国学术界的良好反响。本研究成果部分内容经《中国证券报》、新浪网等数十家新闻媒体刊载后引起国内学术界和社会有关方面的广泛关注。南开大学经济学院等单位将《中国社会保障制度——社会保险制度改革与商业保险发展》指定为有关博士生课程的指定参考文献和学习材料,受到有关方面教师、研究人员和研究生的广泛好评。韩国三星集团中国金融总部将该研究成果的核心内容翻译成韩文,介绍到韩国学术界和金融保险业界,引起韩国有关方面的浓厚兴趣,多次与课题组联系,表达希望开展合作研究的意愿。

对印度增长和发展的总体看法

项 目 名 称:对印度增长和发展的总体看法
项 目 来 源:亚洲开发银行、中国财政部、印度财政部研究项目(2007—2010)
（原文为英文）
项 目 负 责 人:王大树(中方代表团首席经济学家)
项目负责人所在系:财政学系
项 目 成 果 形 式:研究报告

一、项目研究的目的和意义

中国领导人访问印度时，印度总理辛格提议，由两国财政部牵头互派代表团研究对方经验。亚洲开发银行为此专门设立研究项目 RETA 6398：A Program of Studies on the Development Experience of the PRC and India（中国—印度发展经验研究项目）。这份报告是王大树作为中方代表团首席经济学家撰写的总报告。

2008年5月亚洲开发银行西班牙年会上，王大树对初稿进行宣读，反响很好，当地的西文和中文报纸都有报道，新华社每日电讯专门发稿。

2008年9月，亚洲开发银行在越南举行项目成果正式展示会议，王大树向二十多个亚洲国家的政府代表宣读本报告，介绍印度经验，反响很大，河内的电视台和报纸均有报道。

二、研究成果的主要内容和重要观点或对策建议

1. 印度增长与发展

独立以后,印度经济增长可以划分为三个阶段:1951—1981 年,印度经济宛如一只行走缓慢的大象,年均增长只有 3.6%;1981—2002 年,大象快步前行,年均增长 5.7%;2002—2007 年,大象开始奔跑,年均增长 7.6%,成为举世瞩目的"金砖四国"之一。

2. 印度经济增长的特点

(1) 信息技术(IT)业带头的增长。在经济增长中,IT 服务业是带头产业。这是因为:IT 业最早开始增长;IT 业增长速度最快;IT 业在国民经济中越来越重要,从 1995 年占 GDP 的 0.7% 发展到 2007 年的 5.2%,2007 年软件出口占出口总额的 38.5%。重要的是,IT 通过两个机制带动国民经济的增长。① 出口机制:IT 业↑⇒出口和利润↑⇒储蓄↑⇒投资↑⇒工业↑;② 技术溢出机制:IT 业↑⇒IT 服务业↑⇒服务业↑⇒制造业↑。

(2) 非传统模式的增长。根据配第—克拉克定律,传统模式的增长首先是农业为主,然后是工业占 GDP 的大头,后来才是服务业在国民经济中占主导地位。印度却从一个农业国跨越过工业大发展的阶段,直接变成服务业大国。印度在 2006 年服务业已占 GDP 的 53% 以上,而当年中国服务业占 GDP 的比重只有 40%。

(3) 不均衡的增长。印度农业发展缓慢,基础设施落后,电力常年紧张,地区发展不平衡。

(4) 双轮驱动的增长。从 2003 年开始,印度投资和消费对经济增长的贡献率大体相同,而中国的消费多年来却一直增长缓慢。

(5) 私营经济推动的增长。印度的发展不是政府导向而是私人经济的自发增长,增长主要来自私人投资和私人消费,政府投资和消费增长不大,投资的资本主要来自私人储蓄。

(6) 印度自有的开放增长。印度对外开放,欢迎外资,但对 FDI 并无优惠待遇。实际上,外资企业的税率甚至高于印度企业。直到现在,涉外经济占 GDP 的比重还在 5% 上下;不像中国,三资企业的产值已占 GDP 的 30% 左右。

3. 印度成功的经验

(1) 从眼睛向内转为眼睛向外。独立后的前 30 年,印度一直眼睛向内,是一个封闭经济体。20 世纪 80 年代,印度意识到不能再继续闭关锁国转而实行对外开放,初期开放主要是借外债,但由于出口跟不上,引发了 1990 年的经常项目危机。印度政府加大开放力度,降低关税,放松外汇管制,欢迎外资,寻求海外市场。

(2) 改革。印度在财政、税收、外贸、外资、金融和产业政策等领域进行了一系列的改革。

（3）保护小微企业。在发展中国家,印度是第一个保护小微企业的,独立以后,政府的产业政策一直由于考虑就业而向小微企业倾斜,政府在税收、贷款、补贴、营业范围等方面对小微企业给予扶持;企业雇员和资本超过一定规模则取消扶持。实际上,IT服务业的发展部分地得益于这种"护小"政策:IT企业雇佣规模和资本规模小,不需要大型厂房和设备,在政府"护小"政策的呵护下,很容易渡过"婴儿期"而进入成长期。

（4）有效的国家发展战略。① 低成本战略。印度低工资带来低成本使得产品低价有竞争力。② 后发优势战略。印度开放和改革起步比较晚,但没有实行追赶战略,避免了走高投入、重污染的弯路。③ "蓝海战略"。如果印度也走工业化的老路,那不可避免地会遇到强大对手——"世界工厂"中国,激烈的竞争使世界市场即使不变成两败俱伤的"黑海"、"死海",也会变成血腥竞争的"红海"。印度瞄准了IT服务这一没有多少竞争对手的"蓝海",利用低成本优势先是占领美国的软件市场,进而扩展到欧洲,成了"世界办公室"。

4. 结论

以前增长缓慢的印度经济在新世纪已经开始或者正在起飞。印度的做法为其他发展中国家提供了有益的经验,后发国家利用后发优势采取有效的国家发展战略也可以取得骄人的成绩。印度经济起飞是"蓝海"起飞;是投资和消费双轮驱动的起飞;不是政府主导的起飞,飞机驾驶员是私营企业家,政府只是领航员;改革和开放是飞机的双翼;信息服务业是飞机的发动机。

三、成果的学术价值、应用价值,以及社会影响和效益

本报告成文后直接呈送中印两国总理办公室。这是当时最新的全面介绍印度增长特点和系统总结印度发展经验的报告,不仅具有现实意义,而且具有学术价值,其中一些观点具有创新意义。例如,2008年初稿征求意见时,印度政府首席经济顾问Acharya等对本报告最早提出的"印度IT服务业是带头产业"的观点曾持异议,但现在这一观点已经获得他们乃至学术界的广泛认可。再如,蓝海战略一般用于企业市场研究,把它用于国家发展战略的层面加以研究和总结,并且得出合情合理的结论,这在国内乃至国外尚属首次。

印度辛格总理对本报告评价很高:"印度的经验被中国的经济学家总结出来了。"

报告几易其稿后由亚洲开发银行东亚局长等主编成书,分送亚洲一些国家政府要员以分享中印发展经验。亚洲开发银行行长Haruhiko Kuroda认为,该书"对两大新兴市场经济体一些部门的改革和发展进行了深入细致的分析"。"研究成果不仅对中印两国而且对于其他发展中国家和新兴市场经济体都具有战略上的重要性和实践上的应用性。"他还特别表扬了本报告:"总体看法一章从部门研究的成果中提出了认真分析的概要,对亚太地区发展中国家的发展政策提供了有益的参考。"

公平、效率与可持续发展
——中国能源补贴改革理论与政策实践

项　目　名　称：公平、效率与可持续发展——中国能源补贴改革理论与政策实践
项　目　来　源：美国能源基金会项目
项目起止时间：2007—2010年
项　目　负　责　人：李虹
项目负责人所在系：发展经济学系
项目成果形式：论文、专著

一、项目研究的目的和意义

（1）理论意义：目前国内能源补贴研究尚属新领域，相关理论研究较少，尤其是结合中国国情的系统性研究仍是一片空白。然而，补贴政策会扭曲能源价格，导致经济效率的损失，并造成政府和纳税人沉重的负担；补贴转移也会加剧贫富阶层之间的不公平，不合理的能源补贴政策已经成为可持续发展面临的重要桎梏之一。因而，研究能源补贴理论、能源补贴政策的有效性显得尤为重要。

（2）实践意义：对于中国来说，过去三十多年经济的飞速发展固然是资本与劳动力的胜利，更是以资源特别是能源的低效利用为代价的。能源需求总量持续膨胀、能源生产率低位徘徊是致力于可持续发展的中国面临的重大挑战，而能源补贴改革是应对这种挑战，促进构建高效、公平、可持续的低碳经济系统的重要机遇。本研究以公平、效率与可持续发展为切入点，系统地研究了能源补贴理论、政策实践以及改革，为中国政府制定有效的能源补贴政策提供了科学依据和参考，也为中国后续能源补贴领域相关问题研究提供了全面深入的研究思路和科学的研究框

架,从而推动了能源补贴改革的理论与实践的发展。

二、研究成果的主要内容和重要观点或对策建议

本研究以公平、效率与可持续发展为切入点,对能源补贴的理论、政策实践以及改革进行了系统论述。在总结前期国内外学者研究成果的基础上,详细阐述了能源补贴的概念、分类、运行机制和研究方法等,其中尤其关注补贴机制、补贴规模估算和研究影响的方法,深入分析了目前国内外所有最前沿的研究方法和结论,并在此基础上,对中国能源补贴实践进行了开创性的实证研究。

本研究的核心内容包括:

(1) 能源补贴研究的理论基础。在国内外现有的学术研究及作者前期研究思考的基础上,从能源补贴的概念、分类、机制、结构、规模估算和分析方法等多个角度全面论述了能源补贴研究的理论基础。

(2) 化石能源补贴改革实践案例。详细介绍了部分发达国家和发展中国家的化石能源补贴改革实践案例,并结合各国的资源禀赋和财政体系的特点,深入分析了各种能源补贴的利弊,在此基础上结合中国的具体国情,深入分析了中国化石能源补贴政策的必要性、改革的障碍及改革将会对经济、社会、环境产生的系列影响,并就此提出了具体的政策建议。

(3) 可再生能源补贴的机制和有效性。对中国可再生能源补贴的有效性进行了实证研究,论证了中国可再生能源补贴的必要性,从居民可支付意愿、可再生能源综合评价与结构优化、绿色就业等角度分析了中国可再生能源补贴的有效性,并结合中国国情,初步探讨了中国可再生能源补贴机制的设计方案。

篇章结构如下:

第一篇　能源补贴理论基础

第1章　能源补贴的理论基础与基本概念

1.1　能源补贴的理论基础

1.2　能源补贴的概念界定

1.3　能源补贴的分类

1.4　能源补贴机制阐述

1.5　能源补贴的有效性界定

第2章　能源补贴规模估算

2.1　能源补贴规模估算方法

2.2　中国化石能源补贴规模实证分析

第3章　能源补贴影响分析方法论

3.1　能源补贴的研究方法

3.2　可再生能源补贴研究方法

第二篇 化石能源补贴改革

第4章 国际化石能源补贴改革实践
4.1 化石能源补贴改革的必要性
4.2 发达国家的化石能源补贴改革实践
4.3 发展中国家的化石能源补贴改革实践

第5章 中国化石能源补贴改革的障碍
5.1 碳锁定理论
5.2 具体障碍分析

第6章 中国化石能源改革影响实证模拟
6.1 中国煤炭补贴改革对温室气体减排的影响
6.2 社会影响
6.3 综合影响

第7章 中国化石能源补贴改革的研究结论及政策建议
7.1 主要结论
7.2 政策建议

第三篇 可再生能源补贴有效性研究

第8章 可再生能源补贴的国际比较
8.1 发达国家可再生能源补贴
8.2 发展中国家可再生能源补贴

第9章 中国可再生能源补贴有效性实证研究
9.1 中国可再生能源补贴的必要性
9.2 可再生能源结构优化:中国可再生能源发展综合评价与结构优化问题研究
9.3 补贴措施优化:中国可再生能源补贴措施有效性:基于居民环境支付意愿的实证研究
9.4 绿色就业发展的影响:发展绿色就业,提升产业生态效率——基于风电产业发展的实证分析

第10章 中国可再生能源补贴机制的设计
10.1 可再生能源激励政策 SWOT 分析
10.2 TGC 与 FIT 组合机制设计
10.3 给予生命周期视角的可再生能源激励机制组合

参考文献

后记

三、成果的学术价值、应用价值,以及社会影响和效益

能源是经济增长的引擎,能源的生产和消费对社会经济具有深远的影响。而能源领域受到政府的干预也较严重,政府的干预政策影响能源的供给和需求,并影响能源的最终价格,进而对经济、社会和环境产生重要的影响。目前能源补贴研究属于新领域,相关理论研究较少,本研究结合国际经验、引用大量客观数据,从经济效率、能源耗竭、社会公平、居民福利等方面深入剖析了各种能源补贴政策的特点和影响,为中国政府制定有效的能源补贴政策提供了科学依据和参考,也为中国后续能源补贴领域相关问题研究提供了全面深入的研究思路和科学的研究框架,从而推动能源补贴改革的理论与实践的发展。

保险制度与市场经济——历史、理论与实证考察

项　目　名　称：保险制度与市场经济——历史、理论与实证考察
项　目　来　源：英国英杰华集团
项目起止时间：2008—2009年
项　目　负　责　人：孙祁祥、郑伟
项目组主要成员：孙祁祥、郑伟、王国军、朱南军、锁凌燕、何小伟、肖志光
项目负责人所在系：风险管理与保险学系
项　目　成　果　形　式：专著
项　目　获　奖　情　况：北京市第十一届哲学社会科学优秀成果奖二等奖

一、项目研究的目的和意义

从三十年前启动改革开放，到1992年正式提出建立社会主义市场经济体制，从1993年通过《中共中央关于建立社会主义市场经济体制若干问题的决定》，到2003年通过《中共中央关于完善社会主义市场经济体制若干问题的决定》，中国顺利实现了从高度集中的计划经济体制到充满活力的社会主义市场经济体制的伟大历史转折。2008年12月，胡锦涛在纪念改革开放三十周年大会上的讲话中指出，"我们要始终坚持社会主义市场经济的改革方向，继续完善社会主义市场经济体制，继续加强和改善宏观调控体系，不断为经济社会又好又快发展提供强大动力"。在这样一个大背景下，从历史、理论与实证角度系统考察保险制度与市场经济的关系，并由此审视中国保险业的发展，具有十分重要的战略意义。

在该领域，有一系列重要战略性问题值得认真研究，具体包括：第一，保险与市场经济究竟是一种什么关系，搞市场经济没有保险业行不行？第二，在市场经济中，保险业的行业定位是什么，是否等同于一般意义上的金融业？第三，保险与财

政在历史上曾经是什么关系,现在搞市场经济能否沿袭这种关系?第四,在市场经济条件下,保险业发展应当注意什么问题?应当遵循什么规律?第五,以"看守市场"为己任的保险监管最应当保护的是谁的利益?第六,以"完善市场"为己任的政府,应当从什么样的视角来规划保险业的发展?概括而言,实际上要回答这样六个问题:保险与市场经济是什么关系?保险是什么?不是什么?如何发展?如何监管?如何规划?

二、研究成果的主要内容和重要观点或对策建议

（1）关于保险与市场经济关系的六个理念。在改革发展保险业和建立完善市场经济的进程中,我们应当站在历史和国际的高度,深刻审视保险与市场经济的关系,澄清认识误区,树立正确理念。关于保险与市场经济的关系,我们提出六个基本理念,它们是:① 保险业不完善的市场经济不是完善的市场经济;② 保险业的立业之本是经济保障和风险管理;③ "保险泛财政化"是一种制度扭曲;④ 保险业发展应遵循客观经济规律;⑤ 保险监管的最大职责是保护消费者利益;⑥ 政府应从"完善市场经济"的高度来统筹规划保险业的发展。

（2）关于保险制度演进与市场经济兴起。我们从风险管理的视角考察人类社会发展过程中保险制度产生和演变的历史进程,由此探讨保险制度与市场经济的历史逻辑关系。从历史考察来看,人类的生产和生活总是面临着诸多的不确定性,人类总是在寻求和创造最有效的风险管理方式来保障生存和安全,并谋求发展;生产和生活环境的变化引起了风险的内容和形式的变化,从而导致最有效的风险管理制度形式发生变化,这个过程就是风险管理制度演进的过程,也是保险制度产生和发展的过程。现代保险制度的兴起是人类在商品经济发展过程中,生产和生活关系的商品化与货币化、商业精神的培育和合同制度的利用的必然结果;而保险制度的市场化则是在市场经济地位确立和发展的过程中,风险种类多样化、统计和精算技术的日趋成熟、早期保险业发展的经验和制度积累、消费者的保障制度商品化意识的培育和商业资本家"以市场需求为导向"的市场理念的树立等多种客观因素综合作用的自然结果。概而言之,现代保险制度孕育、演变于市场经济兴起和发展过程的历史表明,保险制度的产生和发展与市场经济的兴起和发展是同步的、不可分割的一个历史过程。

（3）关于市场经济标准的讨论与保险制度的引入。在深入研究传统市场经济判别标准的基础上,研究保险制度对于市场经济判别的特殊意义,是我们的出发点和研究目的。我们首先对国际实践及理论研究中具有代表性的传统市场经济判别指标进行了全面的考察和梳理,研究发现,囿于其设计功能、设计主体、思想基础等各方面的限制,传统标准忽视了自身所衡量的经济现象的制度前提,也因此忽略了保险制度与市场经济二者之间所存在的内在联系。要准确地衡量市场经济制度是

否建立与完善,必须从方法论和战略上重视市场经济的制度前提。基于这一判断和对市场经济本质内涵的深入分析,我们进一步指出,一套合理有效的市场经济判别标准必须要从制度架构入手,全面衡量市场机制的自发展、自协调和自保障作用是否在经济活动中占据主导地位、自组织作用的社会资本基础是否坚实。而保险制度对于市场经济自发展、自协调和自保障能力的发挥都具有十分重要的意义,它是市场经济制度的基本元素;保险制度的完善与成熟,还是"社会资本"的重要指针。正因为如此,忽视保险制度因素将对市场经济的判别带来严重的负面影响。最后,我们提出了重构市场经济判别标准的思路。

(4) 关于市场经济与保险发展的国际经验。我们从实证的角度对前文所提出的命题进行了佐证。我们以 67 个新兴国家和发达国家在 1995—2007 年的发展实践作为考察对象,把人均保费支出和经济自由度指数分别作为一国保险业发展水平和市场经济发展程度的基本指标,并且假定人均保费支出要受到包括市场经济发展程度、收入水平、银行部门发展等在内的多个因素的影响,在此基础上,我们利用混合效应模型和非观测效应模型分别检验市场经济发展程度对一国保险业发展水平的影响。实证检验的结果表明,就总体而言,无论是在新兴国家还是在发达国家,人均寿险支出和人均非寿险支出与市场经济发展程度都存在比较显著的正相关关系。也就是说,对一国而言,在其他条件相同的情况下,如果该国的市场经济发展程度越高,那么人们对保险的支出水平也就越高,相应来说,该国的保险发展水平也就越高。市场经济与保险制度之间所存在的这种正相关关系,印证了我们在前文所提出的"保险制度内生于市场经济"这一命题,而这也意味着我们有必要将保险制度纳入对市场经济的评判标准之中。

(5) 关于中国改革开放三十年背景下的保险制度与市场经济。三十年的市场经济取向的改革带来了我国经济社会的深刻变化,也为我国保险业发展注入了新的生机和活力。与此同时,保险制度的完善又反作用于市场经济,主要在七个方面推动市场经济的发展:在企业治理方面,保险制度化解企业改革产生的矛盾,促进人员合理流动,推行正确的经济核算,调整产品结构,健全风险管理机制,发挥投融资功能,帮助企业构建合理的现代管理制度;在社会保障方面,保险制度有助于建立健全多层次的社会保障体系以及个人经济保障体系;在农业发展方面,农业保险为农民提供保障,为农业发展和农村建设提供支持;在巨灾应对方面,保险制度完善了巨灾应对手段,提高了巨灾应对效率,改善了巨灾应对能力;在金融改革方面,保险机制有助于构建多层次的金融体系,并为金融监管提供了重要的借鉴作用和参考价值;在对外开放方面,保险制度有效推动了对外贸易的发展,保险业本身作为金融业对外开放的重要组成部分,处于金融市场对外开放的前沿;在国家竞争力方面,保险业的发展有助于改善国家经济实力、国际化程度、政府效率、金融实力、基础设施建设能力、企业管理能力、科技实力和居民的生活质量。中国改革开放三十年的实践,很好地验证了保险业对市场经济所发挥的积极作用。

(6)关于未来三十年中国市场经济中的保险业。我们旨在分析未来三十年中国市场经济和保险业发展的互动关系。不断发展的市场经济对保险业提出了诸多要求,而保险业也须积极应对以满足完善市场经济的需要,保障市场经济的健康发展。在未来三十年中国市场经济的发展图景中,作为市场经济"自保障"机制的基本元素,保险业将发生巨大的变化,成为中国市场经济中最重要的风险管理机制,在其功能边界之内,保险的作用将得到充分发挥。作为市场经济"自发展"机制的重要力量,保险业应在金融体系中发挥更重要的作用,保险业应成为资本市场的中流砥柱和维护货币市场稳定的中坚力量,并应在金融综合经营的潮流中占据主动地位。作为市场经济"自协调"机制的必要补充,保险应最大限度地促进社会和谐。我们重点阐述了中国保险业为了应对未来市场经济发展要求所必须建设的六项基础工程:构建科学的保险业评价体系;构建强大的保险业信息系统;构建有效的商业巨灾保险体系;构建多层次的保险教育培训体系;完善保险企业的治理结构;改革优化保险业的营销体系。此外,我们还提出了全面提升中国保险业风险管理服务能力的基本思路。

篇章结构如下:

导论 保险与市场经济的六个理念

第一章 保险制度演进与市场经济兴起

一、分析框架说明

二、自然经济与"自我"保障

三、商品经济的兴起与保障制度"商品"化

四、市场经济发展与保险制度市场化

第二章 市场经济标准的讨论与保险制度的引入

一、市场经济判别的传统标准

二、传统市场经济判别标准对保险制度的忽视

三、保险制度指标对于市场经济判别的特殊意义

四、重构市场经济判别标准的思路

第三章 市场经济与保险发展:国际经验

一、问题的提出

二、文献回顾

三、保费支出的影响因素与模型构建

四、数据说明与描述

五、实证分析

第四章 中国改革开放三十年:保险制度与市场经济

一、保险与企业改革

二、保险与社会保障

三、保险与"三农"问题

四、保险与巨灾应对

五、保险与金融改革

六、保险与对外开放

七、保险与国家竞争力

第五章 未来三十年中国市场经济中的保险业

一、未来三十年中国市场经济发展的图景

二、中国未来市场经济发展对保险业的要求

三、中国保险业如何应对未来市场经济发展的要求

三、成果的学术价值、应用价值,以及社会影响和效益

本研究通过对保险制度演进与市场经济兴起的历史考察,以及对市场经济标准与保险制度引入的分析,在参考国际经验和总结中国改革开放三十年实践的基础上,对未来三十年中国市场经济下的保险业发展进行了深入的探讨。研究成果具有很强的理论和现实意义,具有很高的学术研究和决策参考价值。

本项研究成果多处具有原创性学术贡献,此处仅以"市场经济与保险发展:国际经验"(第三章)为例进行说明。由于现行的市场经济判别标准未将保险制度纳入市场经济的本质特征之列,这使得很多研究者忽视了市场经济发展程度的差异对一国保险业发展水平的影响。然而,保险制度作为市场经济"自保障"机制的重要载体和表现形式,内生于市场经济体制,并随着市场经济发展程度的提高而发展。我们以世界上67个新兴国家和发达国家在1995年至2007年间的面板数据为基础,检验了市场经济发展程度对一国保险业发展水平的影响。实证结果表明,一国的市场经济发展程度与该国的保险发展水平存在着显著的正相关关系。这一结论是对一国保险业发展影响因素研究的扩展,对我们更好地理解中国市场经济的本质以及中国保险业的长期可持续发展有着重要的启示和指导意义。

本项研究成果在研究过程中和正式出版以后,得到学术界和相关业界、监管部门的良好反响。研究成果部分内容经《金融时报》、新浪网、搜狐网、和讯网、中国证券网、中国保险网等数十家新闻媒体刊载后引起学术界和社会有关方面的广泛关注。在2009年6月举行的"保险制度与市场经济"圆桌论坛上,来自高校保险院系、中国保监会、中国保险学会、相关保险公司的专家学者对该研究成果给予了很高的评价。例如有保险监管机构的负责人评论道:"该书选题前沿,敏锐地捕捉到了对于中国保险业发展有着重大理论意义的研究问题,把中国保险业的发展与市场经济制度紧密结合在一起,为中国保险业的发展指明了方向。"

第 26 届世界大学生运动会特许商品市场经营调查研究

项 目 名 称:第 26 届世界大学生运动会特许商品市场经营调查研究
项 目 来 源:世界大学生运动会执行局
项 目 起 止 时 间:2008—2012 年
项 目 负 责 人:董志勇
项目负责人所在系:经济学系
项 目 成 果 形 式:研究报告

一、项目研究的目的和意义

2011 年,深圳迎来第 26 届世界大学生运动会。而作为整个大学生运动会有机体重要组成部分的特许商品经营,在创造经济价值方面有着毋庸置疑的重要地位:从微观的、短期的效应来看,大学生运动会特许商品的经营可以给世界大学生体育联合会、世界大学生运动会执行委员会乃至举办城市和特许企业带来可观的收入;而从长期的、宏观的角度来看,大学生运动会特许商品市场经营同样有着重要的意义:

第一,对于企业来说,世界大学生运动会是一个供企业展示自己、推销自己的理想舞台,对于提升企业知名度(包括国际知名度、国内知名度、业界知名度、社会知名度、固定圈层消费者知名度等多个方面)有着巨大的作用。同时,参与世界大学生运动会特许商品市场经营,一方面可以和业内相关企业建立起新的同样也具有巨大潜在经济意义的市场供应链条,对于企业日后的发展大有裨益;另一方面,由于参与了世界大学生运动会特许商品市场经营,企业可以从大学生运动会执委会获得相关方面的经验指导,而这些经验多来自往届世界大学生运动会中承办特许商品市场经营的外国企业,其中不乏国际著名厂商,因此,参与世界大学生运动会特许商品市场经营项目,可以近距离接触世界一流企业的经营管理理念,这些不仅仅在世界大学生运动会特许商品市场经营项目中具有巨大的指导意义,同样,对于相关企业提升管理水平,更新经营理念,发展企业文化,都具有重大意义。

第二,对于举办城市来讲,世界大学生运动会同样是一个向世界展示自己的窗口。而举办城市的"自我展示"(用更加市场化的语言表述就是"广告"),又有别于传统意义上的"企业展示"。从传统意义上来讲,城市的广告有别于企业的广告:企业的广告推销的是自己的产品和服务,从哲学的意义上来讲都是"具体的"、"实在的"存在,属于"物质层面",也就是说,企业的广告是会最终固化到一个具体而实在的商品上的。而城市的广告则大为不同,一个城市广告要推销的,不仅仅是自己可能提供的市场机会、商业服务,更多、更重要的是要推销自己的城市理念或称"城市精神",而这个概念从哲学上来讲则属于"抽象的"、"虚无的""精神层面",因此,对于一个城市来讲,它的广告难以固化。具体体现就是,一个城市的广告中所标榜的城市精神,难以在现实社会中找到具体的、形象的基础,因此难以被人们所理解和接受。而举办世界大学生运动会则给举办城市带来了这样一个将"无形的"城市精神具化为"有形"的具体存在的机会,那就是世界大学生运动会特许商品。毫无疑问,每届世界大学生运动会的特许商品设计都会或多或少地体现出举办城市的相应特色,也就是说,一个城市的"城市精神"会通过特许商品设计师之手固化到特许商品的各种设计元素之中,从而使人对于该城市的精神风貌和城市理念有了一个具体的感知渠道,其原理等同于艺术创作中通过绘画、雕塑等艺术手段表达艺术家的个人思想和情感。而所不同的是,特许商品相对于"阳春白雪"的各种艺术形式,更加贴近平民,更加容易被人接受。这也就决定了世界大学生运动会特许商品在现代城市形象建设中的重要作用。

同样,特许商品经营的发展,对于一届大学生运动会社会意义的体现也起着举足轻重的重要作用。这一点主要体现在,世界大学生运动会的主体是大学生,所传达的主要信息和精神是大学生昂扬向上、奋力拼搏的精神风貌。同前面所述的"城市形象"一样,这些也属于非物质、不具体的范畴,然而,通过世界大学生运动会特许商品,我们可以将这种精神风貌通过各种设计元素固化到商品之上,使购买者能够切实、深刻地感受到,从而对其形成一种持续的、具体的精神刺激。而通过整个社会对于世界大学生运动会特许商品的购买活动,我们就可以以世界大学生运动会特许商品为依托,将所谓的大学生运动会精神生生不息地传递下去。

正因为世界大学生运动会特许商品市场经营拥有以上重要且独特的经济社会作用,因而,对于世界大学生运动会特许商品的研究就显得十分重要。

二、研究成果的主要内容

主要内容框架如下：

第一部分　前言

一、权威性

二、综合性

三、真实性

四、深入性

五、参考性

第二部分　问卷调研数据分析

一、问卷调研总体情况介绍

二、大学生版问卷数据分析

1．消费背景调查

2．深圳2011世界大学生运动会特许商品设计调查

3．深圳2011世界大学生运动会特许商品价格调查

4．深圳2011世界大学生运动会特许商品销售调查

5．深圳2011世界大学生运动会特许商品推广调查

三、团体版问卷数据分析

1．团体背景调查

2．团体消费习惯调查

3．深圳2011世界大学生运动会特许商品销售调查（团体版）

4．深圳2011世界大学生运动会特许商品市场经营意向调查

第三部分　深圳2011世界大学生运动会特许商品市场特征分析

一、特许商品市场总体分析

1．深圳2011世界大学生运动会市场开发的指导思想

2．深圳2011世界大学生运动会特许商品的成本结构

3．深圳2011世界大学生运动会特许商品的市场特征

4．深圳2011世界大学生运动会特许生产商的特点

5．深圳2011世界大学生运动会特许零售商的特点

6．执行局的市场控制力

二、特许商品的经济特征

1．深圳2011世界大学生运动会特许商品的市场结构：完全垄断或寡头垄断

2．深圳2011世界大学生运动会特许商品的生命周期：生命周期短、时效性强

3．深圳2011世界大学生运动会特许商品对企业的价值——形象提升力强

4．深圳2011世界大学生运动会特许商品对消费者的价值：实用性＋时尚性/

收藏性

5. 深圳2011世界大学生运动会特许商品的需求弹性：显著的二重性特征

三、特许商品溢价计算

1. 溢价基本说明
2. 溢价基本结果
3. 深圳2011世界大学生运动会举办不同时期的溢价

四、特许商品供给者：生产行业分析

1. 深圳2011世界大学生运动会特许商品相关行业的市场结构
2. 深圳2011世界大学生运动会特许商品相关行业商品的生产成本和利润的概况

第四部分　政策建议

一、市场开发政策建议

1. "循序渐进"的市场开发战略
2. "少而精"的特许商选择战略
3. 坚决打击假冒伪劣特许商品
4. "一体化"发展战略
5. 警惕"特许商品"过度商业化与商业化不足

二、特许经营费率的政策建议

1. 不同种类特许商品特许费率的区分
2. 具体小类别特许费率的制定
3. 调控特许商品价格时应注意的事项

三、产品定价政策建议

1. 特许商品的定价特征
(1) 深圳2011世界大学生运动会特许商品定价的指导思想：推广性
(2) 深圳2011世界大学生运动会特许商品价格的决定环节：单一性
(3) 深圳2011世界大学生运动会特许商品价格的形成机制：内生性

2. 特许商品的定价原则
(1) 合理性
(2) 推广性
(3) 针对性

四、定价政策实行过程的注意事项

1. 定价机制方面
2. 定价机制辅助建议
3. 定价机制后续建议
4. 大学生运动会执行局在特许商品推广方面的其他政策建议

五、市场经营政策建议

1. 市场前期准备：消费者心理疏导
2. 产品设计
（1）情侣设计
（2）"大运"设计
（3）产品设计——虚拟产品
3. 产品生产
4. 产品推广
（1）网络宣传
（2）校园媒体
（3）互动活动
5. 产品销售
（1）饥饿市场策略
（2）营销网点的建立
（3）"绿叶"策略
（4）团体销售策略
附录：深圳2011世界大学生运动会特许商品开发类别
参考文献
课题组构成

三、成果的学术价值

本研究属于开世界大学生运动会特许商品市场经营研究之先河，不仅在国内没有先例，在国际上也属于首倡者，因而，本课题自立项之日起就已经从时间上决定了将领跑国内外学界的相关研究。

中国珠三角地区专业化大宗商品市场
交易所化可行性研究与风险评估报告

项 目 名 称：中国珠三角地区专业化大宗商品市场交易所化可行性研究与风险评估报告
项 目 来 源：德意志交易所集团
项 目 起 止 时 间：2010年5月—2010年10月
项 目 负 责 人：曹和平
项目组主要成员：孟祥轶、毛振宇
项目负责人所在系：发展经济学系
项 目 成 果 形 式：研究报告

一、项目研究的目的和意义

近年来，珠三角地区的许多实点性大宗商品交易市场出现向第三方市场——商品交易所转化的趋势。2003年以后大广州地区出现的8家交易所脱胎于近二十年间不断拓展、如今仍在成长的四百多家专业化大宗商品交易市场。由实点性OTC市场发展而来，这些交易所改变了实点市场上买卖双方面对面的交易（构造）方式。

珠三角地区实点性大宗商品市场具有行业专门化与国际规模两个基本特征。作为中国改革开放经济纪年的起始区域，以出口为导向的珠三角面向海外市场的生产逐渐成长为国际规模的产业聚落与企业集群，从而在产业链上下道工艺顺序之间形成巨量的中间产品市场。以行业技术为联结，以某个物理实点为核心，这些中间品市场逐渐分蘖并类聚为面向企业的专门化大宗商品市场。由于面对海外，并在近年来兼顾国内，这些专业化的市场大都具备世界规模。比如，中国在2009

年织造了约世界市场42%的纺织品,珠三角一区十七个县就生产了中国份额的1/3,约占世界市场的1/10。很多细分大宗产品令人惊讶地占到了世界市场50%以上的市场份额。

因缘于上述两个特征,处在转化初期阶段的实点性场外市场蕴藏着巨量的第三方交易市场——商品交易所以厂商销售部门和中介性实体组成的经纪单元在电子网络上披露信息和撮合交易,逐渐形成相对独立的共用市场平台。谁拥有这类平台,谁就将会在降低搜索成本、节约信息费用、规范合约方式、标准化仓储调运以及降低登记结算风险等方面,划时代地提升批发商铺集聚带来的正向外部性收益。

二、研究成果的主要内容、重要观点及对策建议

珠三角地区的8家交易所还仅仅是裸体性质的交易双方搜索和仓储调运性质的市场平台,如果能够加上资本市场内涵对其再行升级,形成一个更为广泛的通用市场平台的话,将会形成第三方市场——交易所联盟。比如,引入资本品服务(交易)功能,将简单的交易结算和仓储调运与经纪单元的资质认定、信用评级、担保交易、仓单融通、托管清算等结合起来,再加上一个优化的软件通用平台,将单个行业的交易所和交易所之间的行业藩篱打通,就可形成一个以实点交易市场为基础,以行业交易所单元为节点的"有界物理市场"加"无界交易网"的超级市场联盟。

在目前中国市场监管制度尚不允许外资进入建立传统主流证券和期货交易所之前,上述超级市场联盟的建立将会为德意志交易所集团进入中国、为筹建中的广州交易所集团、为珠三角地区提供新的收益路径。某种意义上,珠三角地区的潜在超级市场联盟很可能是一个人类历史上从未见过的,但符合今天和未来大宗商品市场和资本市场融合发展方向的明日市场形式。

篇章结构如下:
一、珠三角地区大宗商品(要素)市场分布及其中国定位
(一)珠三角地区大宗商品(要素)市场分布状况
(二)珠三角地区大宗商品市场的中国定位
二、珠三角地区重要交易所及大宗商品市场概况与交易方式
(一)重要交易所(塑料、粮食等)及市场交易方式
(二)重要交易市场(纺织品等)及交易组织形式
(三)交易所与交易市场的交易方式差别及风险控制
三、珠三角地区大宗商品市场专业化及后续交易所化趋势分析
(一)珠三角地区交易市场深化程度反映出的零售交易集聚、批发交易、合约交易及可能的远期、标准交易
(二)珠三角地区交易规模和衍生交易规模估计及会员规模估计
(三)珠三角地区交易所群整合及联盟会员交易网的最优设计形式猜测

（四）大宗商品市场专业化后交易所化的未来资本市场影响
四、几点建议
（一）业务及市场拓展策略
（二）设点策略与风险规避
附录

三、成果的学术价值、应用价值，以及社会影响和效益

  本项研究在金融理论和实践的基础上构建了中国珠三角地区专业化大宗商品市场交易所化报告，为经济科学和金融学等领域提供了新的知识增长点。本项研究对珠三角地区交易市场深化程度反映出的零售交易集聚、批发交易、合约交易及可能的远期、标准交易，珠三角地区交易规模和衍生交易规模估计及会员规模估计，珠三角地区交易所群整合及联盟会员交易网的最优设计形式，大宗商品市场专业化后交易所化的未来资本市场影响等方面做了科学的分析，不仅为珠三角地区大宗商品市场的发展战略和创新模式提供了理论指导和支持，还为国家区域性专业化大宗商品市场的战略发展提供了科学的依据和参考。

其他项目

北京要素市场重大项目储备规划研究报告

项　目　名　称:北京要素市场重大项目储备规划研究报告
项　目　来　源:北京市工程咨询公司
项目起止时间:2010年12月—2011年3月
项　目　负　责　人:曹和平
项目组主要成员:张佩芳、毛振宇、闫威、常颖、钟山
项目负责人所在系:发展经济学系
项　目　成　果　形　式:研究报告

一、项目研究的目的和意义

　　本报告在总结分析国内外要素市场发展现状以及北京市要素市场面临的新形势与优势的基础上,梳理了北京要素市场的发展思路,提出了北京未来3—5年重大储备立项建议,规划了项目建设空间战略布局、设计建设方案和概算,并对单个项目的预期收益及要素市场体系建成后的国民经济收益等进行了评估及预期。

　　以北京重大项目储备为例,展开对要素市场深入研究的重大意义为:要素市场具有优化资源配置和调整产业结构的杠杆作用;要素市场是促进资本市场进而完善金融市场的重要支撑;相对独立的要素市场群是国民经济体系的重要组成部分;要素市场体系居于世界前列是北京未来城市定位的国家要求。

二、研究成果的主要内容、重要观点及对策建议

　　本研究包括:定义要素市场研究的内涵和边界;分析北京建设要素市场的必要性和重大意义;摸底现实基础和存在问题;提出遴选判断原则,规划建设方案和空

间布局;概算单项重大储备项目的预期收益、综合体系收益;预期北京要素市场体系建设的产业链成长收益和北京世界城市辅佐世界大国的国民经济成长收益等。

篇章结构如下:

第一章　概述

一、规划目的

二、规划内容和思路

第二章　北京发展要素市场的重要意义

一、要素市场释义及边界界定

（一）要素市场释义

（二）要素市场边界界定

二、北京发展要素市场体系的重要意义

（一）要素市场具有优化资源配置和调整产业结构的杠杆作用

（二）要素市场是促进资本市场进而完善金融市场的重要支撑

（三）相对独立的要素市场群是国民经济体系的重要组成部分

（四）要素市场体系居于世界前列是北京未来城市定位的国家要求

第三章　北京发展要素市场的现实基础（一）:产业篇

一、北京及周边地区产业链成长现状

（一）现状一:国家基础原材料基地支撑起关联高新技术产业群

（二）现状二:周边地区产业链成长在附加价值方向上向都会区聚拢

二、北京都会区产业链成长现状

（一）郊十区产业向核心都会区聚拢

（二）北京产业链成长的市场瓶颈

第四章　北京发展要素市场的现实基础（二）:市场篇

一、我国要素市场分布及基本特征

（一）我国要素市场由西北向东南方向分布密度不断增加

（二）要素市场同构性高业态形式低

（三）信息处理和价格收敛能力弱

（四）物流成本及合同执行风险高

二、北京在国家要素市场中的优势位置

（一）大宗商品要素市场三分天下有一分

（二）北京权益类要素市场处在国家领跑位置

（三）金马甲综合平台创出了新路

三、北京大宗商品要素市场存在的问题

（一）北京大宗商品要素市场存续时间短

（二）大宗商品要素市场注册资本小、从业人员少

（三）大宗商品市场发展不平衡

四、北京权益类要素市场存在的问题
（一）权益类市场以北交所为依托
（二）北京权益类要素市场体系尚处在较为初期的阶段
（三）北京权益类市场发展不平衡
（四）北京权益类市场业态形式较低

第五章　北京细分要素市场现状及存在的问题
一、北京权益类细分市场现状及存在的问题
（一）企业产权类交易市场
（二）技术类交易市场
（三）金融资产类交易市场
（四）文化类交易市场
（五）农村产权类交易市场
（六）林权类交易市场
（七）矿业权类交易市场
二、北京大宗商品类细分市场现状及存在的问题
（一）林产品类交易市场
（二）钢铁类交易市场
（三）农产品类交易市场
（四）棉花类交易市场
（五）矿产品类交易市场
（六）石油石化类交易市场

第六章　储备项目立项原则、立项依据及立项列表
一、要素市场重大储备立项原则
（一）决策立项五原则
（二）优先建设、中长期建设和战略前瞻建设序列
二、大宗商品要素市场重大建设项目评估依据及分类列表
（一）北京现存大宗商品要素市场评估排序及相关性分析
（二）大宗商品市场储备列表
（三）大宗商品要素市场重大项目储备列表说明及阶段性建设步骤
三、权益类市场重大建设项目评估依据及分类列表
（一）权益类要素市场现状评估依据
（二）权益类要素市场重大建设项目列表
（三）权益类重大项目储备列表说明及阶段性建设步骤

第七章　要素市场建设模式及空间布局
一、北京要素市场建设模式叙述
（一）要素市场建设模式五原则

（二）要素市场建设模式叙述
二、北京都会区城市功能板块分化与要素市场空间布局
（一）北京城市功能区简述
（二）城市功能板块分化与要素市场的空间集聚
（三）北京要素市场空间布局原则及北京现状
三、要素市场规划选址原则
四、储备项目遴选项目空间集聚示意
第八章 重大储备项目建设遴选、投资及收益预期
一、重大储备项目遴选表
二、重大储备项目汇总表
三、重大储备项目投资汇总表
四、重大储备项目资金平衡汇总表
五、重大储备项目实施计划表
第九章 保障措施
一、组织保障
二、建立健全要素市场综合协调服务体系
三、制定重点项目管理制度
四、完善要素市场交易结算第三方统一平台建设
五、加强专业人才储备
六、完善要素市场政策体系
七、完善要素市场制度体系

三、成果的学术价值、应用价值，以及社会影响和效益

本项研究在经济科学、金融理论的基础上构建了北京要素市场重大项目储备规划，为经济科学、金融学和区域经济学等交叉学科提供了新的知识增长点。本项研究对北京发展要素市场的重要意义，北京发展要素市场的现实基础，北京细分要素市场现状及存在问题，储备项目立项原则、立项依据及立项列表和要素市场建设模式及空间布局等方面做了详尽的科学论证和分析，不仅为北京要素市场的长期发展战略和创新模式提供了理论指导和支持，还对国家要素市场的发展战略提供了科学的依据和参考。

广西北部湾银行战略发展规划(2011—2020)

项　目　名　称:广西北部湾银行战略发展规划(2011—2020)
项　目　来　源:广西北部湾银行
项 目 起 止 时 间:2011年9月—2011年12月
项　目　负　责　人:曹和平
项目组主要成员:张佩芳、毛振宇、闫威
项目负责人所在系:发展经济学系
项　目　成　果　形　式:研究报告

一、项目研究的目的和意义

北部湾地区处在中国东盟自由贸易区经济整合地理梯度推进的水路陆路聚焦点上。北部湾地区的经济发展具有国家和国际大区成长的使命。北部湾银行类金融机构的成长也因而潜在具备国家经济成长所赋予国家银行机构未来十年的历史使命。

广西北部湾银行的前身——南宁市商业银行成立于1997年3月。2007年11月6日,《广西区域性股份制商业银行组建方案》正式获得广西壮族自治区人民政府的批准。2008年10月23日,经中国银监会批准,广西北部湾银行股份有限公司在南宁正式挂牌成立。

目前,广西北部湾银行实现了跨越式发展,总体圆满(部分超额)完成了三年规划的战略部署。2010年,广西北部湾银行实现了114%的发展速度,成为我国近150家区域商业银行中发展速度最快的银行之一,在推进北部湾地区金融市场建设及中国—东盟自由贸易区经济发展方面日益展现出举足轻重的作用。

二、研究成果的主要内容、重要观点及对策建议

广西北部湾银行的总体战略定位是：以泛北部湾经济区市场为重点，立足广西，继续推进拓展周边经济联动区域以及产业链延伸区域的城市金融市场及东盟市场，战略布局国内和东盟重点城市，辐射泛北部湾地区和全国；坚持重点服务泛北部湾区域经济、服务中小企业集群，构建和培养金融生态网资源，逐步形成中小企业业务领先、微型企业业务占比稳步提升、零售银行业务特色鲜明、公司银行业务实力雄厚、国际业务发展迅猛、资金业务扎实推进、票据业务流程信息化、贸易融资业务品牌拓展、投资银行业务形成系统规模、电子银行业务优势明显、各业务条线相互促进的局面；通过强化管理、完善治理和开拓创新，不断提升经营能力和管理水平，分阶段创新业务模式、合作模式、发展模式以及盈利模式，把广西北部湾银行打造成质量优良、效益显著、创新活跃、服务一流、管理科学、文化先进、信息化完善的区域性、国际化、股份制、多元化、特色化的现代化商业银行。

在综合分析外部发展环境以及内部资源和能力的基础上，广西北部湾银行2011—2020 年十年发展战略规划制定与实施的核心是："一个综合定位、两阶段规划目标和路径、四重转型、十大业务条线和十项保障措施。"

篇章结构如下：

一、规划总论

（一）规划依据

（二）北部湾银行战略发展规划纲要（2011—2020）

（三）规划背景

（四）北部湾银行国家支持条件

（五）北部湾银行竞争环境分析

二、机遇挑战和优劣势分析

（一）机遇与挑战

（二）优劣势分析

三、总体发展战略

（一）企业愿景

（二）总体定位

（三）业务重点和利润中心

四、银行转型规划

（一）区域性银行向全国性银行转型

（二）广西北部湾银行向北部湾国际银行转型

（三）传统商业银行向"银—证—投—保"综合型银行转型

（四）当代商业银行向未来数字联盟银行转型

五、战略发展指标

（一）规模指标

（二）网点机构发展指标

（三）人员发展指标

（四）资本补充计划

六、区域战略

（一）省内区域战略

（二）省外区域战略

（三）村镇银行战略

（四）省内外金融资源收购整合

（五）北部湾区域跨境设点战略

七、业务条线发展战略

（一）中小企业业务

（二）微型企业业务

（三）面向东盟的国际业务

（四）零售业务

（五）核心企业业务

（六）资金业务

（七）票据业务

（八）投行业务

（九）贸融业务战略

（十）电子银行业务

八、产品战略

（一）各业务条线产品研发战略

（二）产品研发工作机制

（三）产品营销推广机制

（四）营销体系的建立和完善

九、保障体系建设战略

（一）党的建设

（二）公司治理

（三）人力资源

（四）财务管理

（五）运营管理

（六）风险管理

（七）IT建设

（八）合规建设

(九) 企业文化
(十) 职工福利
十、战略实施与纠偏
(一) 战略实施保障体系
(二) 战略实施效果评估和纠偏

三、成果的学术价值、应用价值,以及社会影响和效益

本项研究在多学科交叉的基础上构建了广西北部湾银行十年发展规划,为经济科学、金融学、现代管理科学与区域学等跨学科交叉研究提供新的知识增长点。另外,本研究对广西北部湾银行发展和提升整体竞争力的发展战略提出科学的论证,对广西北部湾银行继续推进拓展周边经济联动区域以及产业链延伸区域的城市金融市场及东盟市场进行了深入分析,不仅为广西北部湾银行战略体系、创新模式以及长期发展提供了理论支持,还为国家区域性银行战略发展提供了科学的依据和参考。